HEILE DEINE GEBURT, HEILE DEIN LEBEN

SHARON KING

HEILE DEINE GEBURT, HEILE DEIN LEBEN

Traumaheilung mit
Geburts-Matrix-Reimprinting

LOTUS PRESS

Das vorliegende Buch ist sorgfältig erarbeitet worden. Dennoch erfolgen alle Angaben ohne Gewähr. Weder die Autorin noch der Verlag können für eventuelle Nachteile oder Schäden, die aus den im Buch gemachten praktischen oder theoretischen Hinweisen resultieren, Haftung übernehmen. Sharon King ist keine Ärztin, sondern bietet Matrix Reimprinting, Geburts-Matrix-Reimprinting und Klopfakupressur als Personal Coach und ganzheitliche Therapeutin an. Dieses Buch ist zu Informationszwecken gedacht und ersetzt nicht den persönlichen Arztbesuch. Die meisten Namen in den Fallbeispielen wurden geändert, um die Identität der Betreffenden zu schützen. Unser Angebot enthält Links zu externen Webseiten Dritter, auf deren Inhalte wir keinen Einfluss haben. Deshalb können wir für diese fremden Inhalte auch keine Gewähr übernehmen.

Heile Deine Geburt, heile Dein Leben

Originally published in 2015 by SilverWood Books UK Ltd.
Published by special agreement with Sharon King and SilverWood Books Limited.

Übersetzung: Monika Richrath
Lektorat und Satz: Andreas Seebeck

ISBN 978-3-945430-78-1

www.lotus-press.com

Dieses Buch ist meiner Mutter und meinem Vater
und allen Müttern und Vätern dieser Welt gewidmet.
Ohne Euch wären wir nicht die, die wir sind.

Trotz unseres Eintritts in die Welt
oder gerade, weil wir in die Welt eintreten,
werden wir die magischen Wesen, die wir sind.
Jeder Einzelne von uns hat eine Geschichte
über Geburt, Leben und Tod zu erzählen.

Jetzt ist es an der Zeit,
unsere Geschichten zu erzählen
und zu verwandeln.

Sharon King

Inhalt

Danksagungen

Hinter jedem Buch steht ein ganzes Team, das an der Veröffentlichung mitwirkt: Ich danke euch allen.
Sharon King

Mein Buch *Heile Deine Geburt, heile Dein Leben* konnte nur mithilfe der Erfahrungen vieler tapferer und mutiger Menschen realisiert werden. Dazu gehören die führenden Köpfe ihrer jeweiligen Fachgebiete, die mir die Grundlagen meines Handwerks beigebracht haben; und dazu gehören ebenso Klientinnen und Freunde, die sich entschieden haben, die Traumata ihrer Vergangenheit zu heilen. Sie haben mir dabei geholfen, Geburts-Matrix-Reimprinting zu entwickeln und zu verbessern.

Mein erster riesengroßer Dank gilt Karl Dawson, meinem Mentor, Lehrer und Freund. Er hat mein Leben von Grund auf verändert. Er ist überhaupt eine Triebfeder für Veränderungen in allen Menschen, denen er begegnet. Als ich im April 2007 mein erstes Wochenende in Findhorn verbrachte, um die Klopfakupressur zu erlernen, hatte ich keine Ahnung, dass dies der Beginn einer erstaunlichen Reise war. Karl, an diesem Wochenende hast du mich als „verschrecktes Reh im Scheinwerferlicht" bezeichnet. Vielleicht wusste mein Unterbewusstes schon, was kommen würde, und hat sich ein bisschen gefürchtet. Ich bin dir unendlich dankbar und voller Liebe, weil du mir immer zugehört und mich geleitet hast. Du hast mich ermutigt, meine Flügel auszubreiten und zu fliegen.

Ich danke auch Ted Wilmont: Du hast mich in den Anfängen meines Therapeutendaseins unter deine Fittiche genommen. Meine unzähligen Fragen hast du immer geduldig beantwortet, so dass ich das Vertrauen entwickeln konnte, mit meinen Klienten und Klientinnen auf einer tiefen Ebene zu arbeiten und meinen eigenen Heilungsprozess fortzusetzen.

Sasha Allenby: Danke, meine Freundin und Geburtspartnerin. Ohne dich wäre dieses Buch niemals veröffentlicht worden. Mit deiner brillanten Kreativität hast du diese sehr schwierige Aufgabe leicht und spielerisch gemacht. Dass ich mit dir zusammen deinem „Write your

Book in 12 Weeks“-Programm folgen konnte, hat wesentlich dazu beigetragen, dass dieses Buch geschrieben, bearbeitet und veröffentlicht werden konnte.

An meine Lektorin Lois Rose: Jedes Buch braucht eine Hebamme. Du hast dieses liebevoll in Form gebracht und sowohl das Buch als auch mich sicher durch den letzten Teil unserer Geburtsreise begleitet.

An Helen Hart und das ganze Team bei SilverWood Books: Ihr habt mir die Angst vor der Veröffentlichung dieses Buches genommen und dafür gesorgt, dass ich mich unterstützt und geliebt fühlte. Ich danke euch. An meine Freundinnen Lyra Crawford und Vera Malbaski: Ihr habt wundervolle Arbeit beim Korrekturlesen des Buches geleistet.

Ryan Dana vom HeartMath Institute: Ich danke dir vom tiefsten Grunde meines Herzens für deine endlose Geduld und Unterstützung.

Einen großen Dank an alle Klientinnen und Klienten, mit denen ich je gearbeitet habe: Ihr habt mir geholfen, zu lernen und zu wachsen. Einige von euch haben ganz besonders zur Entwicklung der Geburts-Matrix-Reimprinting-Technik beigetragen, daher möchte ich mich bei ihnen ganz besonders bedanken.

Caroline, ohne dich hätte ich vielleicht niemals Geburts-Matrix-Reimprinting entdeckt. Du warst die erste wundervolle Mutter, mit der ich arbeiten durfte, die nach einem Weg suchte, ihr Kind natürlich und ohne Angst zu gebären. Die erste Sitzung, in der wir das Geburtstrauma deiner beiden Jungen auflösen konnten, deine eigene Geburtserfahrung und die künftige Geburt von Baby Archie bilden die Grundlage meiner Arbeit. Ich habe mich so darüber gefreut, dass du dein Kind vollkommen natürlich zur Welt bringen konntest. (Um Carolines Geschichte geht es im ersten Kapitel.)

Josephine und George: In euren Sitzungen haben wir das Trauma des Verlustes eurer beiden besonderen Jungen aufgelöst. Das weckte in mir das Verlangen, anderen dabei zu helfen, solch tragische Verluste zu heilen. Und ich wollte Menschen darin unterrichten, das gleiche zu tun.

Meggie und Jake: Eure Sitzungen waren die ersten, in denen ich erkannt habe, dass wir stellvertretend arbeiten können, um körperliche Erkrankungen unserer Kinder zu verändern. Was für Möglichkeiten tun sich hier auf!

An meine Freunde und Mentoren in der amerikanischen Geburtswelt: Ein riesengroßes Dankeschön auch an euch.

Suzanne Arms, du bist eine schöne, großzügige, offenherzige Frau. Du hast mich unter deine Fittiche genommen und mich anderen großartigen Freunden vorgestellt: Rebecca Thompson von der Consciously Parenting Group, Dr. Marcy Axness, Autorin von *Parenting for Peace* und Patrick Houser, Autor des *Fathers-to-Be-Handbuchs*. Ich danke jedem einzelnen von euch dafür, dass ihr euer Wissen, eure Unterstützung und eure Freundschaft so offen geteilt habt. Ich fühle mich geehrt, mit euch allen zu arbeiten.

Susie Shelmerdine, meine Seelenverwandte: Ich bin so dankbar, dass wir zusammen im Leben auf ähnlichen Pfaden wandeln. Danke für deine unaufhörliche Unterstützung, deine Liebe und deine Fähigkeit, nichts zu verurteilen – sie bedeuten mir alles.

Meine anderen Lehrerinnen und Freundinnen: Melissie Jolly, Entwicklerin des Colour Mirrors Systems und Autorin von *What the Seeker Found*: Deine tiefe Weisheit versetzt mich immer wieder in Erstaunen. Du hast mir so viel beigebracht.

Sandy Newbigging, Entwicklerin der Mind Calm Meditation: Danke dafür, dass du mich Achtsamkeit gelehrt hast. Danke auch, dass du mir dabei geholfen hast, endlich Frieden in meinem Leben zu finden.

Becky Walsh, Autorin von *You Do Know*: Danke, dass du im richtigen Moment in mein Leben gekommen bist, um mir dabei zu helfen, die Botschaft meines Buches in die Welt zu bringen.

Und zu guter Letzt meine anderen Freunde: Brett Moran, Sami Thorpe, Korani, Maria Madden, Mel Grout und Celia Castle, die mich auch ertragen haben, als ich ausflippte, während ich dieses Buch schrieb – und immer noch mit mir sprechen: Ich danke euch.

Oh, und fast hätte ich mein schönes Pferd Charlie vergessen, das mich willig (na ja, meistens jedenfalls) durch den Wald trägt und meinen Gedanken zuhört. Charlie hilft mir, mir über das Leben, das Universum und alles andere klar zu werden.

Ich liebe euch alle.

Vorwort zur deutschen Ausgabe

Dem Wunder Geburt werden leider allzu häufig die wunderbaren Aspekte genommen und es wird schnell zu einem traumatischen Ereignis. Sei es, dass es zu medizinischen Komplikationen kommt, Babys in der westlichen Medizin immer wieder so behandelt werden, als würden sie nichts fühlen, oder dass die Mütter und Väter überfordert sind.

Sharon King hat in diesem Buch jede Menge Fakten zusammengetragen, die es uns erlauben, einen neuen Blick auf die Themen Schwangerschaft und Geburt zu werfen. Babys sind hoch empfindsame Wesen und werden bereits in der frühesten Phase ihrer Entwicklung durch äußere Umstände geprägt. Diese Prägungen können sie ihr ganzes Leben begleiten und unter Umständen bis ins hohe Alter negativ beeinflussen.

Mit Geburts-Matrix-Reimprinting hat Sharon King eine Technik entwickelt, diese negativen Prägungen zu transformieren und in eine neue Bilderwelt umzuwandeln, die positiv auf das Leben im Hier und Jetzt wirkt.

Zunächst scheint es unmöglich und auch etwas verrückt, die eigene Geburt oder die Geburt seiner Kinder einfach in eine neue, wunderbare Geburt umzuschreiben, doch diese neuen Bilder sind letztendlich nur Träger einer transformierten Energie.

Geburts-Matrix-Reimprinting hat sich aus Matrix Reimprinting und dies wiederum aus EFT (Emotional Freedom Techniques) entwickelt und gehört in den Bereich der energetischen Psychologie. Bei Geburts-Matrix-Reimprinting wird das energetische System des Klienten durch das Klopfen von Akupunkturpunkten beeinflusst. Erst das macht es möglich, alte traumatische, bisher sozusagen eingefrorene Energien, wieder ins Fließen zu bringen und sie zu transformieren. Geburts-Matrix-Reimprinting ist kein „Kopfkino", sondern berührt auf ganz tiefen energetischen, ja, ich möchte sogar sagen, auf seelischen Ebenen.

Auch mich berührt es immer wieder zutiefst, wenn meine Klienten Zugang zu dieser neuen Erfahrungsebene bekommen und ihnen beim

Erleben der „neuen“ Geburt Tränen der Rührung und Erleichterung die Wangen herunter laufen.

Ich durfte zum Beispiel erleben, wie Erwachsene, die als Babys das angeblich „falsche“ Geschlecht hatten, sich endlich von dem Glaubenssatz: „Ich bin nicht richtig!“ befreien konnten, oder wie Erwachsene, die als Babys direkt nach der Geburt von ihren Müttern getrennt worden waren, das „Bonding“ mit ihrer Mutter in meiner Praxis nachholten und anschließend vor Energie nur so sprühten.

Vielleicht werden Sie sich beim Lesen fragen, was Sie selbst alles bei ihren Kindern falsch gemacht haben. Mir und vielen SeminarteilnehmerInnen ging es mit unseren Schwangerschaften und Geburten so. Das ist völlig normal für alle Mütter und Väter, die sich mit den Themen in diesem Buch beschäftigen. Es ist aber nicht sinnvoll, sich hierbei in Schuldgefühlen zu ergehen. Wir alle haben zur damaligen Zeit unser Bestes getan. Auch können wir nicht wirklich beurteilen, ob etwas gut oder schlecht ist. Sharon King zitiert immer wieder gerne den Satz: Everything is perfectly imperfect and imperfectly perfect! Das heißt soviel wie: Es ist alles einfach so, wie es ist, egal, ob scheinbar perfekt oder nicht perfekt. Wenn wir aber etwas verändern wollen, haben wir mit Geburts-Matrix Reimprinting jetzt ein Werkzeug, um das zu tun.

Ich wünsche Ihnen beim Lesen des Buches viele AHA-Effekte und dass Sie den Mut und die Kraft entwickeln, die Dinge aus alten Zeiten zu verändern, die ihr heutiges Leben noch immer negativ beeinflussen. Suchen Sie sich bei schwierigen Themen Hilfe oder besuchen Sie einen Kurs bei Sharon King. Sie kommt regelmäßig nach Deutschland. Informationen dazu finden Sie auf meiner Webseite.

Eva Gerigk
www.matrixreimprinting.de
Februar 2018

Vorwort von Karl Dawson

Ich bin Sharon King zum ersten Mal vor fast zehn Jahren begegnet. Ich habe eine Technik entwickelt, die Matrix Reimprinting genannt wird, eine mittlerweile international anerkannte Methode zum Umgang mit Traumata. Zu diesem Thema arbeitete ich an zwei Büchern als Co-Autor mit, die beim renommierten Verlag „Hay House“ veröffentlicht wurden. Das erste Buch ist bis jetzt in zehn Sprachen erhältlich.

Sharon habe ich kennengelernt, bevor Matrix Reimprinting weltweit bekannt wurde. Es steckte damals eher noch in den Kinderschuhen. Etliche Menschen unterstützten die Entwicklung der Technik in diesem Stadium, erzählten von ihren Erfahrungen mit Klienten, brachten Ideen ein und entwarfen Konzepte. Zu ihnen gehörte Sharon.

Als Matrix Reimprinting den Kinderschuhen entwuchs, begannen einige Therapeuten in meinem Kreis, ihren eigenen Anwendungsbereich dazu zu entwickeln. Sharon gehörte auch dazu. Ihr spezielles Interesse galt dem, was in der Gebärmutter und während der Geburt passiert und auf welche Weise dies unser späteres Leben beeinflusst. Sie begann, ausführlich zu forschen und zu lernen, und präsentierte dann ihr ganz eigenes Verständnis vom Geburtstrauma und seiner Heilung.

Bei Matrix Reimprinting gehen wir davon aus, dass unsere Grundüberzeugungen in den ersten sechs Jahren unseres Lebens entstehen, wenn wir noch in einem sehr beeinflussbaren Zustand sind. Diese Grundüberzeugungen bilden den Handlungsrahmen unseres Lebens. Darum geht es auch in meinem zweiten Buch *Transform Your Beliefs, Transform Your Life*. Mich begeistert dieses Thema unendlich, vor allem, nachdem ich erlebt habe, wie sehr die Umgestaltung von Überzeugungen das physische, emotionale und mentale Wohlergehen verändern kann – also unser gesamtes Dasein.

Der Stanford Professor und Zellbiologe Bruce Lipton zeigt, dass nicht nur das Umfeld, in dem wir aufwachsen, sondern auch unsere Glaubenssätze die Biologie unseres Körpers beeinflussen. Matrix Reimprinting kann uns zu dem Schlüsselmoment zurückführen, in dem unsere Grundüberzeugungen entstanden – zu dem Moment, als die Einflüsse unseres Umfelds und andere Schlüsseltraumata unsere Art, die Welt zu sehen, prägten. Mit der Methode, die ich entwickelt habe, können wir genau dies buchstäblich überschreiben. Wenn die Grundüberzeugungen überschrieben werden, können sich der Körper und die Emotionen entsprechend verändern, ebenso wie unser Blick auf das Leben.

Sharon hat ihr umfassendes Wissen und Verständnis in einen wichtigen Bereich des menschlichen Lebens getragen. Sie hat uns gezeigt, wie viele dieser Grundüberzeugungen in der Gebärmutter und während der Geburt entstehen. Sie hat ein ganzes System entwickelt, um unsere Grundüberzeugungen zu verändern, indem wir zu der Zeit zurückgehen, in der wir uns in der Gebärmutter befanden bzw. geboren wurden. Wie wir in die Welt kommen, ist wichtig. Heute weiß man, dass das alte Paradigma, dass Säuglinge nicht bewusst wahrnehmen oder keine physischen Schmerzen spüren können, überholt ist. Wie Entbindungen heute durchgeführt werden, kann Traumata hervorrufen. Wenn ein Baby zur Welt kommt und aufgrund einer traumatischen Erfahrung als Erstes lernt, dass dies kein sicherer Ort ist, kann das die Grundlage für die Art, wie es von diesem Tag an die Welt sieht, bilden.

Zu den Grundüberzeugungen, die durch unsere westlichen Geburtsmethoden entstehen, kommen noch die Grundüberzeugungen, die wir von unseren Familien übernehmen. Viele Familien leben mit starken emotionalen Belastungen. Diese können uns auch in der Gebärmutter beeinflussen. Sharons Arbeit kann dabei helfen, sie aufzuspüren und zu verändern. Dies verändert wiederum unsere Wahrnehmungsfilter im täglichen Leben.

Ihr Geburts-Matrix-Reimprinting beruht auf Matrix Reimprinting, weist aber einige einzigartige Aspekte auf. Dazu gehört der Prozess der Neuprägung des Geburtsvorgangs. Eine traumatische Geburtserfahrung oder ein beeinträchtigtes Bonding mit der Mutter (was später im Leben zu allen möglichen Formen von Bindungsproblemen führen kann) kann geheilt, das Geburtstrauma aufgelöst und die Geburt neu geschrieben werden. So, wie man sie sich selbst gewünscht hätte. Das ist eine tiefgehende Erfahrung, die schon für viele Menschen lebensverändernden Charakter hatte.

Ich habe einige außergewöhnliche Ergebnisse der Arbeit mit Geburts-Matrix-Reimprinting erlebt. Mütter, die mehrere hochtraumatische Entbindungen hinter sich hatten und vor einer neuen standen, konnten den Ablauf der nächsten Geburt verändern, indem sie die Traumata der

Vergangenheit auflösten. Ich habe erlebt, wie sich die Gesundheit bzw. das Wohlbefinden von Kindern veränderte, wenn die Mütter ihre Entbindungstraumata mit Geburts-Matrix-Reimprinting auflösten.

Diese bemerkenswerte Methode wurde überall auf der Welt ausprobiert und getestet. Sie ermöglicht es Laien, ihre Geburtstraumata aufzulösen. Sie können sich von den Traumata der Vergangenheit lösen und unbelastet gebären. Therapeuten können mit Geburts-Matrix-Reimprinting ihren Klientinnen und Klienten auf einer wirklich tiefen Ebene helfen. Dieses Buch ist wirklich gut recherchiert und gut geschrieben. Ich bin glücklich und stolz, es zu den Büchern über Matrix Reimprinting zählen zu können.

Karl Dawson
Entwickler von Matrix Reimprinting

Einführung

Zu dem Zeitpunkt, an dem ich Geburts-Matrix-Reimprinting entdeckte, hatte ich schon reichlich (persönlich und beruflich) Erfahrung auf dem Gebiet der Klopfakupressur gesammelt. Bei dieser Technik, die auf der ganzen Welt von Millionen von Menschen angewendet wird, um körperliche und seelische Belastungen aufzulösen, beklopft man bestimmte Akupunkturpunkte, während man sich auf ein Problem einstimmt. Diese Methode stelle ich Ihnen in Kapitel 1 vor. Ich war auch sehr eng an der Entwicklung von Matrix Reimprinting beteiligt – eine Technik auf der Grundlage der Klopfakupressur, die von Karl Dawson entwickelt wurde. Auch sie wird mittlerweile weltweit angewandt. Bei Matrix Reimprinting geht man in der Vorstellung zu einem Trauma, das das Selbst, also die eigene Identität und die Grundüberzeugungen geformt hat, zurück und transformiert es. Die Methode basiert auf den Prinzipien der Quantenphysik – also auf der Annahme, dass wir alle durch ein gemeinsames Energiefeld verbunden sind, das Matrix genannt wird. Unsere belastendsten Lebenserfahrungen werden in der Matrix als Bilder in Form von „ECHOs" (englisch: „Energetic Consciousness HOlogram" = „Energetisches Bewusstseinshologramm") gespeichert. Matrix Reimprinting erlaubt es uns, mit den ECHOs in unserem Feld (in der Matrix) zu interagieren, um diese Bilder der Vergangenheit zu transformieren. Viele unserer frühen Lebenserfahrungen prägen uns derart, dass wir sozusagen immer noch unbewusst in unserer frühkindlichen Welt leben. Sie formen die Art und Weise, wie wir die Welt sehen und wie wir in ihr auftreten. Indem wir sie transformieren, können wir sie und die damit einhergehenden Grundüberzeugungen verändern – ebenso wie unsere Wahrnehmung von uns selbst. Unsere Welt verändert sich dann ebenfalls dementsprechend.

Ich habe mit Tausenden von Klienten weltweit gearbeitet, um traumatische Erinnerungen mit dieser Methode aufzulösen (ganz gleich, ob es nun um Traumata durch sexuellen Missbrauch, Krieg, Naturkatastrophen oder traumatische Erfahrungen innerhalb der Familie ging) und jeden Tag Wunder damit erlebt. Klienten und Klientinnen, die glaubten, sie hätten den Schock fürs Leben erlitten und bereits jegliche Hoffnung auf ein „normales“ Leben aufgegeben hatten, konnten ihre traumatischen Erinnerungen überschreiben, das Trauma aus ihren Systemen entlassen und sowohl körperlich als auch seelisch gesund werden.

Es war eine große Ehre für mich, Teil der Entwicklung von Matrix Reimprinting zu sein und mitzuerleben, wie es sich weltweit entwickelte. Nachdem diese bahnbrechende Technik vielen Tausenden Menschen geholfen hatte, ihr Trauma aufzulösen, fand ich meine eigene Berufung. Zu den Schlüsselelementen von Matrix Reimprinting gehört die Arbeit des Zellbiologen Dr. Bruce Lipton. Seine Forschungen weisen nach, wie Grundüberzeugungen unsere Biologie beeinflussen und in der Folge bestimmte Sequenzen innerhalb der Gene aktiviert oder deaktiviert werden. Dies beeinflusst nicht nur unsere Gesundheit und unser Wohlbefinden, sondern auch unsere Anfälligkeit für Krankheiten. Dr. Lipton zeigt auf, wie diese Grundüberzeugungen schon in der Gebärmutter und in den ersten sechs Lebensjahren entstehen (damit werden wir uns später in diesem Buch noch genauer beschäftigen).

Gleichzeitig beschäftigte ich mich damit, wie Säuglinge heutzutage in der westlichen Welt entbunden werden und wie sich diese oftmals raue erste Begegnung mit der Welt auf unsere Grundüberzeugungen auswirkt. Damals lernte ich Body Talk, eine andere Form der Energiearbeit. Ich erfuhr, dass es von der Geburt abhängt, ob und wie ein Säugling seine Sinne entwickeln wird. In Amerika wird Säuglingen beispielsweise eine Silbernitratlösung in die Augen getropft, nur für den Fall, dass die Mutter eine sexuell übertragbare Krankheit hat. Abgesehen davon, dass ein Zusammenhang zwischen der Gabe der Silbernitratlösung und einer frühen Fehlsichtigkeit als erwiesen gilt, begann ich mich zu fragen, welchen Schock dies wohl für das Neugeborene darstellt, denn Silbernitratlösung verursacht einen scharfen, brennenden Schmerz und lässt, was noch wichtiger ist, die Sicht verschwimmen, was den Bondingprozess (das Aufbauen der Bindung zwischen Mutter und Kind) erschwert.[1]

Genau in diesem Moment bildet sich möglicherweise bei jedem Kind, das diese Prozedur über sich ergehen lassen muss, die Grundüberzeugung, dass es nicht sicher ist, diese Welt zu sehen oder in diese Welt hinauszusehen. Im Verlauf dieses Buches werden wir uns noch weiter damit beschäftigen, wie diese Grundüberzeugungen entstehen und wie sie unser Leben beeinflussen. Damals begann ich zu begreifen, wie sich unsere üblichen westlichen Entbindungspraktiken, zu denen auch Bluttests, die Verwendung von Saugglocken und andere drastische medizinische Vorgehensweisen gehören, auf Babys bei ihrem Eintritt in die Welt auswirken.

In Kapitel 1 geht es um Geburts-Matrix-Reimprinting und wie es entstand. Dann geht es darum, was ich in den fünf Jahren nach meiner ersten Sitzung herausgefunden habe und wie. Obwohl ich selbst niemals entbunden habe, habe ich mir den Spitznamen „Mama King“ redlich verdient, nachdem ich Tausende von Frauen (und einige Männer) behandelt habe.

Ob Sie nun eine traumatische Geburtserfahrung gemacht haben, als Sie auf die Welt kamen, ob Sie eine belastende Entbindung hatten oder ob Sie kurz vor einer Geburt stehen und sichergehen wollen, dass alles so angenehm wie möglich verlaufen wird: Dieses Buch wird Ihnen helfen, jegliche unbewusste Blockierung hinsichtlich dieser Ängste und Erfahrungen aufzulösen. Erleben Sie eine leichte Geburt. Schreiben Sie Ihre Vergangenheit und Ihre Zukunft neu.

Teil 1 – Die Techniken

Kapitel 1 – Wie Geburts-Matrix-Reimprinting entstand

Wann immer und wie immer du auch entbunden hast: Diese Erfahrung wird deine Gefühle, deinen Verstand, deinen Körper und deinen Geist für den Rest deines Lebens beeinflussen.
Ina May Gaskin

Caroline kam zu mir, als sie mit ihrem dritten Kind im fünften Monat schwanger war. Der Gedanke an die bevorstehende Geburt machte ihr große Angst. Ihre ersten beiden Geburtserfahrungen waren hochtraumatisch gewesen. Sie war davon überzeugt, dass die dritte Geburt ebenso schlimm verlaufen würde. Bei beiden Entbindungen waren die Wehen sehr lang und intensiv gewesen. Medizinische Eingriffe waren nötig gewesen und als sie endlich entbunden hatte, hatte sie Schwierigkeiten mit dem Stillen, auf das sie sich sehr gefreut hatte.

Als Caroline mit dem zweiten Kind schwanger war, hatte man ihr gesagt, dass keine Geburt der anderen gleiche und dass die nächste Geburt sicherlich anders verlaufen würde. Als sich herausstellte, dass dies bei ihr nicht der Fall war, entwickelte Caroline zwei Grundüberzeugungen: Zum einen, dass man den Aussagen von Ärzten nicht trauen kann, und zum anderen, dass die nächste Geburt wahrscheinlich ebenso traumatisch verlaufen würde. Inzwischen hatte ihre Angst ein kräftezehrendes Ausmaß erreicht.

Wir bearbeiteten ihre erste Entbindung mit Klopfakupressur und Matrix Reimprinting (zwei Methoden, die ich Ihnen später vorstellen werde). Bei Matrix Reimprinting geht man in der Vorstellung in die Vergangenheit zurück, um die mit dem Erlebten verbundenen Gefühle zu verändern. Als wir zu ihrer ersten Entbindung zurückgingen, konnte Caroline buchstäblich sehen, wie sie im Krankenhaus auf dem Bett lag, angeschlossen an das CTG. Es war schlimm für sie, den Herzschlag ihres Kindes zu hören, denn das Geräusch verschwand immer wieder. Je gestresster sie selbst wurde, umso gestresster schien auch ihr ungeborenes Kind zu sein.

Wir bearbeiteten die Situation mit Matrix Reimprinting, um sowohl den Stress für sie selbst als auch für das ungeborene Kind aufzulösen. Das Spannende an dieser Technik ist, dass, sobald man den Stress aus der Erinnerung gelöst hat, sich diese oftmals ebenfalls verändert. Nachdem die Angst verschwunden war, konnte Caroline den Herzschlag ihres Kindes auf dem CTG beständiger schlagen hören.

„Das ist wirklich unglaublich", sagte sie mit Tränen in den Augen. Danach bauten wir die neue „Erinnerung" noch weiter aus. Sie hörte eine sanfte Meeresbrandung und sah, dass sie und ihr ungeborenes Kind sehr entspannt waren.

Das Schaffen dieser Bilder wirkt sich auf unser Unbewusstes aus. Dabei verleugnen wir nicht, was wirklich geschah. Es wird lediglich die unbewusste Information, dass die Welt kein sicherer Ort ist, überschrieben. Das Unterbewusstsein speichert traumatische Erinnerungen, um uns davor zu schützen, in Zukunft etwas Ähnliches erleben zu müssen. Es arbeitet nicht gegen uns – manchmal erweisen sich die gespeicherten Erinnerungen jedoch als alles andere als hilfreich. In Carolines Fall wurde die stressreiche Erfahrung während der ersten Entbindung gespeichert und erzeugte für alle nachfolgenden ähnlichen Erfahrungen ebensolchen Stress. Indem wir die Erinnerung überschrieben, vermittelten wir Carolines Unterbewusstsein, dass Gebären nicht prinzipiell gefährlich ist.

Es gab jedoch noch andere Elemente dieser ersten Geburtserfahrung, die überschrieben werden mussten. Auch, dass die Hebamme sie zu einer Epiduralanästhesie drängte, obwohl Caroline dies nicht wollte, war eine traumatische Erfahrung. Sie protestierte, gab aber schließlich nach. Dann vergingen doch noch zwei Stunden, bis das Betäubungsmittel verabreicht wurde. In dieser Zeit sah die Hebamme nicht nach Caroline. Direkt nachdem sie das Betäubungsmittel dann erhalten hatte, merkte Caroline, dass sie genauso gut ohne hätte gebären können, da der Muttermund schon vollständig geöffnet war. Die Leichtfertigkeit der Hebamme verstörte sie sehr. Sie war so fest entschlossen gewesen, auf natürliche Weise zu gebären. Nachdem ich Caroline geholfen hatte, ihren Groll auf die Hebamme mit Matrix Reimprinting loszulassen, war sie in der Lage zu sehen, dass die Hebamme nach ihrem bestem Wissen und Gewissen gehandelt hatte. Sie überschrieb die Erinnerung, indem sie die Hebamme durch eine Engelsfigur ersetzte, die sie Annie nannte. In der neuen Erinnerung gebar sie ihr erstes Kind, Luke, zuhause, natürlich und ohne Medikamentengabe. Das Bonding war sehr intensiv und sie stillte ihn im Wohnzimmer.

Was danach kam, war überraschend. (Jedenfalls war es damals überraschend. Heute erscheint es mir normal, nachdem ich Tausende Geburts-Matrix-Reimprinting-Sitzungen hinter mir habe!) Als ich Caroline fragte, was wir als nächstes bearbeiten sollten, antwortete sie, dass sie sich mit ihrer eigenen Geburt befassen wolle.

Als wir zu der Zeit zurückgingen, in der sie geboren wurde, stellte sie überrascht fest, dass auch ihre Mutter eine Angst durchlebt hatte, die der von Caroline bei der Geburt von Luke glich. Bei dieser Arbeit stoßen wir manchmal auf Dinge, die uns vorher nicht bewusst waren. Genau das passierte bei Caroline. Wir werden uns daher in diesem Buch immer wieder damit beschäftigen, wie Probleme energetische Muster erzeugen, die über Generationen hinweg wiederholt werden.

Was Caroline anging, gab es noch tiefer liegende Probleme. Bei ihrer Geburt litt sie unter Gelbsucht und musste zwei Wochen lang in der Klinik bleiben. Einen Teil dieser Zeit blieb sie dort sich selbst überlassen, woraus Verlassensängste entstanden. Diese lösten wir für Carolines jüngeres Selbst auf und vermittelten ihr durch den Reimprinting-Prozess ein Gefühl von Sicherheit und Geborgenheit. Wieder wurde die Engelsfigur Annie in das Bild mit aufgenommen, um das Gefühl von Sicherheit noch zu verstärken.

Interessanterweise hatten sich, als wir uns der Geburt ihres zweiten Sohnes Jamie zuwandten, schon einige Ängste von alleine aufgelöst. Das passiert häufig, wenn wir mit dieser Methode das energetische Feld eines Ereignisses aus der Vergangenheit behandeln – manchmal verlieren dann auch nachfolgende Ereignisse ihre emotionale Ladung.

Es gab jedoch noch ein Element bei Jamies Geburt, das unsere Aufmerksamkeit verlangte: Die Hebamme drehte seinen Kopf hin und her, um ihn herauszubekommen. Das führte bei ihm zu Nackenproblemen. Wir überschrieben die Erinnerung, indem wir die Gebärmutter weiter öffneten, so dass er leichter herauskommen konnte. Dann kam wieder die Engelsfigur Annie ins Bild, die die Rolle der Hebamme übernahm.

Wir beendeten die Sitzung mit dem Bild, wie Caroline Jamie stillt und eine Bindung zu ihm aufbaut.

Sowohl Caroline als auch ich selbst waren voller Ehrfurcht vor unserer gemeinsamen Erfahrung. Wir hatten keine Ahnung, wie lange wir uns mit diesen Ereignissen beschäftigt hatten (bei dieser Art Arbeit scheint die Zeit anders zu laufen). Der Uhr nach waren es zwei Stunden gewesen, aber in vielerlei Hinsicht fühlte es sich wie fünf Minuten an. Als ich auf ihren von der fünfmonatigen Schwangerschaft gewölbten Bauch sah, hatte ich eine intuitive Eingebung.

„Wie wäre es, wenn wir zum Schluss deinem Kind zeigen, wie seine Geburt später werden wird?“, fragte ich.

„Ja! Das wäre wunderbar“, antwortete sie.

Caroline verband sich mit ihrem Kind im Mutterleib, indem sie ihre Hände auf den Bauch legte, um es wissen zu lassen, dass die Angst, die sie früher gequält hatte, fort war. Sie sagte zu ihm: „Du bist in Sicherheit und ich liebe dich!“

Wir ließen den Entbindungsraum vor ihrem inneren Auge entstehen, mit der Engelsfigur Annie und ihrem Ehemann. Auch ihre beiden Jungen, Jamie und Luke, waren dabei. Sie führte sich selbst durch den künftigen Geburtsprozess, um ihrem Kind zu zeigen, wie die Geburt ablaufen würde. Das Schlussbild zeigte, wie Caroline ihr Baby problemlos stillte und eine Bindung zu ihm aufbaute.

Nach dieser Sitzung waren Caroline und ich vollkommen high! Wir wussten, dass etwas Unglaubliches stattgefunden hatte. Ich spürte sofort, dass ich hier etwas entdeckt hatte, das weit über Carolines persönliche Erfahrung hinausging.

Für Caroline ergaben sich schlagartig Verbesserungen. Ihr Ehemann bemerkte sofort die Veränderung. Sie war viel entspannter, ihre Angst vor der Entbindung hatte sich aufgelöst und sie fühlte sich allgemein glücklicher. Menschen, die die beiden Jungen kannten, bemerkten, dass diese erleichtert schienen und dass die Familie als Ganzes viel verbundener und glücklicher wirkte. Die Veränderungen waren subtil, aber deutlich spürbar. Ein anderer positiver Nebeneffekt war, dass Caroline sich anders fühlte, wenn ihr Mann wegen seiner Arbeit nicht zuhause war. In der Vergangenheit waren ihre Verlassensängste, die aus der Zeit stammten, in der sie als Neugeborenes alleine in der Klinik war, getriggert worden, wenn ihr Mann unterwegs war. Nun hatten sie sich aufgelöst, zusammen mit dem Gefühl, von der Welt getrennt zu sein.

Die unglaublichste Auswirkung dieser Erfahrung erlebte sie jedoch bei der Geburt ihres dritten Kindes, Archie.

Alles ging tatsächlich sehr schnell und schmerzlos über die Bühne. Sie sagte „Er kam so leicht heraus, wie wir uns das vorgestellt hatten und wir konnten uns sofort miteinander verbinden. Ich habe ihn fast sofort gestillt – es war wirklich so wie in dem Bild, das wir erschaffen hatten. Die Geburt war *ganz genau* so!“

Sie erwähnte außerdem, dass sie zwei Stunden nach der Entbindung nach draußen zur Toilette gegangen war. Dort hatte sie andere Frauen gesehen, die bereits vor Tagen entbunden hatten. Sie hielten sich an der Wand fest und gingen, als ob sie eine ganze Woche geritten wären! Da bemerkte sie, wie gut sich ihr Körper anfühlte. Sie hatte gar nicht das Gefühl, gerade entbunden zu haben. Sie war ein bisschen wund, aber das war alles.

Mir wurde klar, dass ich etwas entdeckt hatte. Diese Technik, auf die ich gerade gestoßen war, konnte als eine ganz eigenständige Methode angesehen werden. Und sie besaß lebensveränderndes Potenzial.

Im nächsten Kapitel werden wir uns damit beschäftigen, dass Säuglinge – ganz im Gegensatz zur landläufigen Meinung – bewusste Wesen sind.

Kapitel 2 – Das Bewusstsein des Säuglings

Ein Großteil dessen, was wir über Säuglinge zu wissen geglaubt haben, ist falsch. Wir haben ihre Fähigkeiten falsch verstanden und unterschätzt. Sie sind komplexe und alterslose Wesen – kleine Geschöpfe mit unerwartet weitreichenden Gedanken.
David Chamberlain, PhD

In den letzten Jahren kursierte in den sozialen Medien ein Videoclip über den Arzt Dr. Carey Andrew-Jaja, der den meisten der über 8000 Säuglingen, die er entbunden hatte, vorsang. Das Video wurde auf YouTube über eine Million Mal angeklickt, was sicherlich daran lag, dass dieses Verhalten im Kreißsaal einer normalen westlichen Klinik völlig fremd wirkt. Dieser singende Arzt hatte offenbar ein gewisses Verständnis für die Wichtigkeit der Art und Weise, wie Säuglinge auf die Welt kommen, entwickelt. Die meisten Ärzte der westlichen Welt sind aber der Überzeugung, dass Säuglinge keine bewusste Wahrnehmung haben oder keine Schmerzen spüren – oder dass sie, wenn sie Schmerzen spüren, sich später nicht daran erinnern können.

So wie Wissenschaftler früher davon ausgingen, dass Tiere nichts spüren können, geht die große Mehrheit der Ärzte immer noch mit dieser Annahme vor: Sie verabreichen Spritzen, piksen scharfe Gegenstände in die Füße des Säuglings (bekannt als Fersenbluttest), tropfen ätzende Lösungen in seine Augen oder halten ihn an den Füßen mit dem Kopf nach unten und schlagen ihn, damit er schreit. Das ist allerdings kein rein westliches Phänomen. In einigen Ländern werden Beschneidungen ohne jegliche Betäubungs- und Schmerzmittel durchgeführt.

In diesem Kapitel werden wir uns damit beschäftigen, dass Säuglinge nicht nur Schmerz verspüren (sie nehmen ihn sogar bis zu vier Mal intensiver wahr als Erwachsene), sondern sogar ein Bewusstsein haben – und das nicht erst bei der Geburt, sondern auch schon in der Gebärmutter.[2]

Säuglinge verfügen über ein sog. implizites Gedächtnis, d.h. ein Gedächtnis, das außerhalb der bewussten Wahrnehmung liegt. Wir könnten das implizite Gedächtnis auch als ein unbewusstes Gedächtnis bezeichnen. Obwohl wir uns als Erwachsene vermutlich nicht bewusst daran erinnern, was in der Gebärmutter und bei der Geburt geschehen ist, gibt es doch gespeicherte Sinneseindrücke, auf die wir als Körpergefühl zugreifen können. Dieses Körpergefühl wird Teil unserer Prägung und Programmierung als menschliche Wesen. Wenn Neugeborene behandelt werden, als könnten sie keinen Schmerz spüren, wird eine Überzeugung geprägt: ein unter allem liegendes Gefühl, dass die Welt, in der sie gelandet sind, gefährlich ist. Diese Prägung kann den Grundstein für ein Bündel auf Angst gegründeter Überzeugungen legen, die sich durch das ganze Leben ziehen.

Unser Körper-Verstand arbeitet ähnlich wie ein Computer, der Informationen aus unserer Umwelt erfasst und unsere Vorstellungen und unsere Welt nach den gesammelten Informationen erschafft. Auf die Festplatte kann man eine beliebige Anzahl an Programmen speichern. Einiges von dem, was man dabei ansammelt, ist sehr nützlich. Andere Programme sind eigentlich überflüssig, sie nehmen bloß Platz weg. Es gibt aber auch solche, die für das ganze System schädlich sind.

Für uns Menschen beginnt das schon bei der Zeugung. Selbst wenn es unwahrscheinlich ist, dass Sie sich an die Einzelheiten Ihrer Empfängnis erinnern, finden Prägungen auch dann schon statt. Überzeugungen entstehen während des ganzen Zeitraums, in dem Sie in der Gebärmutter sind, während der Geburt und darüber hinaus.

Nur für den Fall, dass dies etwas in Ihnen antriggert, vor allem, wenn Sie gerade schwanger sind, vor kurzem entbunden haben oder sich fragen, ob Sie solche Überzeugungen für Ihr Kind erschaffen haben: Im Verlaufe des Buches werden wir uns damit beschäftigen, wie diese Überzeugungen überschrieben werden können und wie Sie dies für Ihr Kind tun können. Ein Beispiel: Vielleicht waren Sie schockiert, als Sie herausfanden, dass Sie schwanger sind. Vielleicht haben Sie sogar über eine Abtreibung nachgedacht. In einem solchen Fall können wir Geburts-Matrix-Reimprinting anwenden, um zu diesem Augenblick zurückzugehen und den Schock aufzulösen, den Sie damals erlebten. Wir können Ihrem Kind – in der Vorstellung – mitteilen, dass es nichts Persönliches war, dass es einfach nur damit zu tun hatte, wie Sie sich zu diesem Zeitpunkt gefühlt haben. Auch wenn ein Säugling den Schock der Mutter als persönlichen Angriff wahrnimmt, können wir ihm dabei helfen, dieses Gefühl loszulassen und zu begreifen, dass dies nicht der Fall war – ganz egal, wie viel Zeit seitdem vergangen ist.

Bei einer solchen Reimprinting-Sitzung wird unter Umständen viel Wut und Angst freigesetzt. Vor allem, wenn sich jemand als Erwachsener an eine solche Erfahrung „erinnert" – was mit den Techniken, die ich Ihnen in diesem Buch vorstelle, sehr viel häufiger passiert, als Sie es sich jetzt vielleicht vorstellen können. Diese Gefühle sind ein Überlebensmechanismus, der angetriggert wird und auf den eine angstbasierte emotionale Reaktion erfolgt. Die Techniken, die ich Ihnen in diesem Buch vorstelle, können dabei helfen, diese Ängste aufzulösen.

Ich habe mit jedem nur denkbaren Empfängnis- und Geburtserlebnis gearbeitet, außer mit einem durch künstliche Befruchtung gezeugten Kind. Das fände ich äußerst faszinierend. Ich stelle mir vor, dass ein Kind, das auf diesem Wege gezeugt wird, ganz eigene Grundüberzeugungen und Prägungen entwickelt. Auch wenn Sie oder Ihr Kind durch künstliche Befruchtung empfangen wurden, können Sie Geburts-Matrix-Reimprinting anwenden, um zum Kern aller Grundüberzeugungen vorzudringen, die dadurch entstanden sein mögen.

Die Reaktion der Mutter auf die Schwangerschaft ist nur eins von den Dingen, die ein Fötus spüren kann. Eine ganze Reihe anderer Erfahrungen prägen das ungeborene Kind. Dazu gehören z.B. die Reaktion des Vaters und physische oder emotionale Traumata der Mutter während der Schwangerschaft (z.B. Todesfälle oder Verluste in der Familie oder Streit, in den die Mutter verwickelt ist).

Lektionen fürs Leben

Ich möchte gerne noch einmal darauf hinweisen, dass es keine Schuldzuweisungen oder Verurteilungen gibt, wenn wir über die Belastungen sprechen, die das Kind erfährt. Ich glaube vielmehr, dass wir auf die Welt kommen, um bestimmte Lektionen zu lernen. Ich glaube, dass wir uns in unserer Lebenszeit bestimmte Erfahrungen aussuchen, die wir machen, damit wir lernen und wachsen können. Wenn Sie diesen Glauben nicht teilen, bitte ich Sie, einen vorurteilsfreien Standpunkt einzunehmen. Die meisten Menschen auf diesem Planeten entscheiden sich nicht bewusst dafür, andere Menschen einem Trauma auszusetzen. Ärzte, Hebammen, unsere Eltern, unsere Partner, wir selbst – wir alle tun das Beste, was wir können, mit dem Wissen und Verständnis, das wir im jeweiligen Augenblick haben. Menschen, die andere Menschen bewusst verletzen, haben meistens selbst ähnliche Erfahrungen erlebt. Wir alle haben unsere eigene Geschichte, die aus unseren Erfahrungen und Glaubenssätzen entstanden ist. Während Sie und ich uns gemeinsam auf die Reise machen, stellen Sie sich uns als Wissenschaftler vor, die sich aufgemacht haben, die Prägungen der Vergangenheit zu enträtseln. Wir werden die Programmierungen aufdecken, die vorgenommen wurden, und sie mit den Techniken, die ich noch vorstellen werde, einfach überschreiben. Natürlich sind dabei auch Gefühle beteiligt, aber auch mit diesen können wir umgehen. Im Wesentlichen werden wir jedoch aufdecken, was in der Vergangenheit geschah, und es überschreiben, so dass wir Frieden finden können.

Was meinen wir mit Bewusstsein?

Wir haben über das Bewusstsein des Säuglings gesprochen. Was ich damit meine, möchte ich nun gerne genauer erklären. Wenn Sie dieses Buch lesen, wird die Idee, dass wir spirituelle Wesen in einem physischen Körper sind, vermutlich nicht zum ersten Mal an Sie herangetragen. Einerlei, ob diese Vorstellung für Sie neu ist oder Sie damit vertraut sind: Ich möchte, dass Sie sich einen Moment Zeit nehmen, um sich den Unterschied zwischen Ihrem Bewusstsein und Ihren Filtern klarzumachen.

Den meisten von uns wurde beigebracht, das Leben durch Filter zu erfahren. Das ist so, als gäbe es immer zwei unterschiedliche Versionen von dem, was gerade passiert – das Ereignis, das gerade stattfindet, und die Geschichte, die wir darauf projizieren. Unsere konditionierten Antworten auf die Welt um uns herum formen die Wahrnehmung unserer Realität.

Hinter der Geschichte, die erzählt, wer Sie sind und was Ihnen in diesem Leben zugestoßen ist, liegt Ihre bewusste Wahrnehmung. Das ist der Teil von Ihnen, der all Ihre Gedanken und Gefühle beobachten kann. Obwohl man Ihnen höchstwahrscheinlich beigebracht hat zu glauben, dass Sie Ihre Gedanken und Gefühle *sind*, und entsprechend zu reagieren, existiert Ihre bewusste Wahrnehmung ganz unabhängig davon, was Sie erlebt haben und wie Sie es bewerten.

Falls diese Idee neu für Sie ist, probieren Sie bitte diese einfache Übung aus: Stellen Sie einen Timer auf eine Minute. Schließen Sie Ihre Augen. Beginnen Sie, Ihre Gedanken zu zählen. Denken Sie darüber nach, wie viele Gedanken Sie in der Minute haben. Fragen Sie sich: „Wer hat die Gedanken gezählt?“ Es war Ihre bewusste Wahrnehmung, die Ihre Gedanken gezählt hat. Sie existiert unabhängig von Ihren Gedanken.

Ihre bewusste Wahrnehmung existiert ebenfalls unabhängig von Ihrem emotionalen Zustand. Meistens identifizieren wir uns mit den Gefühlen, die wir erleben. Haben Sie jemals die Erfahrung gemacht, dass Ihnen ein Gedanke gekommen ist wie „Bin ich jetzt wirklich gerade ärgerlich?“ Dass Sie den Wutanfall nicht ausgedrückt, sondern einfach nur beobachtet haben, wie der Ärger in Ihnen aufsteigt? Das ist die bewusste Wahrnehmung Ihres Ärgers.

Einige spirituelle oder esoterische Lehrer unterscheiden zwischen „Ego“ und „Selbst“. Das „Ego“ ist eine Sammlung aller Dinge, die Ihnen in diesem Leben zugestoßen sind. Es beinhaltet eine Reihe von Triggern und Programmen, die Ihre Wahrnehmung von sich selbst formen. Ihr „Selbst“ ist das ewige Selbst, das jenseits Ihrer Trigger und Programmierungen existiert.

Gewöhnlich steht das „Ego“ im Mittelpunkt. Im Zustand spiritueller Erweckung erleben wir, was der spirituelle Lehrer Adyashanti ein „Erwachen“ nennt: Das „Ego“ steht nicht länger im Mittelpunkt und wir erfahren das Leben durch die bewusste Wahrnehmung des „Selbst“.

Kinder haben eine andere bewusste Wahrnehmung. Sie erfahren das Leben so, wie sie es erleben, sind sich dessen aber nicht bewusst.

In Kapitel 12 werden wir uns damit beschäftigen, auf welche Weise sie die Welt um sich herum aufsaugen wie ein Schwamm, völlig ungefiltert. Je öfter sie bedrohlichen Situationen ausgesetzt sind, umso mehr Filter werden zwischen der Wirklichkeit und dem Bewusstsein installiert.

Wenn Sie jemals ein kleines Kind angesehen haben und das Gefühl hatten, dass es schon ein „hartes Leben“ hinter sich hat, dann verstehen Sie, was ich meine. Später werden wir uns ansehen, was in der Gehirnchemie eines Kindes vor sich geht, dessen Mutter ständig das Gefühl hatte, ums Überleben kämpfen zu müssen. Fürs Erste merken wir uns, dass Säuglinge ein Bewusstsein haben.

Der einfachste Weg, das Bewusstsein eines Säuglings zu begreifen, ist, es sich als „achtsame Wahrnehmung“ vorzustellen. Bislang ging man davon aus, dass Säuglinge nicht bewusst wahrnehmen, aber das Gegenteil ist der Fall: Sie erleben alles bewusst. Wenn wir dies erst einmal verstanden haben, wird sich zwangsläufig auch unsere Auffassung der Lebenswirklichkeit von Kindern verändern. Auf einer bestimmten Ebene können Sie sich vielleicht sogar daran erinnern, wie Sie als Kind wahrgenommen haben. Mit dieser Wahrnehmung werden wir uns in diesem Buch immer wieder beschäftigen.

Der Mutterleib

Während des APPPAH (Association for Prenatal and Perinatal Psychology and Health) Kongresses, der 1995 in San Francisco stattfand, stellte Dr. David Chamberlain, PhD, den folgenden Fall vor – ein typisches Beispiel für das Bewusstsein eines ungeborenen Kindes: An der Mutter wurde eine Fruchtwasseruntersuchung vorgenommen, die auf Video aufgezeichnet wurde. Die Aufnahmen zeigten, dass das Kind sich der Nadel in dem Augenblick, in dem sie in den Uterus eingeführt wurde, zuwandte und sie wegschlug. Die Mediziner glaubten an einen Zufall oder Fehler und stachen noch einmal mit der Nadel in den Uterus – worauf sich das Szenario wiederholte. Es gibt viele Berichte, aus denen hervorgeht, dass dieses Verhalten kein Einzelfall ist. Aus diesen Beobachtungen kann sicher geschlossen werden, dass ungeborene Säuglinge sehr bewusst wahrnehmen, was um sie herum passiert, vor allem im Hinblick auf Ereignisse, die sie ganz persönlich betreffen.[3]

Kinder im Mutterleib haben keine Vorstellung eines eigenen Selbst und erleben sich nicht als von der Mutter getrennt. Alles, was die Mutter erlebt, speichert das Kind als eine eigene Erfahrung. Was die Mutter fühlt, fühlt das Ungeborene ebenso. Alles, was die Mutter aufnimmt, empfängt auch das Kind.

Diese Mutter-Kind-Beziehung hat unterschiedliche Aspekte. Auf der körperlichen Ebene erhält das Kind über die Plazenta die Hormone, die von der Mutter durch den Blutstrom bereitgestellt werden. Zum Beispiel steigt während einer stressigen oder beängstigenden Situation der Kortisolspiegel an, Stresshormone wie Adrenalin werden freigesetzt. Das soll uns in die Lage versetzen, angemessen auf eine bedrohliche Situation zu reagieren, indem wir z.B. weglaufen oder angreifen. Wenn die Mutter sich geliebt, entspannt, unterstützt und sicher fühlt, werden chemische Botenstoffe wie Oxytocin (bekannt als „Liebeshormon“) ausgeschüttet, ebenso wie Serotonin und Dopamin, stimmungsaufhellende Wohlfühlstoffe. Ich bin davon überzeugt, dass die Gefühlszustände der Mutter auch energetisch auf das Kind übertragen werden. Das könnte zum Beispiel durch das Fruchtwasser geschehen, das das Kind umgibt. Dr. Masaru Emoto, Wissenschaftler und Autor von *Die Botschaft des Wassers*, zeigte mit seinen Experimenten, dass das Wasser auf positive und negative Worte, Bilder und Geräusche reagiert. In einer positiven Umgebung entwickelten sich schöne Kristalle, in einer negativen entstanden jedoch entweder keine oder verzerrte Kristalle. Dr. Emoto bewies auch, dass Pflanzen besser gedeihen, wenn man liebevoll mit ihnen spricht und eingehen können, wenn man sie beschimpft.[4]

Der Körper eines Kindes besteht zu 78% aus Wasser und ist von Wasser im Uterus umgeben. Das könnte erklären, wie energetische Nachrichten an das Kind weitergegeben werden, nicht nur von der Mutter, sondern auch vom Vater und der Umgebung.

Das Wasser leitet die Botschaften weiter, die das Kind über seine physischen und energetischen Systeme empfängt. Wir alle sind empathische und intuitive Wesen, ob uns das nun bewusst ist oder nicht. Becky Walsh beschreibt in ihrem Buch *You Do Know: Learning to Act on Intuition Instantly* vier Arten der Intuition:[5]

1. Mentale Intuition – wir erhalten intuitive Informationen in Form von „Downloads“ für den schöpferischen Anteil unseres Geistes.
2. Somatische Intuition – wir empfinden Intuition auf körperliche Weise, d.h., unser Körper ist der Informationsempfänger.
3. Emotionale Intuition – wir greifen die Emotionen anderer auf und empfinden sie wie eigene.
4. Spirituelle Intuition – wir verfügen über ein Gespür für andere Energiesysteme um uns herum.

Wir alle verfügen über die Fähigkeit, Informationen auf allen vier oben beschriebenen Wegen aufzunehmen; ich glaube jedoch, dass wir, je nachdem welche Erfahrungen wir im Mutterleib, bei der Geburt und in der frühen Kindheit gemacht haben, einen oder zwei dieser Kanäle der Informationsaufnahme besonders gut entwickeln.

Nach Dr. Bruce Lipton ist es sogar wahrscheinlich, dass das Kind über einen besser entwickelten Intellekt verfügen wird, wenn die Mutter den Großteil der Schwangerschaft ruhig und entspannt verbracht hat. Wenn die Mutter sich sehr ängstlich fühlt oder sogar im Überlebensmodus agiert, werden hingegen Entwicklungsvoraussetzungen geschaffen, die eher zur Ausprägung des Reptiliengehirns führen. Wenn die Mutter zum Beispiel in einem Kriegsgebiet oder in einer von Gewalt und Missbrauch geprägten Beziehung lebt, lernt der Fötus, dass die Welt draußen kein sicherer Ort ist. Im Gehirn werden dann die Bereiche stärker entwickelt, die dem Fötus ermöglichen sollen, in einer gefahrenreichen Welt zu überleben. Das zeigt sich dann in einer stärkeren Ängstlichkeit und Schreckhaftigkeit und einer gesteigerten Neigung dazu, sich Sorgen zu machen.

Es gibt auch Belege dafür, dass Erkrankungen im Zusammenhang mit den emotionalen Erfahrungen der Mutter stehen. Aus meiner Erfahrung heraus kann ich sagen, dass z.B. Ekzeme häufig mit Trennungen verbunden sind (wir werden in Kapitel 9 genauer auf Trennungen eingehen).

Wir haben schon über das Verlassenwerden gesprochen, aber ich möchte trotzdem wiederholen, dass ein Kind, wenn es sich nicht gewollt fühlt, wahrscheinlich immer wieder im Leben mit Verlassenheitsgefühlen zu kämpfen haben wird. Als Erwachsener wird es die Erfahrung des Verlassenwerdens immer wieder neu inszenieren und so eine ähnliche Energie produzieren, wie es sie im Mutterleib erlebt hat.

Auch Erschütterungen des Mutterleibs prägen das Kind. Das kann sprichwörtlich alles sein, von einem Autounfall, in den die Mutter verwickelt ist, bis zu einer schockierenden Nachricht, die sie im Fernsehen sieht. Grundsätzlich kann man sagen, dass ein Ereignis, das einmalig stattfindet und nicht allzu traumatisch ist, auch keine allzu große Prägung hinterlässt. Im Gegenteil, kleine Erschütterungen helfen dem Kind, Resilienz zu entwickeln. Eine Mutter muss daher in der Schwangerschaft kein besonders behütetes Leben führen. Nur wenn sich der Zwischenfall immer wieder wiederholt oder sehr traumatisch ist, werden das Bewusstsein des Kindes und seine Vorstellung von sich selbst beeinträchtigt.

Bewusst bei der Geburt?

Das folgende Fallbeispiel entstammt dem Buch *Woran Babys sich erinnern: Über die Anfänge unseres Bewusstseins im Mutterleib* von Dr. David Chamberlain. In diesem Buch wertet er die Ergebnisse seiner vielfach gepriesenen Arbeit als Hypnotherapeut aus, bei der er Erwachsene in ihre Zeit im Mutterleib und zu ihrer Geburt zurückversetzt.

Stewart

Ich stecke fest! Ich kann meine Schultern nicht bewegen. Der Arzt zieht an meinem Kopf. Mein Kiefer tut weh; er quetscht ihn, zerrt daran herum. Oh mein Mund! Er zerrt immer stärker und stärker, es tut immer mehr weh...

Es tut weh, weh! Es ist so eng um meine Schultern und der Arzt zieht, aber ich komme nicht heraus!

Er schreit mich an und zieht. „Pressen!“ schreit er... „Pressen! Pressen!“

Ich spüre nichts mehr.

Er zieht an meiner rechten Schulter, um meinen Arm herauszubekommen. Mit seinen Händen greift er nach mir, um mich nach draußen zu ziehen. Mein ganzer Körper ist wie betäubt.

Ich habe das Gefühl, dass meine Knochen brechen werden, es ist so eng!

Die Öffnung ist nicht groß genug und meine Mama weint und strengt sich an. Sie ist überhaupt nicht entspannt. Sie ist angespannt und ich bin angespannt und jetzt wird der Arzt ärgerlich, weil ich nicht so herauskomme, wie das von mir erwartet wird.

Und er zieht immer stärker an meiner rechten Schulter. Ich fühle mich wie in einer Falle! Dann zieht er an meinem Kopf. Er greift um meinen Kiefer und den Nacken und zieht mich vor und zurück, zieht erst an einer Seite und dann an der anderen, um zuerst eine Schulter herauszubekommen.

Er hat es eilig. Er sagt, dass ich bald atmen muss. Ich glaube, darum zieht er so stark an meinem Kopf und am rechten Arm. Er ist grob!

Er benutzt vulgäre Worte, ist alles andere als freundlich. Er ist frustriert, weil ich nicht herauskomme und nicht reagiere. Ich werde kein normales Kind sein, nicht das tun, was von mir erwartet wird.

Ich weiß nicht, was von mir erwartet wird!

Er sagt: „Frau E., Sie haben ein störrisches Kind, es ist nicht normal wie andere Kinder. Normale Kinder lassen los, aber er tut es nicht. Er hält sich fest, wenn ich versuche, ihn herauszuziehen. Er wehrt sich gegen mich, ich weiß nicht warum..." Er spricht schlecht über mich. Er sagt, ich mache ihm Ärger und dass ich schwierig bin. Er sagt meiner Mutter, dass ich ein schwieriges Kind sein werde. Das werde ich nicht. Ich werde nicht schwierig sein, aber er sagte, ich würde.

Gut, er hat etwas Dummes über mich gesagt, aber alle waren einverstanden; niemand hat sich auf meine Seite gestellt. Ich wollte sagen, „Nein, werde ich nicht!", aber sie hätten sowieso nicht auf mich gehört. Er nannte mich einen kleinen Pubs! Er sagte: „Wahrscheinlich wird sich der kleine Pubs mit allem viel Zeit lassen!" und lachte, als ob das lustig wäre.

Alle lachten...

Ich wusste nicht, was passierte, aber er sagte, es sei mein Fehler. Das habe ich sehr deutlich verstanden! Ich wollte unbedingt etwas sagen, aber ich konnte nicht. Ich konnte nichts sagen; ich wusste nicht, wie. Aber ich wollte. Alle haben gelacht und ich habe mich schlecht gefühlt.[6]

Im Verlauf dieses Buches werden wir uns mit den Auswirkungen beschäftigen, die die Worte des Arztes, bzw. alle Worte, die von Erwachsenen ausgesprochen werden, auf das beeinflussbare Unterbewusstsein des Kindes haben können. In dieser Geschichte wurde Stewart vermittelt, dass er kein normales Kind sei, dass er nicht das tat, was von ihm erwartet wurde, dass er schwierig werden würde. Darüber hinaus lachten ihn alle aus, triggerten in ihm Gefühle der Nichtakzeptanz und verankerten diese in seinen negativen Glaubenssätzen. Beachten Sie bitte, dass Stewart gerne etwas sagen wollte, es aber nicht konnte. In Kapitel 12 werden Sie den Geburts-Matrix-Reimprinting-Ablauf kennenlernen.

Ich glaube, dass Stewart und ich damit das Gefühl finden könnten, das in seiner Kehle steckte und das er selbst nicht ausdrücken konnte. Ich vermute außerdem, dass er mit Halsproblemen aufgewachsen ist – was häufig vorkommt, wenn es etwas gibt, was wir nicht ausdrücken können oder wenn wir das Gefühl haben, wir werden nicht gehört.

Auf der DVD *What Babies Want* bittet Mary Jackson ein kleines Mädchen, die Geschichte seiner Geburt mit kleinen Plastikspielzeugen nachzuspielen. Die Mutter des Mädchens sieht erstaunt dabei zu, als es ein Bett aufstellt, die Mutter auf das Bett legt und den Infusionsständer daneben platziert. Dann bringt es den Vater ins Spiel, stellt ihn auf die rechte Seite der Mutter und stellt sogar Hausschuhe unter das Bett. Es stellt die Szene genau nach – ohne Hinweise von seiner Mutter bekommen zu haben.

Dann legt es die Baby-Puppe auf den Bauch seiner Mutter, springt zu ihr und umarmt sie fest (bei der Geburt hatte man es fortgenommen und so konnte es dies nicht im wirklichen Leben tun). Die Kleine erzählte nicht nur die Geschichte ihrer Geburt, sondern holte auch das nach, was ihr noch gefehlt hatte. So trug sie zur Heilung ihrer Geburtserfahrung bei. Babys HABEN bei ihrer Geburt ein Bewusstsein!

Im nächsten Kapitel stelle ich die Klopfakupressur vor, die erste Sprosse der Leiter zur Heilung unserer Geburtserfahrungen.

Kapitel 3 – Klopfakupressur

Wenn wir akzeptieren, wer wir sind, hören wir auf, Probleme „zu regeln“ oder „aufrechtzuerhalten“. Wir drücken Liebe und Mitgefühl für uns selbst aus – für unsere Gefühle, unsere Situation und unsere Geschichte.
Nick Ortner

Diese Art der Klopfakupressur wurde von Gary Craig entwickelt, er nannte sie Emotional Freedom Techniques (EFT). Sie hat Menschen überall auf der Welt bei der Heilung von körperlichen und emotionalen Problemen auf geradezu sagenhafte Art und Weise geholfen. Sie ist eine der beiden Techniken, auf denen Geburts-Matrix-Reimprinting beruht. Die Klopfakupressur löst die belastende emotionale Ladung auf, die mit einer Erinnerung verbunden ist. Wenn Sie eine traumatische Erfahrung durchleben, entsteht eine energetische Ladung, die in Ihrem System gespeichert wird. Das soll Sie vor weiteren ähnlichen Ereignissen schützen. Nehmen wir zum Beispiel an, dass Sie als Kind von einem Hund gebissen wurden. Jedes Mal, wenn Sie einen Hund sehen, fühlen Sie das gleiche wie damals – so als ob es jetzt gerade wieder geschähe. Ihr System hält an der sensorischen Information fest, damit Sie schon im Vorfeld reagieren können, wenn Sie in eine ähnliche Gefahr geraten. Wenn Sie allerdings viele Erfahrungen gemacht haben, die zu ähnlichen Belastungen führen, gerät Ihre Körperchemie aus dem Gleichgewicht. Mit dem Stress steigen Adrenalin- und Kortisolspiegel an, die Ausschüttung wichtiger Hormone wie DHEA (Dehydroepiandrosteron) nimmt ab.

Bei der Anwendung der Klopfakupressur konzentrieren Sie sich auf eine der beiden folgenden Möglichkeiten:

1. Eine Erinnerung mit einer emotionalen Belastung.
2. Eine Empfindung, die Sie gerade in Ihrem Körper spüren, wenn Sie durch die äußere Realität angetriggert wurden.

Dann beklopfen Sie mit den Fingern bestimmte Akupunkturpunkte und lösen damit die energetische Verbindung, die die Erinnerung oder der aktuelle Trigger hergestellt haben. Übertragen auf die Situation mit dem Hund bedeutet das, dass Sie nun all den Stress und das Trauma des Gebissenwerdens auflösen können. Sie können sich dabei auf alle möglichen Aspekte konzentrieren: was Sie gesehen, gerochen, gehört, gefühlt und geschmeckt haben (zum Beispiel, wie bedrohlich die Zähne des Hundes auf Sie gewirkt haben, der Schmerz, als sie in Sie eindrangen, die Tatsache, dass er nicht losließ) und jeden Aspekt einzeln beklopfen. Gleichzeitig sagen Sie einen „Erinnerungssatz" passend zur damaligen Situation, der dafür sorgt, dass Sie gefühlsmäßig auf dieses Ereignis fokussiert bleiben.

Die mit der Situation verbundene Angst wird aufgelöst. Körper und Geist werden davon befreit. Das bedeutet, dass Sie keine unangenehmen Körperempfindungen mehr im Zusammenhang mit Ihrem Erlebnis haben. Von da an werden Sie in der Lage sein, einem Hund zu begegnen, ohne getriggert zu werden.

Mehr über die Wirkungsweise der Klopfakupressur

Wenn Sie bei guter Gesundheit sind, fließt Energie frei durch die Meridiane in Ihrem Körper. Das ist seit Tausenden von Jahren bekannt und es gibt Techniken wie Akupunktur, Akupressur, Taiji, Shiatsu, Qigong usw., die den Energiefluss günstig beeinflussen. Trauma und Stress führen zu Blockaden des Energiesystems. Wenn die Energie nicht richtig fließt, kann sie die lebenswichtigen Organe nicht erreichen und stärken – das kann auf Dauer Krankheiten hervorrufen.

Was außerdem wichtig ist: Unser Unterbewusstsein kann nicht unterscheiden, ob wir ein Trauma gerade erleben oder uns nur daran erinnern. In beiden Fällen wird die gleiche chemische Reaktion ausgelöst. In kleinerem Umfang passiert das häufig. Was passiert, wenn Sie sich eine peinliche Erinnerung ins Gedächtnis rufen? Höchstwahrscheinlich empfinden Sie das Peinliche daran genauso intensiv, als ob Sie die Situation gerade jetzt erleben würden.

Interessant ist auch, dass wir uns nicht bewusst an ein traumatisches Ereignis erinnern müssen, damit es sich auf uns auswirkt. Die meisten Menschen können sich nicht an ihre frühen Kindheitsjahre erinnern, und doch sind alle unsere Erfahrungen gespeichert, von der Empfängnis an.

Der Ablauf der Klopfakupressur

Die Klopfakupressur kann in jeder Situation, in der emotionale Intensität entsteht, einfach angewendet werden. Zunächst beschäftigen wir uns mit dem klassischen Ablauf. Anschließend stelle ich Ihnen eine abgewandelte Version vor, damit Sie selbst damit experimentieren können.

1. Schritt – Benennen Sie das Gefühl

Was fühlen Sie und wo fühlen Sie es? Das Gefühl ist normalerweise eine Emotion, die sich im Körper zeigt. Es kann aber auch eine reine Körperempfindung (z.B. ein Schmerz) sein.

2. Schritt – Wie sehr belastet es Sie auf einer Skala von 1 bis 10?

Dies nennt man den SUD-Wert (Subjective Unit of Distress). Er zeigt an, wie belastend das Thema für Sie ist. „1" bedeutet, dass es Sie kaum belastet, „10" bedeutet, dass das Gefühl am maximalen Anschlag ist. Dieser Wert zeigt Ihre Fortschritte mit der Klopfakupressur an, denn während des Klopfens sinkt er normalerweise.

3. Schritt – Den Set-up-Satz festlegen

Der Set-up-Satz fasst die o.g. Bestandteile zusammen.

„Obwohl ich diese(s) _________ (Gefühl oder Empfindung) in meine(m/r) _________ (Körperteil) habe, liebe und akzeptiere ich mich voll und ganz."

Zum Beispiel: „Obwohl mir der Magen in die Kniekehle rutscht, liebe und akzeptiere ich mich voll und ganz."

4. Schritt – Einen Erinnerungssatz festlegen

Der Set-up-Satz wird zu einem Erinnerungssatz verkürzt. Formulieren Sie Ihren Erinnerungssatz nach folgendem Schema: Was Sie fühlen + wo Sie es fühlen = Erinnerungssatz

Zum Beispiel: Rutschen + Magen = „Mein rutschender Magen“

5. Schritt – Die Punkte klopfen

Klopfen Sie nacheinander jeden der folgenden Punkte, am besten mit Zeige- und Mittelfinger gleichzeitig. Beginnen Sie damit, dass Sie den Karatepunkt klopfen und den Set-up-Satz drei Mal aussprechen. An den übrigen Punkten sagen Sie einmal den Erinnerungssatz, während Sie sanft sieben bis acht Mal auf jeden Punkt klopfen:

1. *Karatepunkt (KP)* – Die Handkante – die Stelle, mit der man Karateschläge ausführt
2. *Auf dem Kopf (KO)* – Auf dem Scheitelpunkt
3. *Augenbraue (AB)* – Am Anfang der Augenbraue
4. *Neben dem Auge (NA)* – Neben dem Auge, die Vertiefung am Ende der Augenbraue
5. *Unter dem Auge (UA)* – Auf dem Jochbein, genau unter der Pupille
6. *Unter der Nase (UN)* – Unter der Nase in der Vertiefung über der Oberlippe
7. *Auf dem Kinn (KI)* – In der Vertiefung unter der Unterlippe
8. *Schlüsselbeinpunkt (SB)* – In der Kuhle zwischen dem Schlüsselbein und der darunter liegenden Rippe
9. *Unter dem Arm (UA)* – Auf einer Höhe mit der Brustwarze für Männer, auf einer Höhe mit dem BH für Frauen
10. *Handgelenkpunkt (HP)* – Auf der Innenseite des Handgelenks (Puls)
11. *Daumen und Fingerpunkte (D/FP 1-4)* – Die Handinnenfläche ist Ihnen zugewandt, Sie klopfen die obere, Ihnen zugewandte Ecke des Daumennagels und der Finger
12. *Karatepunkt (KP)* – Sie hören dort auf, wo Sie begonnen haben, an der Handkante

6. Schritt – Wiederholen Sie diesen Ablauf, bis der SUD-Wert auf Null gesunken ist

Klopfen Sie mehrere Runden lang, bis Sie das Gefühl haben, dass die Intensität der Belastung, die Sie bearbeitet haben, abgenommen hat.

Klopfpunkte

Die Selbstanwendung der Klopfakupressur

Der beste Weg, die Wirkung der Klopfakupressur bei sich selbst zu erfahren, ist, sie bei einem emotionalen Trigger einzusetzen. Ich möchte Sie jetzt zu einem Experiment einladen, bei dem Sie die Klopfakupressur mit einem aktuellen Thema an sich selbst durchführen können. Meine Frage an Sie: Hat Sie etwas im letzten Kapitel, in dem einige Probleme der westlichen Geburtsmedizin zur Sprache kamen, besonders bewegt oder aufgewühlt? Das könnte zum Beispiel die Art sein, wie Ärzte mit Säuglingen umgehen. Wenn Sie selbst schon ein Kind haben, könnten es Ängste oder Sorgen darüber sein, was Ihrem Kind widerfahren ist, ohne dass Sie etwas davon wussten. Wenn Sie schon entbunden haben und etwas nicht nach Plan gelaufen ist, sind Sie vielleicht traurig oder wütend oder fühlen sich schuldig. Vielleicht geht es aber auch um Ihre eigene Geburt und es wurde z.B. ein Gefühl von Furcht oder Angst angetriggert, weil Sie damals von Ihrer Mutter getrennt wurden. Sie müssen sich nicht an Einzelheiten erinnern. Stimmen Sie sich einfach auf die Energie ein. Hier ist eine Übersicht des Klopfprozesses.

Kurzanleitung – Die 6 Schritte der Klopfakupressur

1. Schritt – Das Gefühl benennen
Was fühlen Sie und wo fühlen Sie es?

2. Schritt – Wie sehr belastet es Sie auf einer Skala von 1 bis 10?
(SUD-Wert)

3. Schritt – Den Set-up-Satz festlegen
„Obwohl ich diese(s) _________ (Gefühl oder Empfindung) in meine(m/r) _________ (Körperteil) habe, liebe und akzeptiere ich mich voll und ganz." Wiederholen Sie diesen Satz drei Mal, während Sie den Karatepunkt klopfen.

4. Schritt – Einen Erinnerungssatz festlegen
Was Sie fühlen + wo Sie es fühlen = Erinnerungssatz
Beispiel: „All dieser Ärger in meiner Brust."

5. Schritt – Die Punkte klopfen
Beginnen Sie oben auf dem Kopf und arbeiten Sie sich nach unten durch, während Sie den Erinnerungssatz wiederholen.

6. Schritt – Wiederholen Sie den Ablauf so lange, bis der SUD-Wert auf Null gesunken ist

Einige Tipps: Wenn Sie nach jeder Klopfrunde einmal tief ein- und ausatmen, kann dies dabei helfen, den SUD-Wert noch schneller zu senken. Ein Video mit der vollständigen Version der Klopftechnik finden Sie auf meiner Mitgliederseite (englisch). Einzelheiten dazu finden Sie am Ende des Buches.

Nützliche Akupressurpunkte (Bitte wenden Sie diese erst ab der 40. Schwangerschaftswoche an – nicht im frühen Stadium der Schwangerschaft)

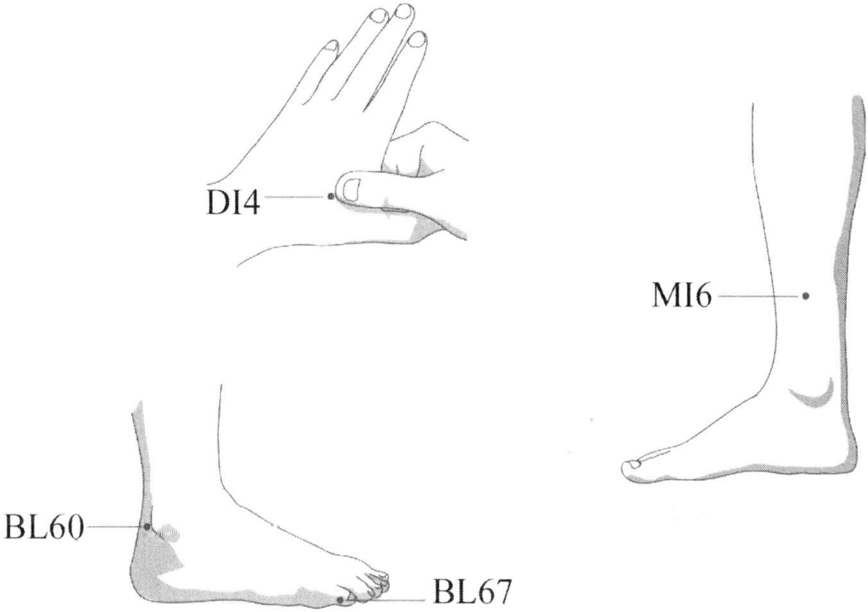

Nützliche Akupressurpunkte für die Geburt

Es gibt vier Akupressurpunkte, die während der frühen Schwangerschaft kontraindiziert sind. Ab der 40. Schwangerschaftswoche kann die Mutter diese Punkte dazu benutzen, die Wehen zu stimulieren, ein Baby in Steißlage zu drehen oder den Verlauf der Wehen positiv zu beeinflussen.

- Milz 6 (MI6) liegt vier Fingerbreit über dem Fußknöchel auf der Fußinnenseite. Dort finden Sie eine weiche, empfindliche Stelle. Dieser Punkt wird zur Stimulation der Wehen verwendet, indem mit dem Finger Druck auf ihn ausgeübt wird. Er eignet sich auch sehr gut zur Behandlung von Menstruationskrämpfen.

- Blase 60 (BL60) liegt zwischen der Spitze des Außenknöchels und der Achillesferse (auf der Rückseite des Beines). Er wird langsam pulsierend gedrückt und hilft dem Baby dabei, ins Becken zu sinken.
- Blase 67 (BL67) befindet sich oben auf der Außenseite des kleinen Zehs und wird zum Drehen von Babys in Steißlage und zur Stimulation der Wehen verwendet. Halten und kneifen Sie den Punkt mit Daumen und Zeigefinger.
- Dickdarm 4 (DI4) befindet sich auf Ihrer Hand zwischen dem Daumen und dem Zeigefinger. Drücken und halten Sie das Gewebe, wechseln Sie alle 30 bis 60 Sekunden die Hand und halten Sie ein, wenn eine Wehe kommt. Dieser Punkt fördert und erleichtert den Prozess der Entbindung. Er ist ebenfalls sehr gut zur Behandlung von Schmerzen geeignet, z.B. Kopfschmerzen.[7]

Was Sie klopfen können, wenn Sie beim Lesen dieses Buches getriggert werden

Wenn Sie dieses Buch lesen, kann es passieren, dass an der einen oder anderen Stelle eigene Geburts- oder Gebärerfahrungen angetriggert werden. Für diese Fälle habe ich die folgende Anleitung erstellt, um Ihnen dabei zu helfen, wieder zur Ruhe zu finden. Bitte markieren Sie sich diese Seite. Mit dieser etwas abgewandelten Art des Klopfens möchte ich Ihnen auch einen Eindruck davon vermitteln, wie man mit Energien arbeitet.

- Klopfen Sie mit den ersten beiden Fingern der einen Hand auf den Karatepunkt (KP) der anderen Hand. Verbinden Sie sich mit dem Körpergefühl, das aufgetaucht ist und benennen Sie, wo im Körper Sie es fühlen.
- Welches Gefühl (z.B. Trauer) steckt dahinter?
- Wie hoch schätzen Sie dieses Gefühl auf einer Skala von 0 bis 10 ein? (0 wäre kein Gefühl, 10 ein extrem starkes).
- Wenn dieses Gefühl eine Farbe hätte, welche wäre es?
- Wenn dieses Gefühl eine Form oder Figur hätte, wie sähe diese aus?
- Können Sie Wörter damit verbinden?
- Bewegt sich das Gefühl oder ist es statisch?

Nachdem Sie die Energieblockade im Körper benannt haben, gehen Sie durch die nachfolgenden Schritte, während Sie sanft sieben bis acht Mal auf jeden Punkt klopfen und die folgenden Worte laut aussprechen:

KP: Auch wenn ich vielleicht nicht die besten Eltern hatte, haben sie ihr Bestes gegeben, mit all dem Wissen und Verständnis, das sie damals hatten und ich erlaube mir, damit Frieden zu schließen.
KO: Ich hatte vielleicht nicht die besten Eltern.
AB: Ich hatte vielleicht nicht die besten Eltern.
NA: Sie haben ihr Bestes gegeben.
UA: Sie haben ihr Bestes gegeben, mit all dem Wissen und Verständnis, das sie damals hatten.
UN: Sie waren vollkommen in ihrer Unvollkommenheit.
KI: Sie waren unvollkommen vollkommen.
SB: Ich erlaube mir, damit Frieden zu schließen.
UA: Ich erlaube mir, damit Frieden zu schließen.
HP: Ich erlaube mir, Frieden zu finden.
Atmen Sie tief ein und aus.

Zurück zum Karatepunkt:
(Machen Sie die nächste Runde, falls Sie schon ein Kind haben.)
KP: Auch wenn ich vielleicht nicht die beste Mutter/der beste Vater gewesen bin, habe ich mein Bestes gegeben, mit all dem Wissen und Verständnis, das ich damals hatte und ich erlaube mir, damit Frieden zu schließen.
KO: Ich war vielleicht nicht die beste Mutter/der beste Vater.
AB: Ich war vielleicht nicht die beste Mutter/der beste Vater.
NA: Ich habe mein Bestes gegeben.
UA: Ich habe mein Bestes gegeben, mit all dem Wissen und Verständnis, das ich damals hatte.
UN: Ich war ebenso unvollkommen vollkommen wie meine Eltern.
KI: Ich war vollkommen unvollkommen.
SB: Ich erlaube mir, damit Frieden zu schließen.
UA: Ich erlaube mir, damit Frieden zu schließen.

HP: Ich erlaube mir, Frieden zu finden.
Atmen Sie noch einmal tief ein und aus.

Letzte Runde:
KP: Ich habe vielleicht nicht die perfekte Geburtserfahrung gemacht, aber ich öffne mich für die Möglichkeit, dass ich mich mit meinen Eltern (meinem Kind) neu verbinden und eine vollkommene Geburt und Bonding-Erfahrung erleben kann.
KO: Ich habe vielleicht nicht die beste Geburtserfahrung gemacht.
AB: Aber ich öffne mich für die Möglichkeit...
NA: dass ich mich mit meinen Eltern (meinem Kind) neu verbinden kann.
UA: Ich kann mich neu verbinden.
UN: Alles war vollkommen unvollkommen.
KI: Alles war unvollkommen vollkommen.
SB: Ich erlaube mir, damit Frieden zu schließen.
UA: Ich erlaube mir, Frieden zu schließen.
HP: Ich erlaube mir, Frieden zu finden.
Atmen Sie noch einmal tief ein und aus.

Gönnen Sie sich ein paar Augenblicke der Stille, damit sich die Energie setzen kann. Versuchen Sie nun, sich an den ursprünglichen Trigger zu erinnern.

- Wie fühlen sich Gefühl und Körperempfindung jetzt an?
- Auf welchem Level von 0 bis 10 ist das Gefühl jetzt?
- Ist die Farbe noch die gleiche oder hat sie sich verändert?
- Ist die Form oder Figur die gleiche oder hat sie sich verändert?

Wenn das Gefühl immer noch sehr intensiv ist, klopfen Sie einige weitere Runden. Benennen Sie das Gefühl genau und auch seine Farbe, Form oder Figur bei jedem Punkt – z.B. „dieser rote, spitze Schmerz in meinem Bauch“. Bitte denken Sie daran, nach jeder vollen Klopfrunde tief ein- und auszuatmen.

Wenn es nur eine Sache bei dieser Übung gäbe, die Sie sich merken müssten, dann diese: Alles ist vollkommen unvollkommen. Sie und Ihre Eltern *haben* ihr Bestes gegeben, mit dem Wissen und dem Verständnis, das Sie damals hatten. Sollten Sie bemerken, dass Sie sich selbst, Ihre Eltern oder das, was Sie während der Geburt erlebt haben, verurteilen, dann greifen Sie bitte auf diese Klopfanleitung zurück.

Wie ich schon früher erwähnt habe, bin ich davon überzeugt, dass unsere Erfahrungen dazu da sind, uns dabei zu helfen, zu wachsen und uns zu entwickeln. Ich glaube daran, dass wir uns unsere Geburtserfahrung und unsere Eltern ausgesucht haben. Unsere Geburts- und alle anderen Erfahrungen machen uns zu dem, was wir sind. Allerdings werde ich Ihnen in diesem Buch zeigen, wie Sie Ihre erworbenen Glaubenssätze ändern können, wenn Sie das wollen.

Dasselbe gilt auch für unsere Kinder. Wenn Sie zumindest die Möglichkeit annehmen können, dass die Seele Ihres Kindes alle Erfahrungen ausgewählt hat, die es bislang durchlebt hat, kann Ihnen das dabei helfen, sich zu entspannen und die ganze Angelegenheit ruhiger zu betrachten.

Im nächsten Kapitel werden wir uns mit einer fortgeschritteneren Technik der Klopfakupressur beschäftigen: Matrix Reimprinting. Dabei geht es darum, wie Grundüberzeugungen entstehen und wie man sie verändert.

Kapitel 4 – Matrix Reimprinting und unsere Glaubenssysteme

Wenn Sie die Art und Weise ändern, wie Sie die Dinge betrachten, ändern sich die Dinge, die Sie betrachten.
Dr. Wayne Dyer

Wie einschränkende Glaubenssätze entstehen und wie man sie auflösen kann

Bis jetzt haben wir uns damit beschäftigt, wie unsere Lebenserfahrungen unsere Reaktionen auf gewisse Lebenssituationen formen. In diesem Kapitel sehen wir uns an, warum und wie unsere Lebenserfahrungen uns auf diese Weise prägen. Dafür legen wir die Arbeitsergebnisse von Karl Dawson, dem Entwickler von Matrix Reimprinting, zugrunde.

Danach sind es grundsätzlich nicht die Erfahrungen selbst, die den größten Anteil unseres Problems ausmachen. Es sind die Grundüberzeugungen, die entstehen, wenn wir etwas Stressiges und Traumatisches erleben. Lassen Sie uns zunächst untersuchen, wie sich Bewusstsein, Unterbewusstsein und Unbewusstes voneinander unterscheiden.

Das Bewusstsein ist unsere Wahrnehmung im gegenwärtigen Moment. Sie sind sich bewusst, dass Sie dieses Buch in den Händen halten und auf einem Stuhl sitzen, Sie sind sich Ihrer Gefühle bewusst, während Sie dieses Buch lesen. Vielleicht denken Sie darüber nach, was Sie heute zum Abendessen kochen wollen und wann die Kinder aus der Schule abgeholt werden möchten. Nach Dr. Bruce Lipton nehmen wir die Welt nur während fünf Prozent unserer Zeit bewusst wahr. In der übrigen Zeit agieren unser Unterbewusstsein und das Unbewusste.

Das Unterbewusstsein (oder **„Vorbewusstsein“**) verfügt über Informationen, die zugänglich sind. Wenn Sie Ihre Aufmerksamkeit auf diese Informationen lenken, können Sie sie abrufen. Sie können sich das wie eine Erinnerung vorstellen, die Sie sich wieder ins Gedächtnis rufen können: Sie laufen die Straße zu Ihrem Haus entlang, ohne der Umgebung besondere Aufmerksamkeit zu schenken. Sie können währenddessen mit dem Handy telefonieren und kommen trotzdem sicher zuhause an. Die unterbewussten Informationen über den Weg nach Hause können Sie sich leicht ins Bewusstsein rufen. Sie können sich auch leicht Telefonnummern merken, die Sie oft anrufen.

Es ist möglich, dass Informationen, die zunächst unbewusst sind, erst unterbewusst und dann bewusst werden. Es kann z.B. nach Jahrzehnten plötzlich eine lang vergessene Kindheitserinnerung wieder auftauchen. Oder wir bitten das Unterbewusstsein in einer Sitzung, im Unbewussten etwas zu finden, was dann ins Bewusstsein gelangen kann. Wir können davon ausgehen, dass einige unbewusste Erinnerungen starke, spezifische Trigger benötigen, um ins Bewusstsein zu gelangen. Unterbewusste Erinnerungen können dagegen viel leichter ins Bewusstsein gerufen werden.

Das Unbewusste enthält primitive, instinktive Wünsche und Informationen, auf die wir nicht zugreifen können (solange wir unseren Bewusstseinszustand nicht verändern und auf diese Erinnerung mit Techniken wie Matrix Reimprinting zugreifen). Im Laufe unserer Kindheit haben wir zahllose Erinnerungen und Erfahrungen gesammelt, die uns zu der Person machen, die wir heute sind. Wir können jedoch nicht auf all diese Erinnerungen zugreifen. Es sind unbewusste Kräfte (Glaubenssätze, Verhaltensmuster, subjektive innere Landkarten der Wirklichkeit), die unser Verhalten lenken.[8]

Wenn Sie eine tiefe Lernerfahrung machen, wird diese im Unterbewussten und Unbewussten gespeichert. *Auf sie kann nur über die Matrix zugegriffen werden.* Bei einigen Erinnerungen geht das leichter als bei anderen, aber alle Erfahrungen, vergangenen Ereignisse, Erinnerungen, Grundüberzeugungen etc. können vom Unbewussten in das Unterbewusste und von dort in die bewusste Wahrnehmung bewegt und auch verändert werden. Durch diese Veränderungen entstehen neue neuronale Verbindungen und Pfade. In diesem Buch werden wir uns auf das Unterbewusstsein und Unbewusste als eines beziehen und es das Unterbewusstsein nennen, da das die allgemein übliche Bezeichnung ist.

Wie Grundüberzeugungen entstehen

Grundüberzeugungen werden erlernt und dann sehr schnell zu unserer eigenen Wahrheit. Wenn wir Erfahrungen machen, bewerten wir diese, ziehen Schlüsse daraus und bilden daraus Glaubenssätze. Wir meißeln sie unbewusst in Stein, leben danach und verteidigen sie vehement, ob sie uns nun nützen oder nicht.

Erinnern Sie sich an Kapitel 2: Es gibt zum einen das tatsächliche, objektive Ereignis und zum anderen unsere dazugehörige Geschichte, die wir darauf projizieren. Zehn Personen können das Gleiche erleben und werden dennoch zehn unterschiedliche Geschichten über das Erlebte fabrizieren, weil es durch ihre Gedanken und Grundüberzeugungen gefiltert wird.

Es mag so aussehen, als ob unsere negativen Grundüberzeugungen gegen uns arbeiten, unseren Erfolg sabotieren und unser Glück zerstören. In Wirklichkeit sind sie aber Schutzmechanismen, die für unsere Sicherheit sorgen sollen.

Jedes Mal, wenn Ihr Überleben bedroht ist, wird eine Grundüberzeugung gebildet, um Sie vor einem künftigen ähnlichen Ereignis zu schützen. „Lebensbedrohlich" klingt nach etwas Dramatischem, wie einem Autounfall, einer Naturkatastrophe oder jemandem, der auf der Straße auf Sie schießt. Aber unser Leben wird nicht nur bei solchen extremen Ereignissen, sondern bei zahllosen Gelegenheiten bedroht – von dem Augenblick an, in dem wir gezeugt werden.

Als Kind hängt unser Überleben von unseren Eltern ab. Wir sind so gestrickt, dass wir glauben, dass wir ohne sie nicht überleben können. Jedes Mal, wenn wir das Gefühl haben, dass sie oder andere Erwachsene, die wichtig für uns sind, den Kontakt zu uns abbrechen, kann bei uns eine unbewusste Überlebensreaktion entstehen. Besonders, wenn bei der Geburt kein ausreichendes Bonding stattgefunden hat, das uns ein grundlegendes Sicherheits- und Zugehörigkeitsgefühl hätte geben können (mehr dazu in Kapitel 8).

Haben Sie je erlebt, dass etwas geschehen ist und Sie plötzlich das Gefühl hatten, von sich selbst abgeschnitten zu sein? Das fühlt sich an, als seien Sie vollkommen entwurzelt. Sie empfinden außerdem ein starkes Gefühl von Trennung und „Alleinsein" in der Welt. Diese Gefühle bedeuten, dass der Überlebensmechanismus angetriggert wird. Das passiert besonders häufig im Mutterleib und in den ersten sechs Lebensjahren und kann unser Gefühl für Sicherheit und Geborgenheit bis in das Erwachsenenleben hinein stark beeinträchtigen.

In solchen Augenblicken zieht das Unterbewusstsein eine Schlussfolgerung über die Welt. „Die Welt ist gefährlich", „Ich bin nicht liebenswert", „Es ist nicht sicher, ich selbst zu sein" – welche Schlussfolgerung wir auch immer in diesem Augenblick ziehen, sie wird zu einer Wahrheit, nach der wir unser Leben ausrichten. Noch einmal: Eine Grundüberzeugung kann aus einem einzigen besonderen Ereignis oder einer Reihe kleinerer Ereignisse entstehen.

Sobald diese Grundüberzeugungen gebildet wurden, versuchen wir, zu beweisen, dass sie richtig sind, während wir durchs Leben gehen. Wir beginnen unbewusst, Beweise zu sammeln, die unsere Wahrheiten bestätigen. Daher ziehen wir Menschen in unser Leben, die damit in Resonanz gehen und die zu unserer Wahrnehmung passen.

Richard Flook betont in seinem Buch *Why Am I Sick?*[9] die Verbindungen zwischen körperlicher Krankheit und emotionalem Trauma. Er führt aus, dass es bestimmte Bedingungen gibt, unter denen es zu besonders schweren Traumata kommt. Flook nennt das Zusammentreffen dieser Bedingungen einen UDIN-Moment. Das Akronym steht für

- **U**nerwartet
- **D**ramatisch
- **I**solierend
- Überfordernd, weil uns eine Strategie (**N**o Strategy) fehlt, um damit umgehen zu können.

UDINs können dramatische Auswirkungen haben, die sich durch unser ganzes Leben ziehen. Karl Dawson nennt extreme lebenseinschneidende Ereignisse „Groß-T-Traumata" und die vielen kleinen, eher alltäglichen traumatischen Erfahrungen „klein-t-Traumata". Zu letzteren gehören die Ereignisse in unserem Leben, die häufig vorkommen und nicht als lebensbedrohlich eingestuft werden, obwohl sie uns erschüttern. Auch sie können das Gefühl auslösen, alleine und isoliert zu sein. Ein Beispiel für ein klein-t-Trauma ist es, in der Schule gehänselt oder beim Sportunterricht immer als letzter in eine Mannschaft gewählt zu werden, was zu der Grundüberzeugung „Ich bin nicht gut genug" führen kann. Als Baby hören Sie vielleicht bei der Geburt, wie der Arzt oder Ihre Mutter sagen, dass Sie hässlich sind (vielleicht hat der Geburtsprozess Ihr Gesicht zusammengedrückt). Daraus könnten Sie die Überzeugung ableiten, dass

Sie hässlich und nicht liebenswert sind. Das ist aber nicht zwingend so! Während der eine eine lebenslang einschränkende Grundüberzeugung entwickelt, bleibt der andere bei der gleichen Geburtserfahrung oder traumatischen Situation davon vollkommen unberührt oder entwickelt sogar einen stärkenden Glaubenssatz.

Wie entstehen negative Grundüberzeugungen?

Unsere negativen Glaubensmuster entstehen nicht nur während eines Traumas – sie werden ebenso durch die Glaubenssätze unserer Familie, durch Religion und auch durch die Kultur, in die wir hineingeboren werden, beeinflusst. Die Grundüberzeugungen unserer Eltern entstanden wiederum durch ihre Lebenserfahrung und ihre Umwelt. Sie wurden natürlich auch von ihren eigenen Eltern, Großeltern, Urgroßeltern usw. geprägt.

Ein interessanter Gedanke

Bevor wir empfangen werden, existiert ein Teil von uns als Ei im Eierstock unserer Mutter. Alle Eizellen, die die Mutter jemals trägt, entstehen in ihren Eierstöcken, während sie ein vier Monate alter Fötus ist – also im Mutterleib ihrer Mutter. Dies bedeutet, dass unser zellulares Leben als Ei im Mutterleib unserer Großmutter beginnt. Jeder von uns hat als Ei also fünf Monate im Mutterleib seiner Großmutter mütterlicherseits verbracht. Und auch sie entstand im Mutterleib ihrer Großmutter. Als ein winziges pulsierendes Ei erfahren wir die Geburt unserer Mutter, das Wachstum ihres Körpers, ihre Freuden, ihre Ängste und Triumphe.

Das bedeutet, dass es im Hinblick auf die Art und Weise, wie unsere Grundüberzeugungen entstehen, sehr häufig eine enge Verbindung zu unserer Großmutter mütterlicherseits und unserer Mutter gibt.

Unsere frühen Jahre

Nach Dr. Bruce Lipton, Zellbiologe und Bestsellerautor von *Intelligente Zellen*, befinden sich Kinder bis zum Alter von sechs Jahren in einem sogenannten hypnogogischen Zustand, in dem sie enorme Mengen an Informationen in ihrem Unterbewusstsein speichern. Auf Grundlage dieser Informationen bildet sich dann das Selbst-Bewusstsein aus. Dieses Selbst-Bewusstsein entwickelt sich ab dem Alter von etwa sieben Jahren, wenn das Gehirn in weiteren Bewusstseinszuständen, wie zum Beispiel dem Alpha-Zustand, arbeiten kann. Von der Geburt bis zum Alter von zwei Jahren findet die vorwiegende Gehirntätigkeit im Theta-Bereich statt.

Von zwei bis sechs Jahren befindet sich das Gehirn des Kindes im Delta- und Theta-Zustand. Diese sind bekannt als hypnogogische Trancezustände. Hypnotherapeuten benutzen die gleichen Zustände, um direkt neue Verhaltensweisen im Unterbewusstsein ihrer Klienten zu verankern. Die Wahrnehmung der Welt wird in dieser Zeit direkt im Unbewussten gespeichert, ohne Unterscheidung und ohne die Filter des analytischen Selbst-Bewusstseins, die bis zum Alter von sieben Jahren noch nicht voll entwickelt sind. Das heißt, dass wir unsere grundlegende Wahrnehmung der Welt und unserer Rolle in ihr zu einer Zeit erfahren, wo wir keine Möglichkeit haben, uns für diese Wahrnehmungen oder Überzeugungen zu entscheiden oder sie abzulehnen. Wir werden einfach durch das programmiert, was wir sehen und hören. Wir speichern unsere Wahrnehmungen und Glaubenssätze, Jahre bevor wir überhaupt die Fähigkeit zum kritischen Denken entwickeln. Auch wenn unsere Wahrnehmung auf Fehleinschätzungen beruht, wird unser Unterbewusstsein pflichtbewusst Verhaltensweisen produzieren, die zu diesen programmierten Wahrheiten passen. Laut Lipton wussten schon die Jesuiten, dass man ein Kirchendogma leichter in das Unterbewusstsein eines Kindes als in das eines Erwachsenen pflanzen kann, weil es sich in diesem Trancezustand befindet. Einmal angelegt, beeinflussen diese Informationen 95% des Verhaltens des Menschen für den Rest seines Lebens.[10]

Lassen Sie uns einmal eines der stärksten Programme ansehen, die wir von unseren Eltern übernommen haben könnten: die Einstellung zu Geld. Die meisten von uns haben sehr starke Glaubenssätze in Bezug auf Geld und Fülle.

Übung

1. Nehmen Sie sich einen Augenblick Zeit, um über die Glaubenssätze nachzudenken, die Sie zum Thema Geld haben. Vielleicht haben Sie das Gefühl, dass es nie reicht oder dass Sie es nicht

verdienen, Geld zu besitzen. Oder Sie haben Glaubenssätze wie solche, dass Geld nicht auf Bäumen wächst, dass man hart für sein Geld arbeiten muss, dass Geld schmutzig ist, nicht glücklich macht oder zwischen den Fingern zerrinnt.

2. Fragen Sie sich: „Zu wem gehören diese Glaubenssätze?“ oder „Wessen Stimme ist das in meinem Kopf?“

Mein Kindermädchen, das während des Ersten und Zweiten Weltkrieges Lebensmittelrationierungen erlebt hatte, brachte mir bei, dass es immer genug gibt, um durchzukommen, aber niemals etwas darüber hinaus. Mein Vater zeigte in seinem Umgang mit Geld das gleiche Verhalten und kontrollierte penibel die Ausgaben des Haushalts. So wurde dies mein Glaubenssatz im Umgang mit Geld. Geld zu sparen oder Geld im Überfluss zu besitzen, war schwierig, bis ich diese Glaubenssätze aufspürte und auflöste. Ich fand heraus, dass es gar nicht meine eigenen Grundüberzeugungen waren: Ich hatte sie von meiner Familie übernommen.

Glaubenssätze und unsere Geburtserfahrung

In der westlichen Welt geht man im Allgemeinen nicht davon aus, dass unsere Glaubenssätze ab dem Augenblick gebildet werden, in dem wir gezeugt werden. Aber ab diesem Zeitpunkt werden wir geprägt, auch wenn es uns nicht bewusst ist. Wenn Eltern, die gerne ein Kind haben möchten, erfahren, dass sie ein Kind gezeugt haben, wird der Körper der Mutter mit Glückshormonen überflutet. Das ungeborene Kind spürt die Liebe und erhält die Botschaft, dass es in der Welt willkommen ist. Wenn aber die erste Reaktion der Eltern Schock und Angst ist, nimmt der Fötus auch dies auf der unbewussten Ebene wahr. Seine Interpretation könnte dann lauten „Etwas stimmt mit mir nicht.“ Das kann zu dem Glaubenssatz führen, dass es nicht gewollt ist oder dass es nicht dazugehört. (Bitte erinnern Sie sich daran: Wenn Sie schon ein Kind empfangen haben und es ursprünglich nicht haben wollten, können Sie die damit zusammenhängenden Gefühle nach der Klopfanleitung im vorangegangenen Kapitel für sich und auch für Ihr Kind auflösen.)

Grundüberzeugungen, die im Mutterleib entstehen

Die Grundüberzeugungen, die sich aus der Reaktion unserer Eltern gebildet haben, als diese erfuhren, dass wir auf die Welt kommen würden, werden wahrscheinlich in jeder ähnlichen Erfahrung unseres Lebens wieder auftauchen. Der erste Tag im Kindergarten, der erste Schultag, neue Arbeitsstellen oder Projekte, Umzüge – eigentlich jede neue Erfahrung – wird wahrscheinlich von erwartungsvoller Freude begleitet (wenn Ihre Eltern so auf Ihre Ankunft reagiert haben) oder von Ängsten, Furcht und Ablehnung, wenn Sie dies im Mutterleib erlebt haben.

Anders als allgemein angenommen, wissen Kinder auf einer gewissen Ebene, ob Sie ungewollt gezeugt wurden und nicht erwünscht waren. Ich habe mit sehr vielen Menschen gearbeitet (wahrscheinlich einige Tausend), deren Mütter einen Schock erlitten hatten, als sie erfuhren, dass sie schwanger waren. Das Baby behält diesen Schock sein Leben lang – aber er kann mit Geburts-Matrix-Reimprinting aufgelöst werden. In meinen Sitzungen frage ich oft: „Wem gehört dieses Gefühl? Wem gehört dieser Schock, diese Angst, diese Sorge, dieser Ärger?“ In neun von zehn Fällen gehört es der Mutter oder dem Vater.

Wie schon in Kapitel 2 erwähnt, nimmt das Kind diesen Schock wie einen eigenen wahr, da es keine Möglichkeit hat, sich selbst als getrennt von den Eltern zu erleben.

Einmal habe ich mit einer Klientin gearbeitet, die unter ziemlich schrecklichen Umständen gezeugt wurde. Die Mutter stand zum Zeitpunkt der Empfängnis unter Schock und wollte kein Kind, sie war geistig selbst noch ein Kind. Sie wusste nicht, wie sie der Mutterrolle gerecht werden sollte. Die Klientin hatte eine Grundüberzeugung, die sich um das Gefühl drehte, dass sie eigentlich gar nicht existierte. Sie fühlte sich nicht erwünscht oder ins Leben eingeladen.

Zum Zeitpunkt der Zeugung verbindet sich die Seele mit der Körperlichkeit der Eizelle. Die Empfindung, nicht gewollt zu sein, war in ihrem Bewusstsein gespeichert. In solchen Fällen werden häufig Glaubenssätze wie „Ich sollte nicht hier sein“ oder „Ich sollte nicht existieren“ gebildet.

Selbst wenn die Mutter sich dafür entscheidet, das Kind zu behalten, kann es noch Ärger, Wut und Groll ihr gegenüber darüber hegen, ursprünglich nicht gewollt gewesen zu sein. So können am Ende widersprüchliche Glaubenssätze gebildet werden, da das Kind sowohl die unbewusste Grundüberzeugung behält, nicht gewollt gewesen zu sein, als auch die Liebe, die die Mutter für es entwickelt hat.

Glaubenssätze überschreiben

Normale Gesprächstherapien sind sicherlich nützlich, um sich mehr Klarheit darüber zu verschaffen, woher unsere Glaubenssätze stammen. Sie helfen aber nicht dabei, diese aufzulösen. Das liegt daran, dass in dem Augenblick, in dem wir ein Trauma erleben, eine ganze Bandbreite an sensorischen Informationen in unserem Unterbewusstsein gespeichert wird, die nicht durch das Bewusstsein verändert werden kann. Die Klopftechnik, mit der wir uns im vorigen Kapitel beschäftigt haben, ist eine sehr effektive Methode, um auf diese sensorischen Informationen zuzugreifen und sie aufzulösen.

Bei der konventionellen Klopfakupressur rufen Sie sich ein Trauma in Erinnerung und bringen alle sensorischen Informationen, die damit verbunden sind, in den Körper zurück. Diese klopfen Sie dann weg. Bei Matrix Reimprinting ist das anders: Hier werden die Gefühle nicht in den Körper zurückgebracht, um sie zu behandeln. Stattdessen gehen wir davon aus, dass die Informationen über das Ereignis im energetischen Feld des Körpers festgehalten sind und auch dort behandelt werden können. Nach Karl Dawson, dem Entwickler von Matrix Reimprinting, ist die Erfahrung eines Traumas so überwältigend, dass unser Unterbewusstsein die Informationen einkapselt und wir diese Energie in unserem Feld behalten. Wenn wir durch ein ähnliches Ereignis getriggert werden, kehren alle Gedanken (Glaubenssätze), Gefühle und Emotionen, die in dieser Erinnerung eingeschlossen waren, zurück; der Körper reagiert und eine Kampf- oder Fluchtreaktion wird in uns ausgelöst, um uns zu schützen. Die Kehrseite davon ist, dass wir häufig wieder und wieder getriggert werden, da unser Unterbewusstsein versucht, uns vor dem zu schützen, was es als eine Bedrohung aus der Umgebung ansieht. Karl Dawson hat die verkapselte Energie – den Teil unseres Bewusstseins, der sich, als wir das Trauma erlebt haben, abgetrennt hat, um uns vor sensorischer Überlastung zu schützen – ein ECHO (Energetic Consciousness HOlogram – ein energetisches Bewusstseinshologramm) genannt.

Mit Matrix Reimprinting können wir sprichwörtlich zu dem Augenblick zurückkehren, in dem unsere Grundüberzeugungen entstanden sind und sie überschreiben. Im Unterschied zur Klopfakupressur brauchen wir die dazugehörige Emotion dabei nicht erneut zu durchleben. Wir arbeiten stattdessen mit dem ECHO, das wir außerhalb von uns selbst wahrnehmen. Das bedeutet, dass wir nicht all den Stress und das Trauma neu erleben müssen, um unseren Frieden damit schließen zu können.Während des Matrix-Reimprinting-Prozesses wenden wir aber die Klopfakupressur an: Während wir sozusagen in die Erinnerung einsteigen und unser ECHO besuchen – wir nennen das „in die Matrix gehen", beklopfen wir gleichzeitig uns selbst und das ECHO. Wenn wir dem ECHO dabei geholfen haben, das erlebte Trauma aufzulösen, fragen wir es: „Was hast du bei diesem Ereignis über das Leben gelernt?". Die Antwort enthüllt in der Regel die Grundüberzeugung „Etwas muss für mich anders sein, damit es gut ist", „Ich bin nicht gewollt", „Ich gehöre nicht hierher" usw.

Sobald wir wissen, wie der Glaubenssatz lautet, können wir das ECHO fragen, was geschehen müsste, damit er sich verändern kann. Es kann sein, dass es irgendeine Hilfe braucht, um die Erinnerung zu überschreiben oder sich stark zu fühlen. Das kann auch das imaginäre Beklopfen anderer Menschen beinhalten, die zu der Erinnerung gehören oder das Einbringen anderer Menschen zur Unterstützung. Spirituelle oder religiöse Figuren können hinzugezogen werden, wenn es passend erscheint. Auch Haustiere und andere Tiere können eingebracht werden, ebenso Gegenstände (z.B. ein Zauberstab). Das ECHO kann alles einbringen, was ihm hilft, sich in der Erinnerung sicher zu fühlen und die Erinnerung zu überschreiben, damit sie unterstützend statt zerstörerisch, stärkend statt schwächend ist.

Wenn wir mit einem Groß-T-Trauma arbeiten, begeben wir uns in die Matrix und können die Arbeit mit dem ECHO an irgendeinem Punkt des Ereignisses aufnehmen. Wir müssen nicht am Anfang beginnen und uns bis zum Ende durcharbeiten; manchmal ist es besser, direkt zum Ende des Ereignisses zu gehen und dort mit dem ECHO zu arbeiten, um ihm mitzuteilen, dass es überlebt hat, dass es in Sicherheit ist, und um ihm zu helfen, den eingefrorenen Schockzustand zu lösen. Erinnern Sie sich an den UDIN-Moment, als das ECHO erschaffen wurde? Solche Ereignisse haben immer etwas Unerwartetes und Bedrohliches. Das Opfer fühlt sich allein und hilflos. Es fehlt ihm jegliche Strategie, mit der

Situation umzugehen. Mit Matrix Reimprinting lassen sich all diese Elemente äußerst effektiv auflösen:

- Unerwartet: Wir können das ECHO auf das Ereignis, das gleich geschehen wird, vorbereiten.
- Dramatisch: Wir können ihm Hilfe und Unterstützung zusagen und ihm versichern, dass es das Ereignis überleben wird.
- Isolierend: Wir stehen unserem ECHO zur Seite, so dass es sich nicht länger alleine fühlt. Wir können auch noch andere Personen oder Wesen zur Hilfe holen.
- „No Strategy": Wir können ihm helfen, eine Lösungsstrategie zu entwickeln.

Es ist jedoch ganz wichtig, dass Sie in diesem Prozess nicht abstreiten, dass überhaupt ein Trauma stattgefunden hat – dies wäre eine Vermeidung der Konfrontation mit dem Trauma. Wenn Sie einfach nur ausweichen, wären die emotionale Energie und der Glaubenssatz im Gedächtnis immer noch dieselben und nichts würde sich in Ihrem Leben verändern. Wenn Sie die Vorstellungskraft Ihres ECHOs aber dazu nutzen, Frieden zu finden, lösen Sie die festgehaltene Emotion und erschaffen einen positiveren Abschluss für das Gedächtnis. Wenn Sie z.B. mit der Nabelschnur um den Hals geboren worden sind, ist Ihr ECHO vielleicht panisch. Es könnte Glaubenssätze entwickelt haben wie „Ich bin in der Falle", „Ich bin hilflos" und „Ich bin nicht sicher auf dieser Welt". Dann beklopfen Sie Ihr ECHO (Ihr Säuglings-Selbst), um ihm dabei zu helfen, das Panikgefühl loszulassen, während Sie ihm gleichzeitig versichern, dass es überleben wird. Sie sind ja der lebende Beweis dafür. Fragen Sie Ihr ECHO, was es braucht, um sich frei, stark und sicher zu fühlen. Einige ECHOs werden sich dafür entscheiden, die Nabelschnur selbst abzuwickeln und sich so selbst ermächtigen; andere lassen sich von einem Engel, einem Arzt oder einer Hebamme helfen. Was auch immer das ECHO auswählt, auf diese Weise wird ein neues Bild von Freiheit und Sicherheit geschaffen und dies wird als neuer Glaubenssatz geprägt.

Wenn Sie sich gerne mehr mit Ihren negativen Glaubenssätzen beschäftigen möchten, finden Sie hier eine abgewandelte Form der Übung „Brainstorm Your Beliefs" aus dem Buch *Transform Your Beliefs, Transform Your Life* von Karl Dawson und Kate Marillat.[11]

Übung: Machen Sie sich Ihre Glaubenssätze bewusst
Diese Übung macht Ihnen Ihre Überzeugungen bewusster. Sie werden verstehen, wie stark sie Ihr Leben beeinflussen.

1. Sehen Sie sich jeden Glaubenssatz in der folgenden Checkliste an und fragen Sie sich „Zu wie viel Prozent ist das für mich wahr?“ Man nennt dies „Validity of Cognition“ (Einschätzung der subjektiven Wahrheit), kurz „VoC“. Schreiben Sie Ihren VoC-Wert neben jeden Glaubenssatz. 0 % wäre „trifft überhaupt nicht auf mich zu“ und 100 % wäre „trifft absolut auf mich zu“. Bei den Glaubenssätzen, die Sie besonders ansprechen, werden Sie eine körperliche Reaktion in einem Ihrer emotionalen Zentren spüren (Herz, Magen, Solarplexus).

2. Schreiben Sie Ihre Reaktion auf jeden Glaubenssatz auf und denken Sie darüber nach, in welchen Lebensbereichen er auftaucht. Schreiben Sie auch das auf. Das verschafft Ihnen Informationen über Erinnerungen, mit denen Sie entweder selbst oder zusammen mit einem ausgebildeten Therapeuten arbeiten können, um sie zu transformieren.

3. Sobald Sie einige dieser Erinnerungen bearbeitet haben, bewerten Sie Ihren Glaubenssatz erneut und überprüfen die Veränderung.

Bitte schreiben Sie auch alle Ihre eigenen negativen Glaubenssätze auf, die sich noch nicht auf dieser Liste befinden. In Kapitel 13 werden wir uns ansehen, wie wir auf die unbewussten Erinnerungen aus der Zeit im Mutterleib und bei der Geburt zugreifen können. Viele unserer Überzeugungen könnten dort entstanden sein. Arbeiten Sie jetzt erst einmal mit den Erinnerungen, die Ihnen bewusst sind. Sie können diese Liste von der Mitgliederseite (englisch) herunterladen (Einzelheiten erfahren Sie am Ende des Buches).

Glaubenssatz	Wie wahr ist das für Sie? 0 - 100 % (VoC)
Ich bin nicht gut genug	
Ich bin nicht liebenswert	
Die Welt ist ein gefährlicher Ort	
Ich bin wertlos	
Ich bin unfähig	
Ich werde nicht verstanden	
Ich bin verlassen	
Ich bin verraten	
Ich bin unattraktiv	
Ich bin unproduktiv	
Ich bin inkompetent	
Ich bin ein Versager	
Ich bin ein Opfer	
Ich bin eine Last	
Ich bin ein Müllabladeplatz	
Ich werde immer benutzt	
Ich bin allein	
Ich bin böse	
Ich bin schuldig	
Ich bin sündig	
Ich bin verwirrt	
Ich bin gefangen	
Ich bin machtlos	
Ich bin minderwertig	
Ich bin von Gott getrennt	
Ich will nicht hier sein	
Es ist nicht sicher, gesehen zu werden	

Kampf, Flucht, Erstarren, Ohnmacht und Herumalbern

Wahrscheinlich kennen Sie die Kampf- und die Fluchtreaktion. Wenn man ein Trauma erlebt, sind die beiden häufigsten Reaktionen auf die

Situation die, zu kämpfen oder zu flüchten. Eine weitere Reaktion, die Erstarrung, spielt ebenso eine Schlüsselrolle bei Matrix Reimprinting.

Wenn Sie tatsächlich weglaufen oder kämpfen, entsteht normalerweise kein ECHO. Wenn Sie jedoch weder weglaufen noch sich aus der Situation hinauskämpfen können, fallen Sie in einen Erstarrungsmodus. Tiere in der Wildnis fallen häufig in diesen Modus, lösen ihn gewöhnlich aber durch Zittern wieder auf. Bei Menschen ist diese Reaktion häufig „aberzogen" und sie tun dies nicht. Dadurch bleiben die Traumata in Form von ECHOs im Körper gespeichert.

Es gibt noch zwei weitere Reaktionen. Eine davon ist die Ohnmacht. Wenn Erstarren nichts nützt und man sich immer noch in großer Gefahr fühlt, ist Ohnmacht eine Option. Als Pferdeliebhaberin und -besitzerin habe ich diese Reaktion ein paar Mal bei Pferden gesehen. Wenn sie in Anhänger verladen werden sollen, fangen sie ggf. als Erstes an zu kämpfen. Dann versuchen sie fortzulaufen. Wenn sie sich erst einmal gefangen fühlen und weder kämpfen noch fliehen können, erstarren sie – beide Beine auf das untere Ende der Rampe gestemmt. Ich habe einmal gesehen, dass ein Pferd, dass mit der Peitsche in einen Anhänger getrieben wurde, zunächst alle Strategien durchprobierte und dann einfach in Ohnmacht fiel. Ähnliches habe ich auch bei Menschen beobachtet. Eine meiner Klientinnen fiel in Ohnmacht, wenn ihre unbewusste Erinnerung an ihr Empfängnis- und Geburtstrauma angetriggert wurde. Ihre Geschichte können Sie in Kapitel 15 lesen.

Ebenfalls eine seltenere Reaktion ist das Herumalbern. Wie in Ohnmacht fallen gehört auch dies nicht zum konventionellen Matrix-Reimprinting-Lehrplan, ist aber etwas, was ich in meiner Arbeit mit Menschen beobachtet habe. Haben Sie schon einmal erlebt, dass jemand in einem traumatischen Moment einen unangebrachten Witz macht – evtl. sogar Sie selbst? Auch wenn es nach mangelndem Mitgefühl aussehen mag, ist Humor tatsächlich eine Möglichkeit, sich von dem traumatischen Ereignis zu lösen.

Matrix Reimprinting und die Erstarrungsreaktion

Das konventionelle Matrix Reimprinting soll unsere Erstarrungsreaktion überschreiben. Jedes Mal, wenn Sie in eine Erstarrung fallen, bildet sich höchstwahrscheinlich ein ECHO; Sie können Matrix Reimprinting anwenden, um Ihrem System mitzuteilen, dass das Trauma vorbei ist, dass es sich in Sicherheit befindet und dass alles gut ist.

Wenn wir eine Erstarrungsreaktion erleben und ein ECHO gebildet wird, werden nicht nur die Gefühle und Überzeugungen des Augenblicks in dieser Kapsel verschlossen, sondern auch alles, was wir zu diesem Zeitpunkt physisch in unserem Körper erfahren, wie Betäubungsmittel, Drogen, Lebensmittel oder jegliche Toxine. Der Körper hält dies im Augenblick der Erstarrung fest. Als Massagetherapeutin habe ich oft die Erfahrung gemacht, dass Menschen nach einer Massage nicht nur Gefühle loslassen, sondern auch Toxine. Manchmal kann ich sogar Betäubungsmittel im Atem meiner Klientinnen riechen, wenn wir zusammen Geburts-Matrix-Reimprinting machen – ähnlich wie bei einer Massage wird diese lange zurückbehaltene Substanz endlich freigesetzt.

Interessanterweise können auch Unverträglichkeiten auf Nahrungsmittel entstehen, wenn wir diese zum Zeitpunkt des traumatischen Ereignisses zu uns genommen haben. In *Das innere Kind erlösen: Mit Matrix Reimprinting alte Muster transformieren und Traumata heilen* von Karl Dawson and Sasha Allenby wird der Fall einer Frau vorgestellt, die jedes Mal einen anaphylaktischen Schock erlitt, wenn sie Kaffee roch. Während einer Matrix-Reimprinting-Sitzung wurde klar, dass ihr Unterbewusstsein Kaffee mit Gefahr verband. Sie war vor ihrem Partner geflüchtet, der sie um ein Haar zu Tode geprügelt hätte. Danach kam sie in ein Frauenhaus, wo Frauen herumsaßen, über ihre traumatischen Erfahrungen sprachen und Kaffee tranken. So verband ihr Unterbewusstsein den Kaffee mit ihrem Trauma. Nach der Matrix-Reimprinting-Sitzung war die Reaktion auf Kaffee verschwunden.

Matrix Reimprinting bei sich selbst anwenden

Hier nun die Zusammenfassung der klassischen Matrix-Reimprinting-Technik, entnommen dem Buch *Transform Your Beliefs, Transform Your Life* von Karl Dawson und Kate Marillat.

1. Finden Sie das ECHO
2. Schaffen Sie eine sichere „Arbeitsumgebung“
3. Lösen Sie die Erstarrungsreaktion und andere Emotionen durch Klopfen auf
4. Finden Sie den einschränkenden Glaubenssatz
5. Erschaffen Sie einen neuen Glaubenssatz

6. Führen Sie den Reimprinting-Prozess durch
7. Überprüfen Sie Ihren Erfolg

1. Schritt: Finden Sie das ECHO

Konzentrieren Sie sich mit geschlossenen Augen auf die Erinnerung, mit der Sie arbeiten möchten. Bitte wählen Sie nichts zu Traumatisches aus, wenn Sie alleine daran arbeiten. Beachten Sie, dass Ereignisse, die Sie als klein-t-Trauma bewerten, sich als Groß-T-Trauma entpuppen können, die starke Emotionen beinhalten. Es könnte für Sie dann schwierig werden, eine dissoziierte Position beizubehalten. Um Groß-T-Traumata aufzulösen, empfiehlt es sich, einen ausgebildeten Matrix-Reimprinting-Therapeuten aufzusuchen.

2. Schritt: Schaffen Sie eine sichere „Arbeitsumgebung"

Erinnern Sie sich an das Ereignis, mit dem Sie arbeiten möchten. Fühlt sich die Vorstellung, dass Ihr erwachsenes Selbst mit ins Spiel kommt, sicher an? Falls nicht, haben Sie die Möglichkeit, es sicher zu machen, indem Sie z.B. in der Erinnerung vorkommende andere Personen einfrieren oder indem Sie Ihr ECHO an einen anderen Ort versetzen.

Behalten Sie gegenüber dem ECHO eine dissoziierte Haltung bei. So wird nicht all die negative Emotion oder Energie in Ihnen angetriggert, die das ECHO fühlt. Sie sehen Ihr ECHO also von außen und identifizieren sich nicht mit ihm.

3. Schritt: Klopfen Sie, um die Erstarrungsreaktion und andere Emotionen aufzulösen

Betreten Sie das Bild und fragen Sie das ECHO, wie es ihm geht.

Lösen Sie die Erstarrungsreaktion auf, indem Sie sich vorstellen, das ECHO zu beklopfen (gleichzeitig beklopfen Sie auch sich selbst). Sie bearbeiten sozusagen mit ihm die Angst oder eine andere Emotion, die es gerade hat. Zum Beispiel: „Auch wenn du panische Angst hast, liebst und akzeptierst du dich voll und ganz."

Sie können weitere Sätze hinzufügen, um dem ECHO mitzuteilen, dass es in Sicherheit und nicht alleine ist.

„Es ist vorbei."

„Du bist sicher."

„Ich helfe dir."

„Du bist nicht allein."

Es kommt häufig vor, dass Ihr ECHO beginnt, das Geschehen anders zu sehen, sobald die Emotion aufgelöst ist. Es entwickelt ein neues, natürliches, positives Verständnis des Ereignisses. So können Sie z.B. erkennen, dass Ihr Vater Sie angeschrien hat, weil er Angst hatte, dass Sie sich verletzen könnten und nicht, weil er Sie nicht liebt, sobald Sie Ihrem ECHO dabei geholfen haben, die Erstarrungsreaktion aufzulösen. Sie können es dem ECHO auch erklären.

4. Schritt: Finden Sie den einschränkenden Glaubenssatz
Fragen Sie Ihr ECHO: „Was für eine negative Überzeugung hast du an diesem Tag über dich und das Leben verinnerlicht?" Eine Antwort könnte zum Beispiel sein: „Ich muss perfekt sein, um geliebt zu werden."

5. Schritt: Erschaffen Sie einen neuen Glaubenssatz
Ein neuer Glaubenssatz könnte sein: „Ich werde geliebt, so wie ich bin." Was für eine Erfahrung hätte das ECHO gebraucht, um diesen neuen Glaubenssatz zu prägen? Wenn Sie eine neue Überzeugung schaffen, möchte das ECHO vielleicht ein weiteres Familienmitglied, sein Lieblingsspielzeug oder ein Haustier mit ins Spiel bringen. Was immer Ihr ECHO möchte, helfen Sie ihm dabei, diese neue Überzeugung zu verankern.

6. Schritt: Führen Sie den Reimprinting-Prozess durch
Wenn Sie ein Bild für den neuen Glaubenssatz haben, nehmen Sie es über den Scheitel und dann durch alle Teile des Körpers in Ihrem Herzen auf. Fühlen Sie die positive Emotion des Bildes so stark wie möglich und senden Sie es nach draußen in die Matrix.

7. Schritt: Überprüfen Sie Ihren Erfolg
Nach dem Reimprinting-Prozess machen Sie einen Abgleich mit der ursprünglichen Erinnerung.

Schließen Sie Ihre Augen und fokussieren Sie sich auf die ursprüngliche Erinnerung. Was hat sich verändert? Was muss noch getan werden?

Es ist übrigens sinnvoll, in jede Erinnerung mindestens zwei Mal (häufig noch öfter) zu gehen, um die tiefer verborgenen Lektionen darin zu finden.

Übung
Üben Sie, indem Sie Matrix Reimprinting für sich selbst nach der o.g. Anleitung für eine bestimmte Erinnerung durchführen – achten Sie darauf, dass sie nicht zu traumatisch ist.

Noch einmal der Hinweis: Ich empfehle Ihnen, für Groß-T-Traumata mit einem ausgebildeten Matrix-Reimprinting-Therapeuten zu arbeiten. (Wenn Sie ein Therapeut oder eine Therapeutin werden möchten: In den meisten Ländern der Welt gibt es die Möglichkeit, Klopfakupressur- und Matrix-Reimprinting-Ausbildungen zu absolvieren. Am Ende des Buches finden Sie Informationen über die Therapeutenausbildungen für Klopfakupressur, Matrix Reimprinting und Geburts-Matrix-Reimprinting).

Mit den Grundlagen von Klopfakupressur und Matrix Reimprinting sind Sie jetzt vertraut. Nun werden wir uns mit Ihren Geburtserfahrungen und deren Auswirkungen auf Ihr Leben beschäftigen.

Teil 2 – Der wissenschaftliche Hintergrund von Geburts-Matrix-Reimprinting

Kapitel 5 – Unsere Geburtserfahrung

Mütter wissen intuitiv, was Wissenschaftler erst kürzlich herausgefunden haben: Das ungeborene Kind ist ein zutiefst sensitives Wesen, das eine starke Verbindung zu seinen Eltern und seiner Umwelt aufbaut – und zwar noch während es sich im Mutterleib befindet.
Thomas Verny, MD *Nurturing the Unborn Child* (1991)

Die Art und Weise, wie wir auf die Welt kommen, ist wichtig.

Unser Geburtserlebnis – also die Erfahrungen, die wir bei der Geburt machen – wirkt sich stark darauf aus, wie wir die Welt erleben. Das bezieht sich jedoch keinesfalls nur auf die emotionale Ebene. Der Geburtsprozess formt nicht nur grundlegende Überzeugungen darüber, wie wir unsere Erfahrungen in der Welt filtern, sondern er aktiviert auch tieferliegende physische Prozesse. Unsere Geburt richtet uns physisch, mental und auch emotional auf das Leben aus, das wir führen werden.

Dr. William Emerson, ein Psychotherapeut, Workshopleiter, Autor, Lehrer und Pionier im Feld der Pre- und Perinatalpsychologie, behauptet, dass, wenn Sie im Alter von 45 Jahren in seine Praxis kommen, er Ihnen, ausgehend von Ihren körperlichen Beschwerden, genau sagen kann, wie Ihre Geburt verlaufen ist. Egal, welche gesundheitlichen Probleme Sie haben, er wird in der Lage sein, diese mit dem Ablauf Ihrer Geburt in Zusammenhang zu bringen. Dr. Emerson weiß sehr genau, wie unsere modernen Geburtsmethoden unsere Gesundheit lebenslang beeinflussen. In diesem Kapitel werden wir uns mit einigen dieser mechanischen Geburtsmethoden beschäftigen und auch damit, was wir tun können, um Probleme, die dadurch entstanden sind, aufzulösen.

Ich habe den Eindruck, dass personelle Unterbesetzung und der Druck, sich an bestimmte Zeitvorgaben halten zu müssen, dazu führen, dass Geburt zu einer hektisch abgewickelten Angelegenheit wird. Auch die Angst vor strafrechtlicher Verfolgung wirkt sich negativ auf das Verhalten des entsprechenden Fachpersonals aus.

In dem Film *The Business of Being Born*[12] werden Geburtsexperten in Amerika interviewt. Viele hatten selten oder sogar noch nie eine natürliche Geburt ohne Medikamentengabe erlebt. Sie lernen z.B. nicht mehr, wie eine Steißgeburt natürlich vonstatten gehen kann. Es hat sich herausgestellt, dass Frauen, die eine sogenannte „Doula“ (eine erfahrene Frau, die eine Frau oder ein Paar vor, während und nach der Geburt emotional und praktisch unterstützt) an der Seite hatten, häufiger natürliche Geburten haben und weniger Schmerz- und Epiduralmittel brauchen. Sie sehen der Geburt mit positiveren Gefühlen entgegen und benötigen seltener medizinische Interventionen wie den Einsatz von Geburtszangen oder einen Kaiserschnitt. Frauen, die bei der Geburt von einer Doula begleitet werden, haben ein um 28 % vermindertes Kaiserschnittrisiko; ihre Wehen sind im Schnitt 40 Minuten kürzer und ihre Kinder haben ein geringeres Risiko auf niedrige APGAR-Werte.[13]

Eine Klientin, die kürzlich eine traumatische Entbindung erlebte, erzählte mir, dass sie schon zu Beginn der Wehen wusste, dass etwas schief lief – und sie war noch nicht einmal in der Klinik angekommen. Sie machte ihrem Ärger darüber Luft, dass die Doula, die sie für ihre Geburt gebucht hatte, dann doch nicht zu ihrer Verfügung stand.

Die Anwesenheit einer Geburtshilfe kann darüber entscheiden, ob eine Geburt natürlich und sicher verläuft oder traumatisch. Es gibt viele wundervolle Geburtshelferinnen, die mitfühlend und verständnisvoll sind und genau wissen, was es braucht, um ein unterstützendes Umfeld für einen erfolgreichen Geburtsverlauf zu schaffen.

Leider sind viele unserer Hebammen sehr gestresst. Sie geraten unter zunehmenden Leistungsdruck, es herrscht Personalmangel und es fehlen Gelder aus den Töpfen der staatlichen Gesundheitssysteme. Sie haben Schwierigkeiten, sich die Zeit zu nehmen, die notwendig ist, um den Müttern so beizustehen, wie diese es brauchen. Es ist auch möglich, dass Geburtshelferinnen eigene Geburtstraumata haben und daher nicht in der Lage sind, der Mutter wirklich vollständig beizustehen. Durch die Art und Weise, wie die Geburtshelfer auf sie reagieren oder nicht reagieren, kann die Mutter das Gefühl bekommen, dass etwas mit ihr oder dem Kind nicht stimmt. Das verunsichert sie und löst Ängste um ihre eigene Sicherheit oder die des Kindes aus. Ich habe viele Berichte von Müttern gehört, die man angefahren oder sogar beschimpft hat. Die Ängste verstärken dann den Schmerz infolge der Stresshormone (z.B.

Adrenalin). Adrenalin zieht die Muskeln um den Uterus zusammen – einschließlich der Öffnung des Gebärmutterhalses, der sich nur im entspannten Zustand weiten kann. Dieses Zusammenziehen führt zu Schmerzen, beeinträchtigt den Blutkreislauf und ist auch für den Fötus schmerzhaft.[14] Es kann die Wehen verlangsamen oder aufhalten, so dass medizinische Interventionen notwendig werden.

In der westlichen Medizin muss sich noch vieles ändern, bis Frauen natürlich und entspannt entbinden können werden. Wir müssen Mütter zunächst daran erinnern, dass eine natürliche Geburt möglich ist, medizinisches Personal darin unterweisen, wie eine natürliche Geburt vonstatten geht und die dafür benötigte Zeit und die Räumlichkeiten zur Verfügung stellen. Das alles ist notwendig, wenn wir wollen, dass in Zukunft Kinder auf die Welt kommen, die nicht durch ihre Geburtserfahrung auf emotionaler und körperlicher Ebene traumatisiert sind.

Physische Auswirkungen des Geburtsprozesses

Der Ablauf einer Geburt ist äußerst komplex. Unsere westliche Medizin hat das Gespür für diesen Prozess verloren. Sie tendiert dazu, ihn als einen mechanischen Vorgang zu betrachten, dessen einziger Zweck es ist, das Kind aus dem Mutterleib zu befördern. Aber der Prozess ist viel weniger mechanisch, als man uns zu glauben beigebracht hat. Durch ihn werden eine ganze Reihe von Systemen im Körper aktiviert, einschließlich des Immun-, Endokrin-, Verdauungs- und Atemsystems. Er hat daher großen Einfluss auf unsere Gesundheit und unser Wohlergehen.

Dabei gibt es eine Reihe von Aspekten, die übersehen oder fehlinterpretiert werden. Der wichtigste dabei betrifft das Sinken des Babys in den Geburtskanal und die Rolle der Nabelschnur.

Der Geburtskanal

Bei einer „natürlichen Geburt" wird der Körper des Babys beim Eintritt in den Geburtskanal durch Kontraktionen massiert. Das hilft nicht nur auf dem Weg nach draußen – auch das Immunsystem wird dabei aktiviert.

Wenn das Kind sich durch den Geburtskanal bewegt, nimmt es dort alle natürlichen Verdauungsenzyme auf, die es braucht. Sie werden heruntergeschluckt und wandern in den Verdauungstrakt. Kinder, die durch einen Kaiserschnitt auf die Welt kommen, erhalten diese Enzyme nicht. Auch werden ihre Körper nicht massiert. Da ihnen die Massage ihrer Lungen fehlt, haben die meisten Kinder, die durch Kaiserschnitt auf die Welt kommen, Schwierigkeiten, mit dem Atmen anzufangen.

Manchmal ist ein Kaiserschnitt unvermeidlich, um das Leben der Mutter und/oder des Kindes zu retten. In den letzten Jahren ist der Kaiserschnitt aber sozusagen „in Mode gekommen". Das ist einer der vielen Wege, auf denen wir uns vom natürlichen Geburtsvorgang entfernen.

Die Nabelschnur

Die Nabelschnur spielt ebenfalls eine viel wichtigere Rolle als allgemein angenommen. Die meisten von uns glauben, dass sie nur dazu da ist, den Fötus im Mutterleib mit Sauerstoff und Nährstoffen zu versorgen. Mit dem ersten Atemzug des Babys werden die Lungen entfaltet und mit Luft gefüllt. Die Kapillaren, die die Lungen unterstützen, beginnen, sich mit Blut zu füllen. Zu diesem Zeitpunkt wird das Kind noch durch die Nabelschnur mit lebenswichtigem Sauerstoff versorgt.

Sie sollte daher erst rund 20 Minuten nach der Geburt durchtrennt werden, wenn sie nicht mehr pulsiert und die Lungen voll aktiviert sind. So erhält das Kind eine Extraration Sauerstoff über das Blut. Wenn das Kind Schwierigkeiten zu atmen hat, weil noch Schleim in seiner Kehle steckt, wird es so trotzdem mit Sauerstoff versorgt.

Außerdem bekommt das Baby über die Nabelschnur Stammzellen, die es für den Aufbau seines Immunsystems benötigt. Es ist auch kein Zufall, dass die Schnur so lang ist, dass das Kind die Brust der Mutter erreichen kann, ohne dass sie durchtrennt werden müsste. Wenn es sofort mit dem Saugen beginnen kann, baut auch das Kolostrum in der Muttermilch das Immunsystem weiter mit auf (indem es die Bekämpfung von Infektionen unterstützt).

Im westlichen Geburtsalltag wird die Schnur oft schon innerhalb von zehn Sekunden nach der Geburt durchtrennt.

Die Risiken, die mit einem frühzeitigen Abklemmen der Nabelschnur verbunden sind, sind:

- Hypotonie (niedriger Blutdruck)
- Hypovolämie (niedriges Blutvolumen)

- Anämie (niedrige Hämoglobin-/Eisenwerte)
- Hypoglykämie (niedriger Blutzucker)
- Metabolische Azidose
- Atemnotsyndrom
- Hypothermie (niedrige Körpertemperatur, weil durch die Nabelschnur kein warmes Blut erhalten wird)
- Häufiger auftretende Herzgeräusche in den ersten 14 Lebenstagen
- Suboptimaler Blutfluss in den gastrointestinalen Bereich, wodurch sich das Risiko einer nekrotisierenden Enterokolitis bei Frühgeburten erhöht
- Gehirnschäden, einschließlich Zerebralparese und Autismus, wenn das Kind zu wenig Sauerstoff bekommt

Vorteile einer späteren Abklemmung der Nabelschnur:

- Eine um 50% erhöhte Anzahl an roten Blutkörperchen, ein größeres Blutvolumen, Schutz vor Anämie
- Erhöhte Anzahl an weißen Blutkörperchen und Antikörpern, die dem Kind helfen, Infektionen zu bekämpfen
- Erhöhte Anzahl an Blutplättchen, die eine wichtige Rolle bei der Blutgerinnung spielen
- Mehr Plasmaprotein und Versorgung mit anderen Nährstoffen
- Bessere Blutzirkulation in den ersten Stunden nach der Geburt
- Die normale Körpertemperatur kann leichter beibehalten werden
- Das Kind bekommt seine eigenen Stammzellen.
- Weitere positive Auswirkungen, die wir jetzt noch nicht voll verstehen.[15]

Geburtstrauma

Wenn wir verstehen, dass ein Baby ein bewusstes und fühlendes Wesen ist, erscheint das traditionelle Vorgehen, bei dem die Neugeborenen mit dem Kopf nach unten gehalten werden und einen Klaps bekommen, barbarisch. Versetzen Sie sich einen Moment lang in diese Situation. Gerade haben Sie den Übergang in eine brandneue Welt geschafft und plötzlich werden Sie mit dem Kopf nach unten gehalten und geschlagen. Sie hören laute Geräusche, manchmal auch Schreie, sehen grelles Licht, Ihr Körper wird bewegt, grob angefasst und so gehalten, wie Sie es nicht kennen. Eine Spritze bereitet Ihnen Schmerzen, ein Schlauch wird in Ihren Hals herunter gezwängt, um Flüssigkeit herauszusaugen. Sie werden in Wasser gebadet, dessen Temperatur nicht Ihrer Körpertemperatur entspricht oder der Temperatur des Mutterleibes, aus dem Sie gerade gekommen sind. Die Körpertemperatur eines Säuglings liegt 1 Grad über unserer normalen Körpertemperatur. Sie können dem Baby einen Schock versetzen, wenn Sie es in Wasser legen, das zu warm oder zu kalt ist.

Nach einer Studie, die Dr. William Emerson 1995 durchgeführt hat, können 95 % aller Geburten in den Vereinigten Staaten als traumatisch eingestuft werden – 50 % leicht und 45 % schwer. Zur Zeit werden in den USA jedes Jahr 4 Millionen Kinder[16] geboren: Es kommen also sehr viele Kinder traumatisiert auf die Welt.

Kapitel 6 – Die Entwicklung des Gehirns

Die größte Angst des Kindes ist es, nicht geliebt zu werden. Nichts fürchtet es so sehr wie Ablehnung. Ich glaube, jeder auf der Welt hat in großem oder kleinem Umfang Ablehnung erlebt. Mit der Ablehnung kommt Wut und mit der Wut eine gewisse Form der Kriminalität als Rache für die Ablehnung – und dann kommt die Schuld für die kriminelle Handlung – und hier ist sie, die Geschichte der Menschheit.
John Steinbeck

In diesem Kapitel beschäftigen wir uns mit den verschiedenen Aspekten der Entwicklung des Gehirns im Mutterleib und damit, wie ein emotionales Trauma, das im Mutterleib erlebt wurde, die Art beeinflussen kann, wie das Kind das Leben filtert und wahrnimmt.

Wenn wir eine Geburt erleben, die in uns ein Gefühl der Sicherheit hervorruft, wird sich bei uns die Überzeugung festsetzen, dass die Welt ein sicherer Ort ist. Wenn wir im Gegensatz dazu eine traumatische Geburt erleben und die Trennung von unserer Mutter nicht sensibel gehandhabt wird, wird das Gegenteil wahr und wir entwickeln den Glaubenssatz, dass die Welt gefährlich ist. Wenn die Mutter zur Stimulierung der Kontraktionen eine synthetische Form des Hormons Oxytocin (Markenname z.B. Pitocin oder Syntocinon) erhält, kann das das Kind in einen Schockzustand versetzen und die natürliche Produktion des körpereigenen Oxytocins der Mutter zum Erliegen bringen. Von der Natur ist vorgesehen, dass das Kind selbst die Geburt in Gang setzt und deren Tempo bestimmt, indem es bestimmte Proteine aus seinen Lungen in den Körper der Mutter abgibt.[17]

Stellen Sie sich nun das entgegengesetzte Szenario vor. Das Baby ruht im Mutterleib und plötzlich wird der Geburtsvorgang durch heftige Kontraktionen in Gang gesetzt, die durch ein Medikament hervorgerufen werden. Die Wehen können sich nicht in sanften Wellen aufbauen. Stellen Sie sich Flutwellen vor im Gegensatz zu Wellen, die sanft ans

Ufer spülen! Das plötzliche Einsetzen der Wehen kann ein Schock für das Kind sein. In meiner Arbeit habe ich oft erlebt, dass Babys, deren Wehen mit Pitocin beschleunigt wurden, später als Kinder frustriert waren, wenn sie sich gedrängt fühlten.

Und nun folgendes Szenario: Sie sind schon spät dran. Das ältere Kind muss in die Schule gebracht werden und Ihre 2-jährige Tochter trödelt herum. Sobald Sie versuchen, sie dazu zu bringen, sich zu beeilen, bekommt sie einen Wutanfall. Dieses Verhalten wird möglicherweise dadurch verursacht, dass Sie bei ihr das Erlebnis getriggert haben, zur Eile gedrängt zu werden, als sie ihr erstes Zuhause verlassen musste.

Wenn ein Kind überfällig ist, steckt dahinter übrigens häufig eine tiefliegende Angst davor, geboren zu werden. Das kann die eigene Angst des Kindes, auf die Welt zu kommen, sein, aber auch die Angst der Mutter zu entbinden oder vor der Mutterschaft an sich. Viele meiner Klienten, die überfällig waren, sagten, dass sie nicht geboren werden wollten. Dieses Thema können wir mit Geburts-Matrix-Reimprinting bearbeiten. Wir werden es in Kapitel 12 aufgreifen.

Prägung durch die Umwelt

Viele der Prägungen, die wir erleben, erfahren wir durch die Umwelt. Mit anderen Worten: Wir saugen die Welt um uns herum ungefiltert in uns auf. Wenn ein Kind in eine hochtraumatische Umgebung geboren wird, kann sich dies sehr negativ auswirken.

Eine meiner Klientinnen wurde während des 2. Weltkrieges in London in einem Luftschutzkeller geboren. Sie nahm nicht nur die Ängste ihrer Mutter, sondern auch die aller anderen Menschen um sie herum wahr. Im späteren Leben war sie hypervigilant, d.h., sie war extrem schreckhaft und beobachtete ständig ängstlich ihre Umgebung. Sie fühlte sich so lange nirgendwo in Sicherheit, bis wir mit Geburts-Matrix-Reimprinting einen sicheren Platz für ihre Geburt schufen.

Ich weiß aus eigener Erfahrung, dass wir alle sensibel auf unsere Umwelt reagieren, egal, ob uns dies bewusst ist oder nicht. Wir fokussieren uns dabei nicht nur auf die energetischen Felder unserer Familie, sondern auch auf die unserer Vorfahren und unserer Kultur und auf das kollektive menschliche Bewusstsein und die Energien der Erde.

Die drei Phasen der Gehirnentwicklung

Nicht nur unsere Geburtserfahrung formt unser Gehirn. Das Gehirn des Fötus entwickelt sich in drei Phasen, die jeweils einem Drittel der Schwangerschaft entsprechen. In jeder dieser Entwicklungsstufen können die Grundüberzeugungen des Kindes von seiner Umgebung beeinflusst werden.

Erste Phase – das Reptiliengehirn

Im ersten Drittel der Schwangerschaft bildet sich das Reptiliengehirn aus. In diesem Bereich des Gehirns werden die Kampf-, die Flucht- und die Erstarrungsreaktion ausgelöst und unser Überlebensmechanismus aktiviert.

Das Reptiliengehirn beschäftigt sich mit dem, was gerade in der Gegenwart geschieht. Da es vorrangig auf das Überleben im Augenblick ausgerichtet ist, interessiert es sich nicht für Vergangenes oder Zukünftiges. Es ist aktiv, wenn es um Leben und Tod geht. Wenn wir von einem Säbelzahntiger (in der heutigen westlichen Welt eher von einem Straßenräuber) gejagt werden, wird dieser Teil des Gehirns aktiviert, um dafür zu sorgen, dass wir der Gefahr entkommen.

Es ist der älteste und ursprünglichste Teil unserer verschiedenen Gehirnsysteme und kontrolliert die lebenswichtigen Körperfunktionen wie den Herzschlag, die Atmung, die Körpertemperatur und das Gleichgewicht. Das Reptiliengehirn hat mit unseren sexuellen Vorlieben, der Verteidigung unseres Reviers, mit der Fortpflanzung und Nahrungsangelegenheiten zu tun.

Stellen Sie sich ein Eidechsenmännchen vor. Es sieht, dass sich in einiger Entfernung etwas bewegt. Es will erst einmal nur wissen, ob es sich in Gefahr befindet oder nicht. Ist das, was auf es zukommt, eine Bedrohung? Kommt dort ein anderes Eidechsenmännchen, so dass es sein Territorium verteidigen muss? Oder ein Weibchen, mit dem es sich paaren kann? Vielleicht ist es auch etwas, was es verspeisen kann, um sein Überleben zu sichern. Neben diesen Anliegen wären seine einzigen weiteren Bedürfnisse die Aufzucht seiner Nachkommen und ein sicherer Schlafplatz für die Nacht.

Bei Menschen funktioniert das Reptiliengehirn ähnlich. Wenn unser Überlebensmechanismus angetriggert wird – wenn sich also etwas in unserer Umgebung als Gefahr für unsere Sicherheit herausstellt – wird das Reptiliengehirn zu unserem Schutz aktiviert. Vielleicht haben Sie schon die Erfahrung gemacht, dass Sie Ihre Mitte verloren oder sich selbst vergessen haben, wenn Sie einer Bedrohung gegenüberstanden. Vielleicht hatten Sie plötzlich das Gefühl, ganz automatisch zu reagieren. Falls es so war, hat Ihr Reptiliengehirn übernommen und Ihre Reaktion war vollkommen unbewusst.

Wenn das Baby in der Phase, in der dieser Teil des Gehirns entwickelt wird (also dem ersten Drittel der Schwangerschaft), eine Situation erlebt, in der es um Leben und Tod geht, kann das eine starke Prägung bewirken, die dazu führt, dass der Überlebensmechanismus im späteren Leben besonders schnell aktiviert wird.

Das geschieht aber nicht nur dann, wenn das Überleben des Fötus bedroht ist. Auch wenn der Überlebensmodus der Mutter während dieser Zeit häufig angetriggert wird (z.B. weil ihr Reptiliengehirn ähnlich empfindlich reagiert, weil sie sich große Sorgen macht oder weil sie selbst ein Trauma erlebt), wird die Entwicklung des Reptiliengehirns des Kindes davon beeinflusst.

Wenn Sie dies lesen und diese erste Phase der Schwangerschaft schon vorbei ist (auch wenn Ihr Kind schon auf die Welt gekommen ist), machen Sie sich vielleicht Sorgen darüber, was bei Ihnen während dieser Zeit passiert sein könnte. Seien Sie beruhigt, in Kapitel 12 werden Sie lernen, mit Geburts-Matrix-Reimprinting ein Trauma, das in dieser Zeit entstanden sein könnte, aufzulösen.

Zweite Phase – das limbische System

Im zweiten Drittel der Schwangerschaft entwickelt sich das limbische System, das auch Säugetiergehirn genannt wird. Es sitzt direkt über dem Reptiliengehirn, wird auch als emotionales Gehirn bezeichnet, beherbergt unseren angeborenen Bemutterungsinstinkt und wird beim Bonding aktiviert (siehe Kapitel 8).

Das limbische System besteht aus einer ganzen Reihe verschiedener Teile, von denen einige hier vorgestellt werden.

Thalamus – der Bereich des Gehirns, der für die Wahrnehmung und Weitergabe von Informationen unserer Sinne (Riechen, Hören und Sehen) zuständig ist; er ist direkt mit dem Großhirn verbunden, dem Teil des Gehirns, der für das Denken und die Bewegung zuständig ist.

Hypothalamus – der Teil des Gehirns, in dem verschiedenste chemische Botenstoffe (Hormone) produziert werden. Diese Hormone kontrollieren den Wasserhaushalt des Körpers, die Schlafzyklen, die Körpertemperatur und die Nahrungsaufnahme.

Gyrus cinguli – über ihn werden Nachrichten zwischen dem inneren und dem äußeren Teil des limbischen Systems übermittelt. Er wird während des Bondingprozesses aktiviert.

Amygdala – sie bereitet den Körper auf Notfallsituationen vor, wirkt bei der Entstehung von Erinnerungen (vor allem von Emotionen und Krisen) mit und spielt beim Lustempfinden und sexueller Erregung eine wesentliche Rolle.

Hippocampus – er ist zuständig für die Umwandlung von Kurzzeiterinnerungen in Langzeiterinnerungen und arbeitet eng mit der Amygdala zusammen.

Ich habe schon darauf hingewiesen, dass das limbische System mit dem Geruchs- und Hörsinn verbunden ist. Gerüche lösen häufig Erinnerungen aus – es ist der Thalamus, der dabei angetriggert wird. Zum Beispiel denken Sie vielleicht an Ihre Großmutter, wenn Sie Lavendel riechen, weil sie immer Lavendel-Parfüm trug. Gerüche sind häufig mit Emotionen verbunden, weil sie gemeinsam im limbischen System gespeichert werden. Der Geruch geht am Bewusstsein vorbei direkt in das emotionale Gehirn. Eine ähnliche Reaktion gibt es, wenn Sie etwas hören. Wenn Sie zum Beispiel einmal vor einem Feuer geflohen sind und später Feuerwehrsirenen hören, wird Ihre Angst sofort ausgelöst, Adrenalin wird freigesetzt und Sie fallen in den Kampf- oder Fluchtmodus. Erinnern Sie sich daran, dass der Thalamus mit dem Großhirn verbunden ist, das die Bewegungen kontrolliert.

Anders als das Reptiliengehirn richtet sich das limbische System nicht nur auf die Gegenwart, sondern auch auf die Vergangenheit. Alles in Ihrer äußeren Wirklichkeit kann es antriggern – egal, ob Sie es sehen, hören, riechen, berühren oder schmecken. Wenn Sie etwas erleben, das Sie an eine frühere traumatische Erfahrung erinnert, reagiert es und versucht, Sie vor einer Wiederholung dieses Ereignisses zu schützen. Unter Umständen reagiert es aber auch übersensibel. Dann helfen Werkzeuge wie die Klopfakupressur, Matrix Reimprinting und Geburts-Matrix-Reimprinting dabei, solche traumatischen Erinnerungen aufzulösen.

Um das Säugetiergehirn zu verstehen, kann es hilfreich sein, sich ein Säugetier konkret vorzustellen. Vergleichen Sie das Verhalten eines Affen mit dem einer Eidechse. Für die Eidechse sind Sicherheit, Paarung, Nahrung, ihr Revier und Fortpflanzung wichtig. Sie werden niemals erleben, dass eine Eidechse emotional auf diese Bedürfnisse reagiert. Sie wird von ihren Überlebensinstinkten geleitet. Beim Affen ist das anders: Affen reagieren emotional. Sie können erkennen, ob ein Affe ärgerlich, traurig, ängstlich oder frustriert ist. Diese Reaktionen stammen aus dem Säugetiergehirn. Wenn Sie in einen Zoo gehen, werden Sie den Affen gegenüber mehr Mitgefühl empfinden als den Eidechsen, weil Sie einen Bezug zu den Gefühlen der Affen haben.

Die Affen werden auch durch vergangene Erfahrungen „programmiert“, weil das limbische System mit der Vergangenheit verbunden ist.

Es ist aber nicht nur mit unseren Erinnerungen und unseren Lernerfahrungen verbunden – es kontrolliert auch viele Körperfunktionen, z.B. unser Immun- und Selbstheilungssystem sowie unser Hormonsystem. Darum sind unsere Hormone so eng mit unseren Emotionen wie Liebe, Hass oder Wut verbunden.

Das limbische System wird ebenfalls mit Süchten in Verbindung gebracht. Wenn Sie lernen, sich selbst zu belohnen, wenn Sie in einem labilen Gefühlszustand sind, können Sie von Nahrung, Alkohol oder Drogen emotional abhängig werden: Das limbische System verbindet das Gefühl der Belohnung mit der betreffenden Substanz. Wenn Sie das unangenehme Gefühl nur oft genug mit Nahrung oder Drogen beschwichtigen, wird jedes Mal, wenn es auftritt, ein Bedürfnis nach diesem Nahrungsmittel oder dieser Droge auftauchen.

Gehen wir zurück zu dem Kind im Mutterleib. Während der zweiten Phase, also im zweiten Drittel der Schwangerschaft, beeinflusst der emotionale Zustand der Mutter die Entwicklung seines limbischen Systems. Dabei wirkt sich wegen der Verbindung zwischen den Hormonen und dem limbischen System schon die Schwangerschaft selbst auf den emotionalen Zustand der Mutter aus. Wenn Umstände außerhalb der Schwangerschaft in der Mutter erhöhte und andauernde emotionale Reaktionen hervorrufen, beeinflusst das die Entwicklung des limbischen Systems des Kindes. Und damit auch die Art und Weise, wie es später auf Emotionen reagieren wird.

Die dritte Phase – der Neocortex, auch Neues Säugetiergehirn oder verbal-intellektuelles Gehirn genannt

Im letzten Drittel der Schwangerschaft bildet sich der Neocortex des Fötus. Dieser Teil des Gehirns befindet sich über dem emotionalen Gehirn (dem limbischen System) und wird als Sitz unseres Bewusstseins bezeichnet. Hier befindet sich das Sprachzentrum und findet das bewusste Denken statt. Andere wichtige Funktionen des Neocortex sind: die sensorische Wahrnehmung, die Generierung motorischer Befehle und das räumliche Vorstellungsvermögen.[18]

Föten entwickeln jetzt ihre intellektuellen Fähigkeiten. Das Baby beginnt schon in dieser dritten Phase, Sprache zu erlernen, wenn es die Stimmen von Mutter und Vater hört. Das Fruchtwasser und die Knochen der Mutter leiten Geräusche gut an den Fötus weiter.

Auch wenn Kinder im Mutterleib natürlich nicht sprechen können, nehmen Sie doch die Phonetik der Sprache auf. Sie hören, wie Worte oder Laute ausgesprochen werden. Dies gehört zu ihrer soziokulturellen Programmierung. Ganz gleich, welche Sprache sie im Mutterleib gehört haben, sie können diese leichter erlernen als eine Sprache, die sie nicht gehört haben. Kinder von taubstummen Müttern haben häufig Schwierigkeiten, Sprachen zu lernen, weil die Gehirnstrukturen, die dazu angelegt wurden, auf Sprache zu reagieren, nicht stimuliert wurden.[19]

Woher wissen wir, dass Babys im Mutterleib lernen? In einem Experiment wurde eine werdende Mutter gebeten, ihrem Kind eine Woche lang immer wieder ein bestimmtes Kinderlied vorzusingen. Dann wurde sie an ein CTG angeschlossen und gebeten, verschiedene Kinderlieder zu singen. Als sie das Lied sang, das sie in dieser einen Woche gesungen hatte, reagierte das Herz des Kindes. Das Kind bewegte sich und zeigte so, dass es in der Lage war, Lieder wiederzuerkennen.[20]

Ein ähnliches Experiment wurde mit der Titelmelodie einer beliebten englischen Fernsehserie durchgeführt. Weil die Mutter sich gut fühlte, wenn sie ihre Lieblings TV-Serie sah, war dies für das Baby ebenfalls eine Zeit zum Wohlfühlen. Das Kind im Mutterleib reagierte auf die Titelmusik.[21] (Sie können das nutzen, indem Sie schon während der Schwangerschaft zum Einschlafen eine Melodie abspielen, die das Kind dann auch nach der Geburt mit einer Ruhezeit verbindet.)

Der Neocortex hat ein Bewusstsein für Vergangenheit, Gegenwart und Zukunft. Wenn Sie sich über die Zukunft Sorgen machen, werden diese vom limbischen System (bzw. emotionalen Gehirn) ausgelöst. Wenn Sie aber über die Zukunft nachdenken, verwenden Sie dabei ebenfalls den Neocortex.

Ich fasse noch einmal kurz zusammen: Es gibt drei verschiedene Gehirnteile, die sich während der Zeit in der Gebärmutter entwickeln. Als Erstes das Reptiliengehirn (unser Überlebens- und Handlungsgehirn), der älteste Teil unseres Gehirns. Als Zweites das limbische System oder emotionale Gehirn, das alle Säugetiere haben und das sich erst später in unserer Evolution entwickelt hat. Als Drittes der Neocortex, unser denkendes Gehirn, das höher entwickelte Säugetiere wie Delphine, Affen, Pferde, Hunde und Menschen besitzen.

Der präfrontale Cortex

Der vierte Teil unseres Gehirns ist der präfrontale Cortex. Er befindet sich auf der Stirnseite unseres Kopfes hinter den Augen. Evolutionär gesehen ist dies der jüngste Teil unseres Gehirns.

Seine Entwicklung wird während des Geburtsvorgangs angeregt und sozusagen „gestartet“. Er wird dann von der Bindungserfahrung mit der Mutter (dem Bonding) und der Umgebung des Kindes beeinflusst. Nach der Geburt werden das Wachstum und die Verknüpfungen des präfrontalen Cortex weiter angeregt.

Eine seiner Aufgaben ist die Koordination der linken und rechten Gehirnhälfte. Er verbindet die logische (linke) Seite des Gehirns mit der kreativen (rechten) Seite. Beide Gehirnhälften zusammen ergeben den sogenannten „Verstand des zivilisierten Menschen“. Er ermöglicht es uns, als Erwachsene Dinge zu durchdenken und Entscheidungen zu treffen. Auch Selbstkontrolle, Selbstmitleid und Empathie haben hier ihren Sitz. Wir werden uns damit in diesem Kapitel noch eingehender beschäftigen. In Kapitel 8 werden wir uns ansehen, wie Kinder, die keine ausreichende Bonding-Erfahrung haben, später möglicherweise den präfrontalen Cortex nicht richtig ausbilden und als Folge daraus weniger empathisch sind bzw. weniger Mitleid empfinden können.

Mehr über die Entwicklung des Gehirns im Mutterleib

In den obigen Abschnitten haben wir uns damit beschäftigt, wie die verschiedenen Entwicklungsstufen des Gehirns im Mutterleib aussehen. Ich möchte gerne noch einmal betonen, dass die chronischen oder anhaltenden positiven oder negativen Emotionen der Mutter die Entwicklung des kindlichen Gehirns beeinflussen. Dies wird auch von Dr. Bruce Lipton in *Intelligente Zellen* unterstrichen. Wenn die Mutter um ihr Leben fürchtet, wird der Fötus ein größeres Reptiliengehirn mit einem stärkeren Überlebensinstinkt entwickeln. Die Kampf- und Fluchtreaktionen können dann über die Kindheit und Jugend hinaus sehr schnell angetriggert werden.

Wenn Mutter und Kind Unterstützung erfahren, können sich der präfrontale Cortex und der Neocortex besser ausbilden. Das unterstützt die Entwicklung eines friedlichen, mitfühlenden und intelligenten Wesens.

Mr. X – Fallbeispiel

Stellen Sie sich vor, Sie sitzen in einer Bar. Sie kommen mit einem Mann ins Gespräch, der Ihnen aus seinem Leben erzählt:

Sein Vater starb an Krebs, als seine Mutter im 4. Monat mit ihm schwanger war. Sie verfiel in Trauer, weil sie ihren Ehemann verloren hatte. Zwei Monate später starb sein 12-jähriger Bruder ebenfalls an Krebs. Seine Mutter fiel in eine tiefe Depression. Sie versuchte erfolglos, das Kind abzutreiben und sich selbst zu töten.

Nachdem er auf die Welt gekommen war, konnte sie sich nicht um ihn kümmern und übergab ihn direkt ihrem Bruder. Von der Geburt bis zum Alter von drei Jahren lebte er bei diesem Onkel, danach kehrte er zu seiner Mutter zurück, die neu geheiratet hatte. Sein Stiefvater misshandelte ihn körperlich und emotional sechs Jahre lang, dann wurde er wieder zu seinem Onkel geschickt.[22]

Der Mann in der Bar ist ziemlich bekannt. Sie haben bestimmt schon von ihm gehört. Sein Name ist Saddam Hussein. Natürlich soll diese Geschichte seine Handlungen nicht entschuldigen, kann sie aber irgendwie erklären. Hussein hatte eine misslungene Abtreibung, Misshandlungen und emotionale Vernachlässigung erlebt.

Dr. Jerrold M. Post erklärt in seinem Buch *Leaders and Their Followers in a Dangerous World*, wie aus Hussein ein ausgesprochen egozentrischer, paranoider Mensch ohne Gewissensbisse und mit der Bereitschaft, jedwede Mittel zur Erreichung seiner Ziele einzusetzen, wurde. Post betont, dass Menschen wie Hussein wenig Empathie für das Leid und den Schmerz weder ihrer Feinde noch ihrer eigenen Leute verspüren.[23]

Ich vermute, dass eine Autopsie unterentwickelte Stirnlappen im präfrontalen Cortex offenbart hätte. Es ist übrigens äußerst interessant, dass die pränatalen Erfahrungen von Adolf Hitler denen von Saddam Hussein gleichen. John C. Sonne schreibt in seinem Artikel „On Tyrants as Abortion Survivors“, dass Hitlers Vater Alois seine Frau Klara schlug, während sie mit ihm schwanger war. Auch während seiner Kindheit schlug er Klara, Adolf und dessen Geschwister.[24] Nach Sonne passen auch Francisco Franco, Joseph Stalin, Benito Mussolini, Slobodan Milosevic, Osama bin Laden und Klebold und Harris, die beiden Amokläufer der Columbine Schule in Denver, Colorado, in dieses Profil.

> Abtreibungsüberlebende haben die Bedrohung erfahren, ausgelöscht zu werden, entweder durch einen direkten physischen Versuch oder indem sie in einer pränatalen Umgebung leben mussten, die ihnen das Gefühl vermittelte, nicht willkommen zu sein – zum Beispiel indem ein oder beide Elternteile und/oder andere wichtige Personen bewusst oder unbewusst über Abtreibung nachdachten, selbst wenn diese nicht ausgeführt wurde.[25]

Sonne stellt aber auch fest, dass:

> ...sich nicht alle Menschen, die von einer Abtreibung bedroht wurden, zu blutrünstigen Tyrannen entwickeln oder entsprechende charakteristische Symptome zeigen. Die Ausbildung charakteristischer Symptome hängt von der Schwere der Bedrohung ab, von ihrer angeborenen Resilienz und davon, ob sie später im Leben weitere Traumata erfahren oder heilende, liebevolle und wachstumsfördernde Erfahrungen machen können. Viele Abtreibungsüberlebende werden zu liebevollen, wertvollen Mitgliedern der Gesellschaft und guten Eltern.[26]

Meiner Erfahrung nach sind einige der besten Heiler Menschen, die schon früh in der Kindheit Traumata erlebt haben.

Die Entwicklung des kindlichen Gehirns

Auch wenn es in diesem Buch um Geburts-Matrix-Reimprinting geht, ist es hilfreich zu wissen, wie sich das Gehirn weiterentwickelt, nachdem das Kind auf die Welt gekommen ist.

Der Psychologe James W. Prescott, PhD ist Spezialist für Entwicklungsneurologie und transkulturelle Psychologie. Er hat eine Reihe von Gehirnstudien mit Affenbabys initiiert, die dokumentieren, dass eine frühe Trennung von der Mutter beim Kind eine Vielzahl von Anomalien in der Gehirnentwicklung hervorruft. Prescott ist davon überzeugt, dass das Scheitern der Bindung in der Mutter-Kind-Beziehung (wozu auch ungenügendes Stillen gehört) im Kind Anomalien in der Gehirnentwicklung bedingt, die später zu Depressionen und gewalttätigem Verhalten gegen sich selbst und andere führen können.[27]

Für eine gesunde emotionale Entwicklung des Gehirns braucht das Baby Berührung und Bewegungsanreize.

Prescott erklärte in einem Artikel von Michael Medizza mit dem Titel „Sensory Deprivation in the Developing Brain“:

> Wenn wir angenehme sensorische Stimulation erleben, werden Erinnerungsspuren (Engramme) gespeichert, die als Blaupausen für Wohlbehagen dienen. Unangenehme Stimulationen werden als Blaupausen für Schmerzen gespeichert – und die rufen heftige Reaktionen hervor. Es gibt aber noch etwas anderes, das heftige Reaktionen hervorruft: Das Fehlen von Wohlbehagen – und das ist etwas anderes als die sensorische Wahrnehmung von Schmerzen. Die meisten Menschen verstehen diesen Unterschied nicht. Tatsächlich richtet die sensorische Deprivation von Wohlbehagen viel mehr Schaden an als das tatsächliche Erleben von körperlichem, schmerzhaftem Trauma. Dies kann von Menschen sehr gut bewältigt werden, wenn sie mit liebevoller körperlicher Zuwendung, Bindung und Wohlbehagen aufgewachsen sind, mit der auch emotionales Vertrauen und Sicherheit einhergeht. Wir müssen uns daher auch mit dem Trauma der sensorischen Deprivation körperlichen Wohlbehagens auseinandersetzen. Das sind z.B. Trennungserfahrungen – Erfahrungen, in denen das Kind von der Mutter isoliert wird. Das ist der Anfang.[28]

Ich habe entdeckt, dass die meisten meiner Langzeitklienten als Säugling und Kleinkind fortgesetzte emotionale Vernachlässigung erfahren haben. Wir wissen, dass das Gefühl der Isolation großen Schaden anrichtet, denn eine Trennung wird vom Kind mit Todesgefahr gleichgesetzt. Wir werden in Kapitel 9 genauer auf Trennungen eingehen.

Wenn wir Matrix Reimprinting mit dem jüngeren Selbst durchführen, stellen wir als Erstes den so dringend benötigten Kontakt her. Für das Säuglings-Selbst ist die Erschaffung von Sicherheit und Verbindung wesentlich. Das kann die Änderungen herbeiführen, die wir brauchen, um die Isolation zu heilen und unser Gefühl der Verbundenheit neu aufzubauen. Das Gehirn entwickelt sich nach der Geburt in der gleichen Reihenfolge weiter wie im Mutterleib. Zunächst das Reptiliengehirn, von der Geburt bis zum Alter von etwa sieben Jahren.

Im ersten Lebensjahr geht es hauptsächlich um das Bedürfnis nach Nahrung, Sicherheit, Pflege, Wärme und Liebe. Wenn das Kind ein Jahr alt ist, beginnt die Weiterentwicklung des limbischen Systems. Bis zum Alter von 18 Monaten verfügt das Kleinkind über ebenso viele neuronale Felder wie ein Erwachsener.[29] In dieser Zeit erfährt das Kleinkind eine große Bandbreite an Emotionen. Diese Entwicklung setzt sich bis in das zweite Lebensjahr fort. Man nennt diese Zeit auch die Trotzphase. Das Hormonsystem beginnt sich zu entwickeln und zu arbeiten, was zu den Stimmungsschwankungen führt, die ein Kleinkind gewöhnlich erlebt.

Mit ca. vier Jahren wird die rechte Gehirnhälfte (die kreative Seite) aktiver als die linke. Dieser Teil des Gehirns wird durch Spiel und Phantasie angeregt. Erst wenn das Kind sieben Jahre alt ist, beginnt sich die linke Gehirnhälfte (der Sitz unserer intellektuellen Fähigkeiten) zu entwickeln. Das erklärt, warum es so wichtig ist, ein Kind in den ersten Lebensjahren durch Spielen anzuregen. Einige Lehrmeinungen gehen davon aus, dass es wegen der späteren Entwicklung des intellektuellen Bereichs des Gehirns unnötig ist, mit dem Zählen, Buchstabieren und anderen intellektuellen Fertigkeiten zu beginnen, bevor ein Kind sieben Jahre alt ist. Wenn das Kind dazu ermutigt wird, den Großteil seiner Aufmerksamkeit auf spielerisches Lernen zu richten, wie den Umgang mit Farben, zeichnen, puzzeln, sich Geschichten anhören oder sich mit ihnen beschäftigen und alles andere, was seine Vorstellungskraft anregt, kann sich das kreative Gehirn entfalten. Wenn Eltern das Kind während dieser Zeit zu strukturierterem Lernen anhalten, wird sich die linke oder intellektuelle Gehirnhälfte früher entwickeln, aber auf Kosten des kreativen Gehirns.

Manchmal sind Tätigkeiten, die sowohl die linke als auch die rechte Gehirnhälfte anregen, sinnvoll. Ein Kind, das etwas Musikalisches erlernt, aktiviert zum Beispiel die linke Gehirnhälfte durch das Lernen und die rechte Gehirnhälfte durch den kreativen Aspekt.

Ein anderes Schlüsselelement zum Verständnis der Gehirnentwicklung ist, dass ein Kind sich nicht als getrennt von der Welt erlebt, bis es etwa sechs bis sieben Jahre alt ist. Seit Tausenden von Jahren lehren spirituelle Führer, dass es keine Trennung gibt. Interessanterweise nehmen Kinder die Welt auf eine ähnliche Weise wahr (obwohl sie sich dessen nicht bewusst sind). Wenn die linke oder logische Gehirnhälfte aktiviert ist, beginnt das Kind zu bemerken, dass es in der Welt nicht nur um es selbst geht. Erinnern Sie sich daran, dass ich in Kapitel 4 betont habe, dass die meisten unserer einschränkenden Glaubenssätze in den ersten sechs Jahren unseres Lebens entstehen. In dieser Zeit fehlt uns die Fähigkeit, logisch zu denken. Wir entwickeln sie erst mit sechs oder sieben Jahren.

Stellen Sie sich einen 3-jährigen Jungen vor. Er spielt auf dem Wohnzimmerteppich vor dem Fernseher, während sein Vater sich ein Fußballspiel ansieht. Der Junge steht auf, weil er seinem Vater etwas zeigen möchte – vielleicht hat er gerade ein Puzzle fertig gemacht oder ein Bild gezeichnet. Leider steht er seinem Vater dabei im Bild. Und der ärgert sich gleichzeitig noch über den Torstand. Unser kleiner Junge hat gar nicht die Fähigkeiten zu verstehen, dass der Ärger des Vaters sich gegen das richtet, was im Fernsehen passiert. Er spürt nur den Ärger und bezieht ihn ganz auf sich. Ein solches Ereignis kann dann dazu führen, dass seine kreativen Impulse in Zukunft unterdrückt werden. In diesem Alter beziehen Kinder alles auf sich selbst, sie können gar nicht anders.

Der präfrontale Cortex im Teenageralter

Der präfrontale Cortex spielt auch bei der Sozialisation eine wichtige Rolle. Also dabei, mit anderen Menschen verbunden zu sein, Beziehungen aufzubauen und Mitgefühl zu empfinden.

Auch Joseph Chilton Pearce unterstreicht in *Die Biologie der Transzendenz* die Wichtigkeit der Umgebung des Säuglings und des Kindes für die Entwicklung des Gehirns. Er betont die Wichtigkeit des Bondingprozesses bei der Geburt. Wir erfahren, dass es auch noch andere optimale Zeiten zum Bonding im Leben eines Kindes gibt – zum Beispiel als Teenager.

Wenn wir ca. 14 oder 15 Jahre alt sind, erleben wir unsere erste Liebe. Das ist unsere erste Bonding-Erfahrung mit jemandem, der nicht unsere Mutter oder unser Vater ist. Dies ist eine Zeit, in der sich männliche Jugendliche manchmal in Gangs zusammenschließen. Hier verbinden sie sich miteinander. Die Verbindung mit der Gruppe bewirkt, dass sie sich geliebt, akzeptiert, gewollt und manchmal auch mächtig fühlen.

In dieser Zeit neigen Teenager dazu, sich von ihren Eltern zu lösen und eher mit ihren Freunden zusammen zu sein. Das ist ein ganz natürlicher Entwicklungsprozess, der darauf vorbereitet, das Zuhause zu verlassen und ein unabhängiger Erwachsener zu werden. (Eine Randbemerkung: Eltern verstehen diesen Prozess nicht unbedingt und glauben, dass etwas falsch gelaufen ist, wenn ihre Teenager plötzlich weniger mit ihnen zusammen sein wollen. Häufig versuchen sie dann, dies „wieder in Ordnung zu bringen“, anstatt dem Prozess seinen natürlichen Lauf zu lassen.)

Körperliche Bewegung und Gehirnentwicklung

Ein Großteil der Entwicklung des Reptiliengehirns im ersten Lebensjahr hängt davon ab, ob das Kind getragen wird und wie es Fürsorge erfährt. Der effektivste Weg, das Reptiliengehirn anzuregen, ist, das Kind in einem Tuch am Körper zu tragen. Vielleicht haben Sie schon erlebt, dass ein Kind dort friedlich schläft, bis man es ins Bett legt. Es weiß instinktiv, dass sein Überleben davon abhängt, dass es nah bei der Mutter ist. Dazu gehört nicht nur, dass es in den Armen der Mutter gehalten wird, sondern auch, dass es sich mit ihr bewegen kann. In einem Tragetuch befindet sich der Säugling nah am Herzen der Mutter. Außerdem kann er ihr Gesicht sehen, was für ein stärkeres Sicherheitsgefühl sorgt (damit werden wir uns im nächsten Kapitel näher beschäftigen). Als Menschen können wir uns jeweils nur in einem der beiden folgenden Modi befinden: Überleben oder Entwickeln. Überleben ist ein stressbasierter Zustand, der durch das Reptiliengehirn ausgelöst wird, wenn es davon ausgeht, dass unser Leben in Gefahr ist. Im Überlebensmodus steigt der Kortisolspiegel im Körper an, wir setzen Stresshormone frei und unsere Verdauung wird beeinträchtigt. Je öfter unser Überlebensmodus in den ersten sechs Jahren ausgelöst wird, umso größer ist die Wahrscheinlichkeit, dass wir im späteren Leben Stressmuster entwickeln. Je häufiger wir im Gegensatz dazu die Botschaft empfangen, dass wir in unmittelbarer Nähe unserer Mutter in Sicherheit sind, umso besser können wir gedeihen.

Wenn das Baby nicht bewegt wird

Die bereits erwähnten Studien von James Prescott mit Affenbabys führten ihn zu der Schlussfolgerung, dass das Verhalten depressiver und gewalttätiger Jugendlicher damit zusammenhängt, ob sie als Baby Bondingerfahrungen machen konnten und Fürsorge erfahren hatten. Ich bin in keiner Weise mit Tierexperimenten einverstanden. Dennoch zeigen die von Prescott durchgeführten Studien, was passiert, wenn Affenbabys von ihren Müttern getrennt und in Isolation aufgezogen werden. Einige wurden mit einer feststehenden Mutterattrappe aufgezogen, andere mit einer an einem freischwingenden Seil befestigten. Nahrung konnten alle Affenbabys aus einer an der Attrappe befestigten Flasche trinken. Die Affen mit der beweglichen Mutterattrappe entwickelten keine der emotional-sozialen Psychopathologien, die die anderen Affen zeigten. Diese waren depressiv und zurückgezogen. Sie zeigten autistische Verhaltensweisen und entwickelten eine Neigung zu Schaukelbewegungen. Als Jugendliche und Erwachsene verhielten sie sich gewalttätig und wollten nicht von anderen berührt oder gehalten werden. Darüber hinaus war ihr Gespür für Gefahren beeinträchtigt. Wenn sie mit einem Alphamännchen zusammengebracht wurden, griffen sie dieses sogar an.[30]

Auch bei institutionalisierten Kindern wurde Schaukelverhalten beobachtet – wie in der Studie bei den isolierten Affen. Offensichtlich versuchen sie, sich in Abwesenheit der Mutter selbst zu beruhigen und ihre Gehirnverbindungen anzuregen.[31]

Warum Bewegung unerlässlich ist

Was passiert in der Gebärmutter, abgesehen von der Zeit, in der die Mutter schläft oder sich ausruht? Das Baby wird pausenlos bewegt. Auch wenn das Kind auf die Welt gekommen ist, werden alle sensorischen Systeme – Sehen, Hören, Riechen, Fühlen und Schmecken – fortwährend angeregt, während es bei der Mutter ist. Die sensorischen Systeme werden als nicht funktional angesehen, d.h., dass man auch ohne ihre Stimulation leben kann. Wenn sie aber nicht stimuliert werden, kann dies zu einer sensorischen Deprivation des Säuglings führen.

Rhythmische Bewegungen helfen dem Baby, primitive Reflexe zu integrieren. Dabei handelt es sich um wiederholte, automatische Bewegungen. Sie sind unerlässlich für die Entwicklung des Muskeltonus, die Kopfsteuerung und die sensorische Integration und Entwicklung. Unsere primitiven Reflexe bilden die Grundlage für unsere späteren lebenslangen Reflexe. Wenn der Säugling sie integriert, bleiben sie inaktiv, bis sie benötigt werden. Anders gesagt: Wenn das Kind seine Bewegungen geübt hat und sie kontrollieren kann, werden die primitiven Reflexe nicht mehr benötigt, sie werden dann deaktiviert. Wenn sie aktiv bleiben, weil das Kind seine Bewegungen nicht angemessen üben konnte, können sowohl in der Kindheit als auch im Erwachsenenalter Schwierigkeiten auftreten. Rhythmic Movement Training International™ hat eine Liste von Zuständen zusammengestellt, die durch die fehlende Integration der primären Reflexe hervorgerufen werden können. Dazu gehören ADS/ADHS, Autismus, Lernschwierigkeiten, Entwicklungsverzögerungen, sensorische Integrationsstörungen, Beeinträchtigungen des Seh- und Hörvermögens, Verhaltensauffälligkeiten, extreme Schüchternheit, Mangel an Vertrauen, Suchtanfälligkeit, angestrengtes und ineffizientes Vorgehen, ständige Gefühle der Überwältigung.[32]

Das Tragen des Kindes in einem Tragetuch hilft dabei, alle Reflexe zu integrieren. Mit der von Dr. Masgutova entwickelte Masgutova Methode und dem Rhythmic Movement Training (RMT) können Sie die Integration der Reflexe Ihres Kindes unterstützen. Einzelheiten dazu finden Sie im Literaturverzeichnis am Ende des Buches.

Kapitel 7 – Das Herz

Es ist egal, wen du liebst, wo du liebst, warum du liebst, wann du liebst oder wie du liebst. Das Einzige, was zählt, ist, dass du liebst.
John Lennon

Uns wurde beigebracht, dass unsere Intelligenz vom Verstand hervorgebracht wird. Dazu gehört auch der Glauben, dass wir eine Sache sorgfältig durchdenken müssen, wenn wir eine Entscheidung zu treffen haben. Unsere kopflastige kulturelle Erziehung hat unsere Verbindung zu einer unserer wichtigsten Lebensressourcen – dem Herzen – geschwächt.

Der Mittelpunkt der menschlichen Intelligenz ist das Herz, denn sie beruht auf unserer Intuition und unserem angeborenen Wissen – nicht auf Gedankenprozessen. In diesem Kapitel setzen wir uns mit diesem Paradigma und mit unserer Meinung darüber, wie Babys die Welt erleben, auseinander.

Die Intelligenz des Herzens

Das HeartMath Institute ist eine Forschungs- und Bildungseinrichtung, die Methoden zur Stressreduzierung und emotionalen Selbstregulierung auf der Grundlage von Erkenntnissen über unser Herz untersucht und entwickelt. Es hat eine ganze Reihe von Studien über die Energie des Herzfeldes und die Verbindung zwischen Körper und Gehirn durchgeführt. Die Wissenschaftler haben herausgefunden, dass das Herz der größte Erzeuger elektromagnetischer Energie im Körper ist und das größte rhythmische elektromagnetische Feld aller Körperorgane erzeugt. Das elektrische Feld des Herzens ist ca. 60 Mal größer als das des Gehirns und es kann überall auf dem Körper gemessen werden.

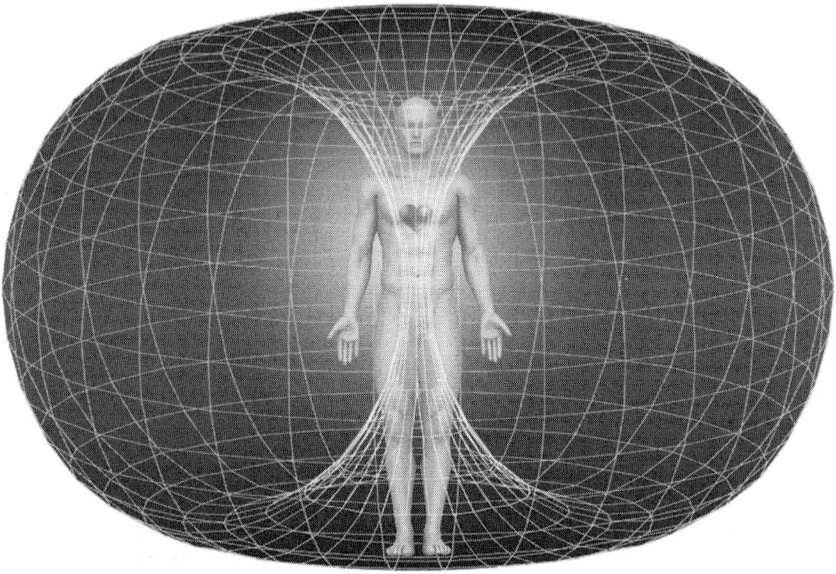

Das magnetische Feld des Herzens

Das vom Herzen produzierte magnetische Feld ist sogar ca. 5.000 Mal stärker als das vom Gehirn erzeugte und kann auch noch in 35 Metern Entfernung vom Körper in allen Richtungen gemessen werden.[33] Das besondere an diesem Feld ist seine donutförmige Form.

Die Kommunikation zwischen dem Herzen und dem Gehirn ist ein dynamischer, fortwährender Zwei-Wege-Dialog, bei dem jedes Organ beständig die Funktionsweise des anderen beeinflusst. Forschungen haben ergeben, dass das Herz mit dem Gehirn hauptsächlich auf vier verschiedenen Wegen kommuniziert:

1. Neurologische Kommunikation – durch die Übermittlung von Nervenimpulsen
2. Biochemische Kommunikation – durch Hormone und Neurotransmitter
3. Biophysische Kommunikation – durch Druckwellen (Pulswellen)
4. Energetische Kommunikation – durch Interaktionen der elektromagnetischen Felder[34]

In einer Studie mit dem Titel „Elektrophysiologische Evidenz der Intuition: Teil 1. Die überraschende Rolle des Herzens" untersuchten die Forscher die Rollen des Herzens und des Gehirns bei der Intuition – dem Vorgang der Informationsaufnahme jenseits unserer bewussten Wahrnehmung. Für diese Studie wurden 26 Teilnehmern 30 ruhige und 15 emotional aufwühlende Bilder gezeigt. Ihre Gehirnaktivität wurde mittels eines EEGs (Elektroenzephalogramms), ihre Herzaktivität mittels eines EKGs (Elektrokardiogramms) gemessen. Dabei stellte sich heraus, dass sowohl das Herz als auch das Gehirn schon Sekunden, bevor das Bild gezeigt wurde, reagierten. Das Herz zuerst. Der Herzschlag beschleunigte sich schon, bevor das kommende beunruhigende oder schockierende Bild gezeigt wurde und verlangsamte sich, wenn ein beruhigendes Bild folgte. Diese Studie zeigte also überraschenderweise, dass das Herz intuitive Informationen erhält und darauf reagiert.[35]

Der zweite Teil der Studie, „Elektrophysiologische Evidenz der Intuition: Teil 2. Ein systemübergreifender Prozess", lieferte weitere interessante Informationen. Man fand heraus, dass es einen geschlechtsspezifischen Unterschied gibt: Frauen sind für intuitive Informationen durch das Herz empfänglicher als Männer.[36]

Ich frage mich, ob die Natur auf diese Weise dafür sorgt, dass Mütter intuitiv wissen, wie sie am besten für ihre Kinder sorgen. Als ich ein kleines Kind war, ließ meine Mutter mich einmal im Garten in meinem Kinderwagen schlafen. Ganz plötzlich hatte sie das Gefühl, dass etwas nicht stimmte. Sie rannte in den Garten und fand eine Zecke, die gerade dabei war, sich in meinen Hals zu bohren. Der Arzt sagte ihr hinterher, dass Zecken häufig Krankheiten übertragen und lobte sie dafür, dass sie sie entfernen konnte, bevor sie sich festgebissen hatte.

Das Herz und der Reimprinting Prozess

Karl Dawson (der Entwickler von Matrix Reimprinting) bemerkte bei seinen Studien schon früh den Stellenwert des Herzfeldes. Herzbilder spielen bei Matrix Reimprinting und Geburts-Matrix-Reimprinting-Prozessen eine wichtige Rolle. Während einer traumatische Erfahrung werden die Informationen über das Ereignis als Bild eingekapselt, das unbewusst immer wieder aktiv wird, bis wir es auflösen können.

Zum Reimprinting-Prozess gehört das Erschaffen eines neuen Bildes, das den Glaubenssatz, den wir im Moment der Traumatisierung über das Leben gebildet haben (z.B. „Ich bin in Gefahr" oder „Man kann anderen nicht vertrauen"), überschreibt. Das verändert den Glaubenssatz im Unterbewusstsein und im energetischen Feld. Bei Matrix Reimprinting nutzen wir das Herz, um die neue Erinnerung „einzuprägen". Zuerst nehmen wir das Bild über den Kopf auf, um die neuralen Verbindungen im Gehirn neu zu verknüpfen. Aber es ist das Herz, aus dem wir das neue Bild in die Welt schicken. Die neuen vom Herzen gesendeten Bilder sind viel stärker als die Originalbilder, die wir ursprünglich hatten. Das liegt daran, dass positive Bilder eine viel höhere Schwingung haben als negative. Sie rufen stärkere emotionale Zustände hervor, z.B. Selbstermächtigung, Frieden, Freude, Hoffnung oder Freiheit. Diese Emotionen haben eine höhere Schwingung als Angst, Ärger und Verzweiflung. Aus diesem Grund kann sich eine dramatische Heilung vollziehen, wenn wir nur ein paar Bilder für jemanden verändern.

Herz und Schwangerschaft

Joseph Chilton Pearce schreibt in seinem Artikel „Pregnancy, Birth and Bonding" (Schwangerschaft, Geburt und Bonding), dass Forscher der Whittlestone University in Australien herausgefunden haben, dass das Herzfeld unerlässlich für die Verbindung zwischen Mutter und Kind ist. Pearce: „Das Herz der Mutter hat vom Augenblick der Empfängnis an einen so nachhaltigen Einfluss auf das Kind, dass das System sprichwörtlich auf Zellebene geprägt wird; das gesamte Nervensystem wird auf den Herzschlag der Mutter geprägt."[37]

Pearce schreibt, dass eine lebende Herzzelle in einer Petrischale nach ein paar Herzschlägen defibrilliert und stirbt. Zwei Herzzellen in der gleichen Petrischale halten sich jedoch gegenseitig am Leben. Sie regen einander an und helfen einander dabei, weiterzuschlagen. Jede Zelle hat ihr eigenes elektromagnetisches Feld um sich herum. Wenn beide Felder miteinander in Kontakt kommen, regen ihre Wellen einander an und fallen in das gleiche kohärente Muster. Beide Zellen werden so aus dem Chaos in eine Ordnung gebracht.[38]

Etwas Ähnliches geschieht, wenn sich das Herz des Kindes im Mutterleib mit dem der Mutter verbindet: Das Herz des Babys wird während seiner Entwicklung vom Herzen der Mutter angeregt.[39]

Nach der Geburt braucht das Kind deshalb die Nähe des Herzfeldes der Mutter. Sowohl Mutter als auch Kind profitieren davon – sie stabilisieren sich gegenseitig. Wenn die Mutter eine traumatische Geburt erlebt hat, wird ihr Herzschlag wieder kohärenter, wenn das Baby an ihrer Brust liegt. Auch das Herz des Kindes stabilisiert sich dann. Die gegenseitige Anregung sollte in den ersten neun Monaten nach der Geburt fortgesetzt werden, bis das Herz des Kindes seinen eigenen unabhängigen Herzschlag entwickelt hat. Auch andere Betreuungspersonen, besonders der Vater und die Großeltern, können durch engen Kontakt dabei helfen, das Herz des Kindes zu stabilisieren.[40]

Das Herz und der Bondingprozess

Im Bondingprozess ist die Herzbindungszeit mit der Mutter unerlässlich. Wenn es aufgrund der Trennung von der Mutter keine Herzverbindung bei der Geburt gibt, kann dies sowohl für die Mutter als auch für das Kind eine schwere Belastung sein – es besteht die Gefahr, dass das Kind sich in sich zurückzieht.

Es gibt nach der Geburt ein 45-minütiges Zeitfenster, in dem die Verbindung zwischen dem Baby und der Mutter hergestellt werden kann. In dieser Zeit stabilisiert sich der Herzschlag des Kindes durch den der Mutter. Wird diese Zeit aber nicht genutzt, weil Mutter und Kind getrennt werden, wird das Herz des Babys geschwächt. Daraus können im späteren Leben Herzkrankheiten entstehen. Außerdem kann es passieren, dass sich das Nervensystem nicht richtig entwickelt und die Herz-Gehirn-Verbindung beeinträchtigt wird.[41]

Das Bonding-Zeitfenster wirkt sich aber nicht nur auf das Kind aus. Wenn ihre Fürsorgeinstinkte nicht auf diese Weise aktiviert werden, ist die Mutter anfälliger für postnatale Depressionen.

In einem vom HeartMath Institute durchgeführten Experiment wurden die Herz- und Gehirnaktivitäten von neugeborenen Säuglingen und ihren Müttern gemessen. Es zeigten sich Kohärenz und Angleichung. Die Herzschläge des Babys spiegelten sich in den Gehirnwellen der Mutter. Mit Kohärenz ist gemeint, dass sich der Herzschlag eines Menschen seinem Atemrhythmus anpasst. Beim Einatmen schlägt das Herz etwas schneller als beim Ausatmen. Je entspannter der Mensch ist, desto größer ist der Unterschied. Und je größer dieser Unterschied ist, umso gesünder ist es für den Körper. Sowohl die Herzschläge der Mutter als auch die Herzschläge des Kindes werden inkohärent, wenn man sie für einen längeren Zeitraum voneinander trennt.[42]

Ich habe mich schon oft gefragt, wie sehr dieser Prozess in einem Zusammenhang mit plötzlichem Kindstod steht. Plötzlicher Kindstod (auch bekannt als Krippentod) tritt üblicherweise dann auf, wenn das Kind sich allein in seinem Kinderbett befindet. Für gewöhnlich bedeutet dies, dass das Baby für einen längeren Zeitraum nicht in der Nähe des Herzfeldes seiner Mutter oder seines Vaters gewesen ist. So wie ich den Prozess der Angleichung des Herzschlags verstehe, könnte ich mir vorstellen, dass in den Fällen, wo das Herz des Kindes bereits geschwächt war, es vielleicht nicht stark genug war, von allein weiterzuschlagen. Das ist ein weiterer Grund für die Mutter, das Kind in einem Tragetuch zu tragen und nachts in ein Bett direkt neben das eigene zu legen.

Es hat sich für Frühchen als lebensrettend herausgestellt, wenn sie mit Hautkontakt eng am Körper der Mutter oder des Vaters gehalten werden, was liebevoll „Kangarooing" genannt wird. Es hat sich gezeigt, dass dies den Herzschlag des Kindes stabilisiert, Atmung und Körpertemperatur reguliert, die Schlafperioden verlängert und die Nahrungsaufnahme verbessert. Außerdem sorgt es für eine schnellere Gehirnentwicklung, ein insgesamt schnelleres Wachstum und weniger Weinen.[43] Ich frage mich: Wenn diese Behandlung sich so wohltuend auf Frühchen auswirkt, warum lassen wir sie nicht allen Babys zukommen?

Mutter setzt das Herz ihres Babys in Gang

Es gibt einen berühmten Fall aus Australien, wo ein Baby bei der Geburt nicht atmete.[44] Die Ärzte versuchten, es zu beleben, aber vergeblich. Sie gaben der Mutter das Kind, damit sie sich verabschieden konnte. Sie hielt es 20 bis 30 Minuten an ihrer Brust, streichelte es und sprach mit ihm. Ab und zu gab das Baby ein Schluckaufgeräusch von sich, als ob es einatmen wollte. Die Mutter rief „Sehen Sie, sehen Sie, ich glaube, es kommt." Die Ärzte beharrten darauf, dass das Kind tot sei.

Jedoch: Das Kind kam ins Leben zurück. Durch das Herzfeld der Mutter und durch die Stimulation, die durch das Streicheln hervorgerufen wurde, begann es, wieder zu atmen. Es wurde ein gesundes Baby.

Andersherum kann ein Kind auch das Herz der Mutter stimulieren: Die frischgebackene Mama Holli Cheung, 36, kämpfte im Queen Elizabeth Hospital mit einer akuten Myokarditis um ihr Leben. Sie erlitt einen Herzstillstand und musste wiederbelebt werden. Holli wurde an eine

Herz-Lungenmaschine angeschlossen, damit ihr Herz weiterschlug, bis die Ärzte sich darauf geeinigt hatten, wie sie behandelt werden sollte. Eines Abends entschied Hollis Ehemann, das drei Monate alte Baby für ein paar Stunden zum Schlafen bei ihr zu lassen. Daraufhin begann ihr Herz, zum Erstaunen der Ärzte, wieder von alleine zu schlagen. Als sie darüber sprechen konnte, sagte Holli: „Ich denke, aus irgendeinem Grund hat er mein Herz geweckt."[45]

Es gibt immer noch so viel über die Kraft des Herzens und seines elektromagnetischen Feldes zu lernen. Einige Studien des HeartMath Institutes zeigen, warum das Herz mentale Klarheit, Kreativität, emotionales Gleichgewicht und persönliche Effektivität beeinflusst. Das Institut bietet Techniken an, die Ihnen dabei helfen, Ihr Herz in eine „Herzkohärenz" zu bringen. Sie können den Effekt selbst mit diesen drei einfachen Schritten erfahren.[46]

Übung: Die Herzkohärenz-Technik – Quick Coherence®

1. Schritt: Herzfokus
Richten Sie Ihre Aufmerksamkeit auf Ihren Herzbereich – das Zentrum Ihrer Brust. Wenn Sie mögen, können Sie bei den ersten Versuchen Ihre Hand auf die Mitte Ihres Brustkorbes legen. Das hilft Ihnen dabei, die Aufmerksamkeit dort zu halten.

2. Schritt: Herzatmung
Atmen Sie tief ein und aus. Stellen Sie sich vor, dass Ihr Atem durch die Herzregion ein- und ausströmt. Atmen Sie mit Leichtigkeit weiter, bis Sie einen natürlichen inneren Rhythmus finden, der sich gut für Sie anfühlt.

3. Schritt: Herzgefühl
Aktivieren Sie eine positive Erinnerung, während Sie den Herzfokus und die Herzatmung beibehalten. Erinnern Sie sich an eine Gelegenheit, bei der Sie sich gut gefühlt haben. Versuchen Sie, dieses Gefühl noch einmal zu erleben. Eine der einfachsten Möglichkeiten, ein positives, herzbasiertes Gefühl hervorzurufen, ist die Erinnerung an einen besonderen Platz,

an dem Sie gewesen sind. Oder an die Liebe, die Sie für einen engen Freund, ein Familienmitglied oder ein Tier empfunden haben. Das ist der wichtigste Schritt.

Quick Coherence® erweist sich immer dann als besonders nützlich, wenn erschöpfende Gefühle wie Frustration, Irritation, Angst oder Stress auftreten. Wenn Sie Quick Coherence® gleich zu Beginn des Auftretens negativer Emotionen einsetzen, können Sie verhindern, dass diese sich verschlimmern. Besonders nach einem Gefühlsausbruch hilft Ihnen diese Technik, schnell wieder ins Gleichgewicht zu kommen.

Herzrhythmusmuster verschiedener emotionaler Zustände

Die folgenden Grafiken zeigen Herzratenvariabilitätskurven von Menschen mit unterschiedlichen Emotionen. In der oberen Grafik sehen Sie ein inkohärentes Herzrhythmusmuster mit einem unregelmäßigen, zackigen Verlauf, der typisch für Stress und negative Emotionen wie Ärger, Frustration und Angst ist. Herzrhythmus und Atmung sind also nicht im Einklang. Die untere Grafik zeigt ein Beispiel für ein kohärentes Herzrhythmusmuster, wie es zu beobachten ist, wenn ein Mensch eine anhaltende positive Emotion wie Wertschätzung, Mitgefühl oder Liebe erfährt. Das kohärente Muster beschreibt einen regelmäßigen, sinusartigen Schwingungsverlauf. Je größer die Amplitude dieser Sinuskurve ist, um so positiver sind die Auswirkungen auf Körper und Geist.[47]

Herzrhythmen (Herzratenvariabilität)

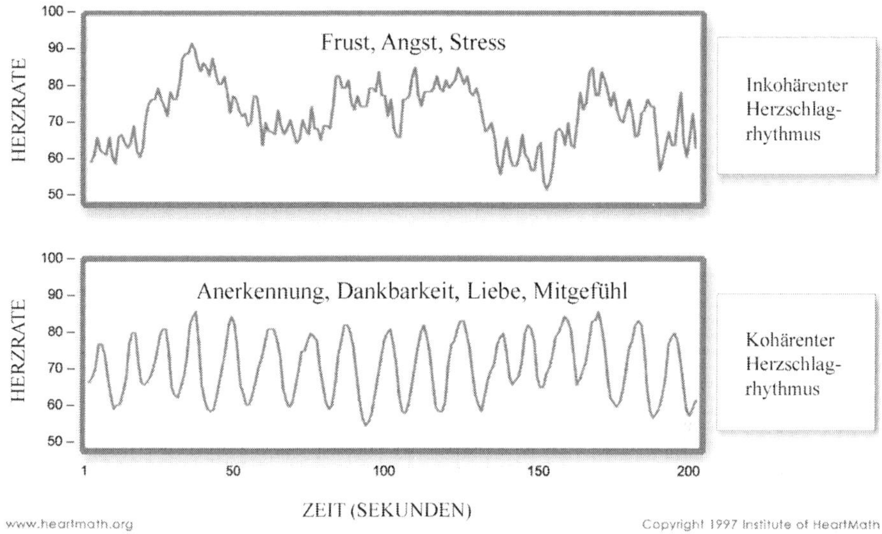

Mit Quick Coherence® beeinflussen Sie nicht nur Ihr eigenes Herz, sondern auch die Herzmuster der Menschen um Sie herum, Ihrer Familie, Ihres Babys und sogar Ihrer Haustiere. In einem der vielen Experimente des HeartMath Institutes ging es um einen Jungen namens Josh und seinen Hund Mabel. Sowohl Josh als auch Mabel wurden mit einem Langzeit-EKG-Aufzeichnungsgerät ausgestattet. Josh betrat den Raum, in dem Mabel sich befand, setzte sich und begann, bewusst liebevoll an Mabel zu denken. Sein Herzrhythmus wurde kohärenter, und diese Veränderung schien auch den Herzrhythmus von Mabel zu beeinflussen: Er wurde ebenfalls kohärenter. Die Studie zeigte auch, dass Mabels Herzrhythmus sehr viel chaotischer und inkohärenter wurde, als Josh den Raum wieder verließ, was auf eine Trennungsangst schließen lässt.[48]

Ein Junge und sein Hund
(Herzrhythmen)

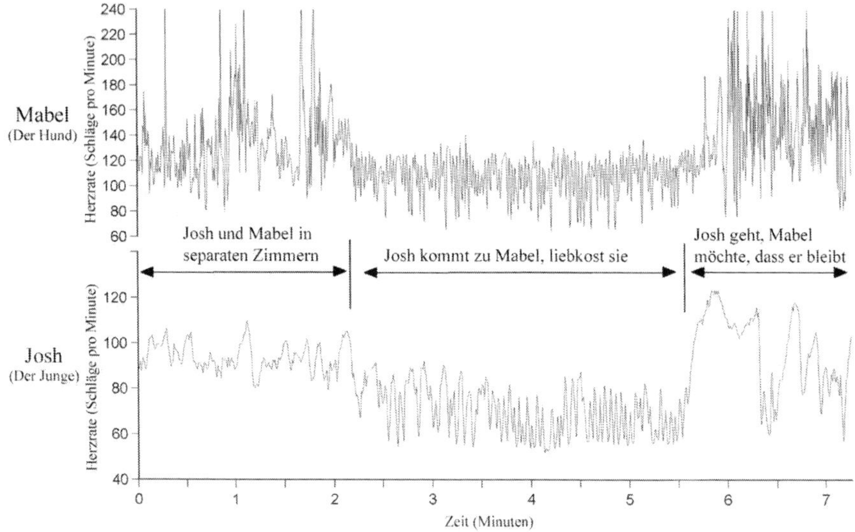

Das Einüben der HeartMath Kohärenztechniken kann bei der Anregung des Herzens Ihres Kindes helfen, ganz gleich, ob es sich im Mutterleib oder im gleichen Raum wie Sie befindet. Es kann ebenfalls alle anderen Körperorgane unterstützen und sogar Mutter und Kind aus einer Kampf- oder Fluchtreaktion herausholen. Wenn die Mutter sich selbst beruhigt, wird das Baby ebenfalls lernen, wie es sich selbst beruhigen kann.

Übung

Üben Sie Quick Coherence® täglich zehn Minuten lang und senden Sie dabei Ihrem Kind Liebe und Wertschätzung. Sie können sich auch vorstellen, dass Sie diese Liebe und Wertschätzung Ihrem Säuglings-Selbst oder einem hilfebedürftigen jüngeren oder zukünftigen Teil Ihres Selbst (ECHO) senden.

Das HeartMath Institute hat mir freundlicherweise die Genehmigung erteilt, seine Forschungsergebnisse weiterzugeben. Informationen über die erwähnten und weitere Studien finden Sie auf www.heartmath.org (englisch).

Im nächsten Kapitel werden wir uns eingehender mit dem Bondingprozess beschäftigen und untersuchen, warum er so wichtig für die Verbindung von Mutter und Kind ist.

Kapitel 8 – Die Bedeutung des Bondings

Es ist niemals zu spät für den Bondingprozess, weil die Natur ihn so gestaltet hat, dass er jederzeit erfolgen kann.
Joseph Chilton Pearce

In diesem Kapitel sehen wir uns den Bindungsprozess an und auch, wie einige der wichtigsten Elemente dieser Erfahrung mit dem westlichen Geburtsparadigma verlorengegangen sind. Durch das Bonding sorgt die Natur für das Überleben der menschlichen Art. Dabei spielt ein ganz besonderes Hormon eine wichtige Rolle: Oxytocin.

Oxytocin

Oxytocin wird auch Liebes- oder Bindungshormon genannt. Es ist ein Neuropeptid, das aus neun Aminosäuren besteht. Es wird im limbischen System im Hypothalamus und, laut dem Wissenschaftler und Bestsellerautor Dr. David Hamilton, ebenfalls im Herzen gebildet.[49]

Oxytocin und Prostaglandine (hormonähnliche Lipidverbindungen, die in der Placenta hergestellt werden) helfen dabei, die Geburtswehen anzuregen; sie erweichen den Zervixkanal der Gebärmutter und unterstützen die Ablösung und den Ausstoß der Plazenta nach der Geburt.[50] Oxytocin sorgt für die Abgabe von Milch aus der Milchdrüse. Das Hormon spielt auch eine entscheidende Rolle bei der Empfängnis: Es wird ausgeschüttet, wenn wir uns in unseren Partner verlieben, Sex und Orgasmen haben. Jegliche Verbindung mit einem anderen Menschen oder etwas, das wir lieben oder schätzen, wie beispielsweise einem Tier, regt die Freisetzung von Oxytocin an.

Elizabeth Davis und Debra Pascali-Bonaro betonen in ihrem Buch *Orgasmic Birth*, dass es eine Verbindung zwischen Oxytocin und Theta-Gehirnwellen gibt.[51] Thetawellen werden mit außersinnlicher Wahrnehmung, kreativer Inspiration und spontaner Problemlösung in Verbindung gebracht. Dazu gehört auch der in Kapitel 7 beschriebene Zustand der Herzkohärenz und der in Kapitel 4 beschriebene natürliche Gehirnzustand des Kindes.

Wenn Geburts- und Bondingprozess natürlich und ungestört verlaufen, regen Mutter und Kind sich gegenseitig an: Ihre Herzschläge und Atemrhythmen beeinflussen einander positiv und ihre Gehirnfrequenzen verlangsamen sich in Richtung des Thetabereichs. Diese Anregung kann auf jede weitere Person im Raum übergreifen, so lange sie liebevoll, offen und furchtlos ist. Auf der DVD *What Babies Want* beschreibt Joseph Chilton Pearce, dass er „perplex und überrascht über die Energie war, die das ganze Haus erfüllte" und dass das „Haus förmlich vor Energie bebte", als sein Kind geboren wurde. Er beschrieb es als großartige, gleichsam mystische Erfahrung. Bei einer Geburt dabei sein zu dürfen, empfand er als eine Einladung zu der größtmöglichen Intimität, die das Leben uns jemals schenken kann. Es ist das Kind, dass diese vollkommene verletzliche Intimität anbietet. Wenn wir sie nicht annehmen, fühlt es sich von der Welt verraten. Dann sieht es eine Welt, der es nicht vertrauen kann, weil sein allerwichtigstes Bedürfnis in diesem Augenblick nicht befriedigt wurde.

Wenn die Mutter ängstlich oder gestresst ist, kann das die Produktion von Oxytocin blockieren. Die Hebamme, die Doula, der Arzt, die Krankenschwester, der Gynäkologe oder jeder andere, der bei der Geburt dabei ist, kann unwissentlich die Freisetzung von Oxytocin während der Wehen blockieren, wenn die Mutter das Vertrauen in sie verliert oder das Gefühl hat, dass man ihren Fähigkeiten nicht vertraut.

Oxytocin erleichtert die Geburt und intensiviert das Bonding. Es ist ein „schüchternes" Hormon, denn es stellt seine Produktion ein, wenn wir uns beobachtet oder unsicher fühlen. Es ist das Hormon, das Müttern hilft, Liebe für ihr Kind zu empfinden. Ohne das Bonding kann es vorkommen, dass die Mutter keinen Impuls verspürt, ihr Kind zu stillen, zu schützen und seine Bedürfnisse zu erfüllen. Mütter, bei denen kein Oxytocin freigesetzt wird, wissen nicht instinktiv, was ihr Baby braucht oder wie sie reagieren sollen, wenn es schreit.

Die Nabelschnur

Wie bereits erwähnt ist es wichtig, dass die Verbindung durch die Nabelschnur so lange bestehen bleibt, bis sie aufhört zu pulsieren. Das dauert üblicherweise zwischen 10 und 20 Minuten. Die Nabelschnur ist

25 bis 30 cm lang, so dass das Baby direkt nach der Geburt problemlos von der Mutter im Arm gehalten und angelegt werden kann.

Bonding

In den ersten 45 Minuten nach der Geburt sind die meisten Babys in einem besonders aufmerksamen Zustand. Ihre Augen sind weit geöffnet, wenn das Licht im Raum nicht allzu hell ist.[52]

Die Natur hat es so eingerichtet, dass das Kind Gegenstände scharf sehen kann, die 25 bis 30 cm von seinen Augen entfernt sind. So kann es das Gesicht seiner Mutter sehen und Blickkontakt mit ihr herstellen. Es ist daher wichtig, dass es wach und bewusst ist. Wenn ihm jedoch Betäubungsmittel oder andere Medikamente verabreicht wurden, wird das Bewusstsein des Säuglings beeinträchtigt. Bei einer Geburt ohne Arzneimittel sorgt der angeborene Instinkt des Kindes dafür, dass es sich dem Gesicht der Mutter zuwendet, damit es Verbindung aufnehmen kann. Der Säugling muss seine Bezugspersonen kennen: „Aha, du bist also meine Mutter und du bist mein Vater. Mit euren beiden Gesichtern muss ich mich verbinden." Idealerweise sollte das Baby mit Hautkontakt in den Armen der Mutter gehalten werden (oder des Vaters, wenn die Mutter nicht verfügbar ist), damit die Bindung gefestigt werden kann. Das Kind kennt die Stimmen der Mutter und des Vaters schon aus der Zeit im Mutterleib und erkennt sie wieder. Es bekommt außerdem die Gelegenheit, sich an den Geruch der Mutter zu gewöhnen und daran, wie es sich anfühlt, an der Außenseite des Körpers gehalten zu werden.

Gyrus cinguli

Während des Bondingprozesses wird der Gyrus cinguli, der sich im Säugetiergehirn befindet, sowohl bei der Mutter als auch beim Kind aktiviert. Sobald dieser Teil des Gehirns bei der Mutter aktiviert ist, verbindet er sich mit den Stirnlappen im präfrontalen Cortex (dem „zivilisierten Verstand"). Hier werden Empathie und Mitgefühl empfunden. Der präfrontale Cortex des Säuglings beginnt zu wachsen, neurale Pfade werden angelegt. Dies ist der einzige Teil der Entwicklung des Gehirns des Kindes, der nicht schon im Mutterleib beginnt; seine Entwicklung hängt vielmehr von den Erfahrungen bei der Geburt ab.

Auf der DVD *What Babies Want*, die ich bereits erwähnte, vergleicht Joseph Chilton Pearce die Aktivierung des Gyrus cinguli mit dem Erwachen alter Weisheit. Ich denke, dass so die Frau, die soeben entbunden hat, mit dem kollektiven Wissen über das Mutter-Sein verbunden wird. Sie verbindet die Mutter auch intuitiv mit ihrem Kind.

Selbst wenn sie diese Erfahrung als Kind selbst nicht machen konnte und dieser Teil des Gehirns nicht durch die eigene Mutter angeregt wurde, können der Gyrus cinguli und der präfrontale Cortex immer noch stimuliert werden, wenn sie die Gelegenheit hat, eine Verbindung zu ihrem eigenen Kind aufzubauen.

Der Gyrus cinguli verfügt außerdem über eine Verbindung mit dem Herzen. Wenn er aktiviert ist, spürt die Mutter sprichwörtlich, dass sich ihr Herz öffnet und noch mehr Oxytocin freigesetzt wird. Für das Kind können neuronale Verbindungsstrukturen mit dem Herzen und dem limbischen System nur während des Bondings hergestellt werden, andernfalls gehen sie verloren.

Die Erweckung des Gyrus cinguli

Der Blickkontakt zwischen der Mutter und dem Kind ist für die Erweckung des Gyrus cinguli unentbehrlich. Aber es reicht nicht, dass die Mutter ihr Kind nur ansieht. Das Kind braucht das *Gefühl*, angenommen zu werden. Es ist eine sehr umfassende sensorische Erfahrung. Stillen ist Teil dieser Erfahrung, ebenso wie der Hautkontakt und das Halten des Kindes. Wenn die Haut gestreichelt wird, werden die Nervenenden und das periphere Nervensystem angeregt. Im Mutterleib wird der Körper des Kindes durch die „Käseschmiere" (eine wasserundurchlässige fettige Schicht) geschützt. Dadurch werden die Nerven nicht auf die gleiche Art stimuliert wie nach der Geburt. Übrigens spielt die Käseschmiere auch eine wichtige Rolle beim Stillen und sollte nicht entfernt werden. Sie enthält Hormone, die das Baby zum Saugen anregen.

Stellen Sie sich ein Tier vor, das ein Junges gebiert. Tiere lecken ihren Nachwuchs direkt nach der Geburt ab. Dabei reinigen sie ihn nicht nur, sondern regen zugleich auch ihren Berührungssinn an. Auch menschliche Babys brauchen diese Anregung. Berühren, Halten und Streicheln des Neugeborenen hilft dabei, seinen Blutkreislauf zu stimulieren. Für die Eltern wird dadurch der Bondingprozess angeregt. Auf der DVD *What Babies Want* spricht ein Vater über sein instinktives Bedürfnis, sein Baby abzulecken. Ein anderer erzählt davon, wie sich der Geruch der Käseschmiere in seine Lungen einbrannte.

Auch das Kind muss den Geruch der Mutter aufnehmen können. Bei der Geburt ist der Geruchssinn des Kindes geschärft. Ein Säugling kann den Geruch der Milch der eigenen Mutter erkennen. Bei einem wissenschaftlichen Experiment wurden Baumwollbinden mit der Milch verschiedener Mütter getränkt. Jedes Kind reagierte nur auf die Binde mit der Milch der eigenen Mutter, weil es deren Geruch wiedererkannte.[53]

Das 45-minütige Zeitfenster

Wie schon angesprochen, gibt es nur ein kleines Fenster, um den optimalen Bondingprozess bei der Geburt anzuregen. Auf der DVD *What Babies Want* erklärt die Hebamme Mary Jackson, dass in den 45 Minuten nach der Geburt der Bondingprozess wie „frischer Leim" ist, der es Mutter und Kind ermöglicht, leicht miteinander Verbindung aufzunehmen. Jackson sagt weiterhin, dass danach der „Leim" härtet und der Aufbau der Verbindung schwieriger wird. Alle erwähnten physischen und emotionalen Entwicklungsprozesse benötigen dann mehr Zeit.

Joseph Chilton Pearce ist der Ansicht, dass das Bonding aber auch später noch stattfinden kann, dass sich dann aber die Entwicklung des Gehirns bis um drei Monate verzögern kann.

Pearce geht ebenfalls davon aus, dass es „niemals zu spät" ist, den Bondingprozess zu erleben, ganz gleich, wie alt wir sind, da dieser Prozess von der Natur offen gestaltet wurde und uns jederzeit zur Verfügung steht. Deshalb halte ich Geburts-Matrix-Reimprinting für so effektiv bei der Heilung von Gefühlen des Getrenntseins bei der Geburt, worauf wir später in diesem und in Kapitel 9 eingehen werden.

Wenn Bonding nicht stattfindet

Was passiert, wenn uns die Bondingerfahrung fehlt? In vielen Fällen führt das zu Depressionen. Wenn wir depressiv sind, fühlen wir uns getrennt, isoliert oder allein. Selbst wenn wir es nicht sind, können wir das Gefühl haben, alleine auf der Welt zu sein, wenn das Bonding nicht in Gang gesetzt wurde. Es ist oft ein Grundgefühl, das uns nicht wirklich bewusst ist. Wir wissen nicht, was mit uns nicht stimmt. Etwas fühlt sich falsch an. Solche Symptome herrschen in Kindern vor, die ohne Bonding auf die Welt gekommen sind.

Fehlendes Bonding kann eine ganze Reihe an Glaubenssätzen darüber hervorrufen, nicht gewollt zu sein. Das kann zu subtilen Gefühlen der Ablehnung führen. Alles, was in unserer äußeren Umgebung dieses Gefühl von Ablehnung hervorrufen kann, verschlimmert das Gefühl des Getrenntseins noch.

Als Brett Moran, ein ehemaliger Crack-Abhängiger und heute weltweit bekannter Lebensberater, an meinem Geburts-Matrix-Reimprinting-Kurs teilnahm, erzählte er uns, dass er bei seiner Geburt von seiner Mutter getrennt wurde und sich als Kind niemals wirklich mit ihr verbunden gefühlt hatte. Er spricht oft davon, dass Süchtige ein „Loch in der Seele" haben. Auch ich bin davon felsenfest überzeugt. Wenn dann versucht wird, dieses Loch zu füllen, kommen die Suchtmittel ins Spiel. Das Loch in der Seele ist ein Mangel an Liebe, dem wir mit materiellen Dingen abzuhelfen versuchen. Dazu greifen wir auf Alkohol, Schokolade, Essen, Drogen, Onlineshopping usw. zurück – aber das Loch bleibt. Wir nehmen irrtümlich an, dass wir durch eine Befriedigung von außen eine innere Befriedigung herstellen können.

Etwas Ähnliches kann geschehen, wenn ein Baby in den Inkubator kommt und keinen menschlichen Kontakt hat. Es verbindet sich dann mit dem Inkubator oder dem flackernden elektrischen Licht, aus dem einfachen Grund, dass es auf Bonding ausgelegt ist.

Während eines Geburts-Matrix-Reimprinting-Workshops in Deutschland stellte ich meinen Laptop und meinen Beamer für die Präsentation auf. Als ich über ein Kabel stolperte, fiel der Computer fast auf den Boden. Einer der Teilnehmer hechtete aus seinem Stuhl und fing ihn auf, bevor er auf dem Boden aufkam. „Ich behandele Computer wie meine Kinder. Ich liebe alles, was technisch ist", sagte er mir. Ich war nicht überrascht, als ich erfuhr, dass er als Baby in einem Inkubator gewesen war.

Bonding und Matrix Birth Reimprinting

Ich habe mit 80-jährigen Klienten gearbeitet, die bei ihrer Geburt kein Bonding mit ihrer Mutter erlebt hatten und den Bondingprozess trotzdem noch nachholen konnten. Auf so gut wie jeden, mit dem ich gearbeitet habe (von Teenagern bis zu Senioren) hat sich die Reinitialisierung des Bondingprozesses tiefgreifend ausgewirkt. Viele berichteten, dass sich die Verbindung zu ihrer Mutter und ihr Leben im Allgemeinen radikal veränderte, nachdem sie den Bondingprozess in den Geburts-Matrix-Reimprinting-Sitzungen in Gang gesetzt hatten. Dabei spielte es keine Rolle, ob die Mütter noch lebten oder nicht. Das ist einer der fundamentalsten Aspekte von Geburts-Matrix-Reimprinting.

Im nächsten Teil des Buches werden wir uns mit den verschiedenen Formen von Geburtstraumata beschäftigen, die im westlichen Geburtsparadigma vorkommen können. Denken Sie bitte daran, dass Sie später eine Technik kennenlernen werden, mit der Sie jedes Trauma, das Sie erlebt haben, auflösen können.

Teil 3 – Geburtstraumata

Kapitel 9 – Trennung bei der Geburt

Durch traumatische Geburten geht viel menschliches Potenzial verloren – das gilt für das Baby, die Mutter und auch den Vater. Viele Probleme im Säuglingsalter und in der Kindheit haben ihren Ursprung in der Geburt und der Bondingphase. Oberste Priorität ist es, die Trennung von Müttern und ihren Kindern nach der Geburt zu vermeiden.
Wendy Anne McCarty und Marti Glenn

Die folgenden Kapitel beschäftigen sich mit den verschiedenen Traumata, die bei der Geburt entstehen können. Viele von ihnen sind durch den in der westlichen Welt üblichen Geburtsablauf bedingt. Trennung ist dabei ein großes Thema.

Trennung bei der Geburt

Es kommt sehr häufig vor, dass Mutter und Kind direkt nach der Geburt getrennt werden. Als Neugeborenes sind wir vollkommen hilflos und abhängig. Eine Trennung von unserer Mutter wird als lebensbedrohlich empfunden.

Diese angeborene Reaktion kann jederzeit in uns aktiviert werden, auch wenn wir erwachsen sind. Wir sehnen uns nach Verbindung und Gemeinschaft, weil uns das emotional stärker und gesünder macht. Das erklärt auch, warum Facebook so beliebt ist. Wir sind so angelegt, dass wir zu jemandem gehören wollen.

Eine russische Klientin verbrachte ihre ersten beiden Lebenswochen in einem Säuglingssaal. So war es damals in Russland üblich, damit die Mütter Zeit hatten, sich nach der Geburt zu erholen. Sie fühlte sich ihr Leben lang zurückgelassen, ungeliebt und ungewollt und war nicht in der Lage, enge Beziehungen einzugehen.

Trennung im Mutterleib

Hunderte von Geburts-Matrix-Reimprinting-Sitzungen, die ich durchgeführt habe, haben mich gelehrt, dass sich Kinder sogar schon im Mutterleib als von ihrer Mutter getrennt erleben können. Das passiert, wenn sich das Baby ungewollt fühlt oder die Liebe seiner Mutter nicht spüren kann. Es kann dazu führen, dass das Baby sich verschließt, um sich zu schützen.

Wenn ich mit jemandem arbeite, der sich im Mutterleib als getrennt erlebt hat, stellt sich oft heraus, dass er glaubt, nicht hierhin zu gehören, dass es ein Fehler war, auf die Welt gekommen zu sein und dass er zurück zur Quelle möchte.

Adoption

Adoption ist ein unglaublich starker Grund, sich getrennt zu fühlen. Das Kind kennt seine Mutter energetisch gesehen seit neun Monaten. Es kennt ihre Geräusche, ihren Geruch und ihre Schwingung. Dann kommt es zur Welt und wird zu jemand anderem gegeben. Wenn das direkt nach der Geburt geschieht, kann es sich vielleicht mit der neuen Mutter verbinden. Wir sind so konzipiert, dass wir uns mit denen verbinden können, zu denen wir unseren ersten Kontakt herstellen. Dies ist ein Überlebensmechanismus, der sicherstellt, dass das Kind ohne die eigene Mutter überleben kann. Adoptierte Kinder sind häufig extrem gefügig und bringen sich selbst dazu, der Mensch zu werden, den die Adoptiveltern sich wünschen. Oder aber sie wählen den entgegengesetzten Weg und testen ihre Adoptiveltern beständig aus. Auch wenn sie es vielleicht nicht bewusst tun, gibt es häufig das Verhalten „Ich setze dich immer wieder unter Druck, um zu sehen, ob du mich wieder weggibst.“

Susie

Susie wurde adoptiert. Als sie Anfang zwanzig war, setzte sich die Adoptionsvermittlung mit ihr in Verbindung und teilte ihr mit, dass ihre leiblichen Eltern sie kennenlernen wollten. Sie lebten in Irland, wo es sehr strenge Regeln bezüglich Schwangerschaftsabbruch und Adoption gab. Als ihre Mutter mit ihr schwanger war, war sie unverheiratet. Ihr Vater dagegen war verheiratet und wollte seine sterbenskranke Frau nicht verlassen. So wurde Susie zur Adoption freigegeben. Nachdem die Frau ihres Vaters verstorben war, heirateten Susies Eltern. Nun wollten sie Verbindung mit ihr aufnehmen. Das versetzte Susie in Aufruhr. Sie litt an Bulimie und die Situation verschlechterte ihren Zustand. Sie verlor drastisch an Gewicht.

Susie stellte sich selbst stets hintenan. Sie hatte das Gefühl, wertlos zu sein, weil man sie weggegeben hatte. Alle ihre Beziehungen waren durch ihr Bemühen, anderen zu gefallen, geprägt. Sie hatte niemals das Gefühl, zu genügen.

In einer unserer Sitzungen gingen wir zurück zu der Zeit, in der sie den Adoptiveltern übergeben wurde. Es war vorgesehen, dass sie sie gleich nach der Geburt mitnehmen sollten, aber ihre leibliche Mutter war unsicher und brauchte mehr Zeit für ihre Entscheidung – sie behielt Susie eine Woche lang. Susie nahm die hin-und-her-Energie ihrer Mutter, die sich zerrissen fühlte, auf. Sie war verzweifelt und wollte ihr Kind behalten, wusste aber auch, dass die Gesellschaft, in der sie lebte, abweisend reagieren würde, wenn sie es mit nach Hause brächte. Schließlich glaubte sie, keine Wahl zu haben und das Kind aufgeben zu müssen. Dann wurde Susie ihren Adoptiveltern übergeben, von denen sie sagt, sie seien die freundlichsten Menschen, denen sie je begegnet ist. Sie liebt sie von ganzem Herzen. Nach langem Hin und Her entschied sich Susie, ihre leiblichen Eltern zu treffen. Interessanterweise litt ihre Mutter ebenfalls an Bulimie.

Während unserer Sitzung war Susie einzig und allein daran interessiert herauszufinden, ob es ihrer leiblichen Mutter und ihren Adoptiveltern gut ging. Ich konnte sie nur schwer dazu bewegen, mit ihrem Säuglings-Selbst zu arbeiten, so tief war die Grundüberzeugung in ihr verankert, nicht wichtig zu sein. Unsere Arbeit versetzte sie endlich in die Lage, ihren Selbstwert zu entdecken.

Mentale und emotionale Probleme

Wenn jemand bei der Geburt eine Trennung von der Mutter erlebt, kann dies zu Depressionsmustern führen, die sich durch das ganze Leben hindurchziehen. Depression kann eine Form von emotionalem „Abschotten“ bedeuten. Wenn ein weinendes Neugeborenes nur lange genug sich selbst überlassen wird, wird es sich erschöpft verschließen und zu der Überzeugung kommen, dass es nicht gewollt ist. Es fühlt sich dann isoliert und alleine. Solche Kinder sind häufig wütend, aber die Wut wird nicht ausgedrückt, da niemand da ist, um sie zu hören, zu fühlen oder zu sehen. In Kapitel 6 habe ich darauf hingewiesen, dass Kinder bis zum Alter von einem Jahr nur mit dem Reptiliengehirn arbeiten, d.h. nur die Gegenwart verarbeiten können. Ihnen fehlen die kognitiven Fähigkeiten, die man braucht, um zu verstehen, dass die Mutter irgendwann wiederkommen wird. Alles, was das Kind weiß, ist, dass in diesem Moment seine Mutter oder seine Bezugsperson nicht reagiert. Das erzeugt Verlassens- und Todesangst – was zu unterdrückter Wut führt, weil seine Bedürfnisse nicht erfüllt werden.

Trennung bei der Geburt kann später im Leben zu einer ganzen Bandbreite von emotionalen Problemen führen, von Angst bis hin zu schweren emotionalen Störungen.

Kirstie – von der Adoptivmutter geboren

Kirstie wünschte sich, ihre Adoptiveltern wären ihre leiblichen Eltern. Sie liebte und bewunderte sie und wollte sich noch enger mit ihnen verbunden fühlen. Sie fragte mich, ob wir eine Geburts-Matrix-Reimprinting-Sitzung durchführen könnten, in der sie für ihre Adoptiveltern geboren würde.

Zuerst war ich nicht sicher, ob das ethisch vertretbar wäre. Ich konnte sie aber verstehen und stimmte der Sitzung zu. Während der Sitzung lösten wir einige der Geburtstraumata auf, von denen sie intuitiv wusste. Danach gingen wir in der Zeit zurück, brachten sie in den Mutterleib ihrer Adoptivmutter und ließen sie auf die Welt kommen. Nachdem sie sich mit ihrer Adoptivmutter und ihrem Adoptivvater verbunden hatte, fragte ich sie: „Wie wäre es, wenn wir jetzt deine leibliche Mutter mit ins Spiel brächten?“

„Das wäre wunderbar“, antwortete sie und verband sich auch mit ihrer leiblichen Mutter, denn sie hatte ihr gegenüber keinerlei negativen Gefühle. Das war das Bild, das wir prägten.

Der Trennungsprozess bei der Geburt

Vom Augenblick der Empfängnis bis zu unserer Geburt sind wir mit unserer Mutter verbunden und erleben uns als Einheit. Das endet mit der Geburt – egal, wie perfekt sie auch ablaufen mag. Der Mutter das Kind in den Arm zu legen, ist der beste Weg, dafür zu sorgen, dass dem Kind die Trennung erleichtert wird – dies ist unsere erste Bindungserfahrung in der äußeren Welt. Hier wird festgelegt, wie wir uns später im Leben mit der Welt verbinden.

Der Alltag in westlichen Geburtskliniken sieht häufig anders aus. Oftmals wird das Kind der Mutter weggenommen und gesäubert, bevor es ihr wieder übergeben wird. Dieser Trennungsschock kann für ein Neugeborenes sehr groß sein.

Im 4. Kapitel über Matrix Reimprinting haben wir uns mit Traumata beschäftigt, die einen sogenannten UDIN-Moment hervorrufen können - ein Schock, der einen Teil von uns in der Zeit einfriert und damit ein ECHO erschafft. Zur Erinnerung, ein UDIN-Moment entsteht, wenn es sich um eine unerwartete, dramatische, isolierende Situation handelt und wir keine Strategie haben, die uns dabei helfen könnte, damit umzugehen. Trennung kann für das Neugeborene also ein UDIN-Moment sein.

Ich hatte bei meiner Geburt übrigens selbst mit Trennung zu tun. Man hatte meiner Mutter gesagt, dass alles zu schnell gehe und verabreichte ihr Pethidin zur Verlangsamung der Wehen. Meine Mutter war von dem Medikament so müde, dass sie mich nur ein paar Minuten halten konnte, dann wurde ich in den Säuglingssaal gebracht. Also hatte auch ich Trennungsthemen zu bearbeiten – so wie viele meiner Klienten.

Physische Auswirkungen

Trennung ist nicht nur ein emotionales Problem. Es ist ebenso eine physische Angelegenheit. Meiner Erfahrung nach neigen Menschen, die entweder im Mutterleib oder bei der Geburt Trennungserfahrungen gemacht haben (entweder direkt, z.B. weil sie einen Zwilling verloren haben oder weil sie sich vor oder nach der Geburt von ihrer Mutter getrennt fühlten), zu Ekzemen.

In vielen Fällen heilt das Ekzem eines Kindes ab, wenn ich mit der Mutter ein Trennungsthema bearbeitet habe. Der 14-jährige Sohn einer Klientin hatte ein Ekzem, das sich über die ganze Wirbelsäule erstreckte. Wir bearbeiteten seine Geburt und dass er dabei von seiner Mutter getrennt wurde. Das Ekzem verschwand nachhaltig. Eine Reihe von Therapeuten, die ich ausgebildet habe, hatten ebenso verblüffende Ergebnisse.

Divya – von Ted Wilmont, Matrix-Reimprinting-Trainer

Eine junge berufstätige Inderin, Divya, kam zu mir. Ihr Kind war ein paar Monate alt und über und über mit Ekzemen bedeckt. Nach der Geburt hatte es eine Zeit lang in der Klinik bleiben müssen, wo es eine Kortisolbehandlung erhielt. Divya hatte sich der Behandlung ihres Kindes widersetzt, weil sie glaubte, der Grund für die Ekzeme sei emotionaler Natur. Aber man sagte ihr: „Sie bringen mit diesen absurden Ideen Ihr Kind in Gefahr. Es braucht diese Behandlung."

Wir suchten nach einem Trennungsthema, aber das Bonding nach der Geburt hatte stattgefunden. Ich fragte sie: „Haben Sie während oder vor der Schwangerschaft einen Verlust erlitten? Oder hat Ihr Ehemann oder jemand anderes, der eine Verbindung mit Ihrem Kind hat, so etwas erlebt?"

Ihre Antwort war: „Ja, mein Großvater ist gestorben." Ihr Großvater hatte zusammen mit ihr in London gelebt und sie waren einander sehr nah gewesen. Man hatte ihr nicht erlaubt, zum Begräbnis zu gehen oder sich von ihm zu verabschieden, weil der hinduistische Glaube dies Schwangeren verbietet. Nach der hinduistische Lehre könnte die Seele des Verstorbenen auf das ungeborene Kind übergehen.

Wir gaben Divya die Gelegenheit, sich von ihrem Großvater zu verabschieden und bearbeiteten ihre Sorge um das Ekzem ihres Kindes. Dann prägten wir das Bild der Geburt neu. Danach begann das Ekzem des Kindes abzuheilen.

Asthma

Manche Kinder entwickeln Asthma, wenn die Mutter während oder vor der Schwangerschaft besondere Traurigkeit erfährt, also zum Beispiel einen geliebten Menschen verliert. In der Traditionellen Chinesischen Medizin (TCM) stehen die Lungen (und die Haut) in Verbindung mit Sorgen, Trauer und Kummer. Man geht davon aus, dass Kummer auf die Lungen drückt und sie schwächt, und, ebenso wie Sorgen, die leichte und volle Bewegung des Atemflusses stört.

Negative Emotionen, die durch Trennung bei der Geburt hervorgerufen werden, sind z.B.:

- Isolationsgefühle
- Sich zurückgewiesen fühlen
- Verlassensängste
- Wut
- Scham
- Angst

Negative Glaubenssätze, die durch Trennung bei der Geburt hervorgerufen werden, sind z.B.:

- Die Welt ist ein gefährlicher Ort
- Ich bin nicht sicher
- Ich bin nicht gewollt
- Ich werde immer zurückgewiesen werden
- Ich bin nicht gut genug
- Ich bin nicht liebenswert
- Ich bin unwürdig
- Ich bin wertlos
- Ich sollte nicht hier sein

Bei der Behandlung dieser Glaubenssätze ist es sinnvoll, bis zur Geburt zurückzugehen, um zu überprüfen, ob die Ursache in einer Trennung liegt.

Beschneidung

In amerikanischen Kliniken wird die männliche Beschneidung in der Regel innerhalb von 48 Stunden nach der Geburt durchgeführt. Der operative Eingriff und die damit einhergehende Trennung von der Mutter und Unterbrechung des Bondingprozesses rufen ein schweres Trauma hervor und haben anhaltende Auswirkungen auf das Kind und seine Fähigkeit, Vertrauen in die Welt zu entwickeln.

Überall auf der Welt gibt es noch Ärzte, die wie im 19. Jahrhundert glauben, dass Babys keinen Schmerz empfinden, oder dass das egal ist, weil sie sich später nicht an schmerzhafte oder traumatische Ereignisse erinnern können. Tragischerweise haben Babys eine besonders hohe Schmerzempfindlichkeit, verfügen aber nicht über emotionale Verteidigungsmechanismen zur Verarbeitung ihrer Schmerzerfahrung. Daraus entsteht neben dem physischen Schmerz ein Schock. Die einzige Art und Weise, wie sie damit umgehen können, ist Rückzug und Abschottung. Wenn ein Säugling beschnitten wird, wird er dabei wild schreien und um sich schlagen, um der Situation zu entkommen. Deshalb werden die Babys auf dem Tisch fixiert. Dabei wird meistens eine Erstarrungsreaktion aktiviert.

Die Universität von Alberta führte 1997 eine Studie über Beschneidung durch, die vorzeitig abgebrochen wurde, nachdem eine Versuchsperson sich erbrach, einen Schock erlitt und mehr als 25 Sekunden lang nicht mehr atmete.[54]

Eine Studie der Queens University in Ontario, bei der die Gehirnwellen der Babys bei der Beschneidung aufgezeichnet wurden, zeigte, dass ihre Gehirne beim ersten Schnitt reagieren. Die Analyse der Daten belegt, dass die Prozedur für die Säuglinge ein erhebliches Trauma darstellt. Die Studie zeigte, dass es Veränderungen im limbischen System gab, vor allem in der Amygdala. Erinnern Sie sich: Die Amygdala kontrolliert unsere emotionalen Reaktionen und die Verarbeitung des Gedächtnisses, außerdem ist sie für unsere Entscheidungen verantwortlich.[55]

Den Neurologen zufolge, die die Daten auswerteten, gab es ebenfalls Schäden in den Gehirnbereichen, die mit Nachdenken, Wahrnehmung und Emotionen zu tun haben. Daran anschließende Tests ergaben, dass die Gehirne der Kinder nicht mehr in den Zustand von vor der Operation zurückkehrten und dass der Schaden, der durch die Beschneidung angerichtet wurde, dauerhaft war.[56]

Der Psychologe Ronald Goldman, PhD, trat bei einer historischen Parlamentsversammlung des Europarates (PACE) als Zeuge auf und erklärte in der Anhörung vom 28. Januar 2014, dass „Beschneidung traumatisch ist.“ In seiner Ansprache wies er besonders auf die Veränderungen hin, die nach einer Beschneidung auftreten. Dazu gehören u.a. veränderte Schlafmuster, lange Schreiperioden und Unterbrechungen beim Füttern und beim Bonding. Beschnittene Kinder zeigten bis zu sechs Monate nach der Operation eine erhöhte Reaktion auf Schmerzen. Das kann neurologische Auswirkungen, ähnlich schwer wie eine posttraumatische Belastungsstörung (PTBS), haben.[57]

Forschungsergebnisse beweisen, dass beschnittene Männer eher unter erektilen Dysfunktionen, Orgasmusschwierigkeiten und vorzeitiger Ejakulation leiden.[58] Es besteht eine 4,5-fach erhöhte Wahrscheinlichkeit, dass sie auf potenzfördernde Mittel zurückgreifen. Mehrere medizinische Gesellschaften erkennen die psychologischen Langzeitauswirkungen von Beschneidung an. Nach den Aussagen Tausender betroffener Männer sind Auswirkungen der Beschneidung z.B.:

- Wut auf die Eltern und andere
- Verlustängste
- Scham
- Angst
- Kummer
- Beziehungsprobleme
- Depressionen
- Sexuelle Ängste
- Verminderter emotionaler Ausdruck
- Fehlende Empathie
- Niedriges Selbstwertgefühl
- Vermeiden von Intimität

Die von Goldman vorgestellten langfristig mit der Beschneidung verbundenen Symptome entsprechen dem Muster einer posttraumatischen Belastungsstörung. Dazu gehören:

- Das Vermeiden von Gefühlen und Stimulanzen, die mit dem Trauma verbunden sind
- Verminderte emotionale Reaktion
- Neigung zu Wut

Beschneidung kann auch für das medizinische Personal traumatisch sein. 2010 postete ein Student der Gynäkologie auf YouTube einen Film über die Beschneidung eines Neugeborenen, bei der er anwesend gewesen war. Aus seiner Beschreibung geht klar hervor, in welche Konflikte ihn das, was er erlebt hatte, stürzte:

> Als Medizinstudent der ältesten Klinik Amerikas, des Pennsylvania Hospitals, hatte ich mich darüber gefreut, im Rotationsverfahren bei der Geburtshilfe zu landen. Auf dem College hatte mir ein Geburtshelfer enthusiastisch von seinem Fachgebiet erzählt. Jetzt freute ich mich darauf zu helfen, Kinder auf die Welt zu bringen. Mein theoretisches Wissen hatte ich in den Vorlesungen von Professoren erworben. Die Kollegen, von denen ich nun lernte, waren nur ein paar Jahre älter als ich. Sie unterwiesen mich abwechselnd während der Geburten.
>
> Fast jeder Arzt erlebt es als unglaubliche Freude, wenn ein gesundes Kind zur Welt kommt. Diese Freude wurde eines Tages erschüttert, als einer meiner Kollegen zu mir sagte: „Es müssen ein paar Beschneidungen durchgeführt werden, mach du das." Zu der Zeit wusste ich, was eine Beschneidung ist, aber damit hatte es sich dann auch. Auf der medizinischen Fakultät hatte ich jedenfalls nichts darüber gelernt. Gehorsam begab ich mich zum Säuglingssaal, wo schon ein anderer Medizinstudent wartete. Ich war nervös und auch er sah ziemlich nervös aus. Auf dem Tisch vor uns war bereits ein schreiender männlicher Säugling fixiert. Neben dem Kind lagen die chirurgischen Instrumente. Stellen Sie sich unsere Bestürzung vor, als wir herausfanden, dass niemand uns sagen würde, was wir zu tun hatten. Gehorsam zogen wir die OP-Kittel an, dann die OP-Handschuhe. Dann versuchten wir herauszufinden, wie wir das, was sich später als Gomco-Klemme herausstellen würde, anwenden sollten.
>
> Soweit ich weiß, habe ich gute Arbeit geleistet. Vor allem bleibt mir aber mein Kollege an diesem Tag in Erinnerung. Er war einer der brillantesten Köpfe unserer Klasse, er wollte Radiologe werden.

Chirurgie ging für ihn überhaupt nicht. Er hatte zwei linke Hände. Ich erinnere mich immer noch an ihn: Er stand neben mir, fummelte mit den komplizierten Instrumenten herum und machte sich daran, sie an dem hilflosen Penis vor ihm einzusetzen – während er die ganze Zeit den Kopf schüttelte!

Ich erinnere mich an diese Zeit, in der ich Beschneidungen durchgeführt habe, mit Bedauern und Verbitterung. Ich bin verbittert, weil ich nicht die Gelegenheit hatte, Beschneidung an der medizinischen Fakultät zu lernen oder darüber nachzudenken, ob ich es für eine angemessene Prozedur halte. Ich bin verbittert, weil der Kollege mir damals befohlen hat, sie durchzuführen, ohne mir weitere Hilfe oder Unterstützung zukommen zu lassen. Im Grunde genommen wurde ich so behandelt, wie heutzutage junge Eltern durch medizinisches Personal. Ärzte erzählen ihnen, dass eine Beschneidung aus gesundheitlichen Gründen durchgeführt werden muss. Bevor sie Zeit haben, darüber nachzudenken, ist es schon vorbei.

Dann ist es zu spät, sich zu wehren und alle müssen mit den Konsequenzen leben. Ich war Student der Medizin, daher lag auf mir ein Großteil der Verantwortung. Ich habe ganz klar die Goldene Regel „Schade niemandem“ und alle sieben Regeln des Ethik-Kodex der American Medical Association gleichzeitig verletzt – und ich würde nicht wollen, dass jemand mir so etwas antut. Wohlgemerkt, ich war mir damals dessen nicht bewusst, ebenso wie die meisten Medizinstudenten heute. Ich weiß jetzt, dass es keine berechtigten medizinischen Indikationen für eine routinemäßige Beschneidung von Säuglingen gibt. Mir ist bewusst geworden, wie viel Schaden angerichtet wird – Tausende von Männern haben davon berichtet. Ich weiß jetzt, dass ich auch das Grundrecht meines Patienten verletzt habe, sich an seinem unverletzten Körper zu erfreuen. Und er konnte nur daliegen und sich die Seele aus dem Leib brüllen. Das ist vor einigen Jahren geschehen, aber es hätte genauso gut letztes Jahr passieren können.

Die Vereinigten Staaten sind das einzige Land auf der Welt, in dem aus nichtreligiösen Gründen einen Teil des Penis der neugeborenen männlichen Säuglinge entfernt wird. Ich spreche zu Ihnen in der Hoffnung, dass viele Eltern und Ärzte dies lesen, bevor sie sich an diesem routinemäßigen kulturellen Wahnsinn mitschuldig machen. Was sollten Sie tun, wenn Sie gebeten werden, einer Beschneidung zuzustimmen oder sie gar durchzuführen? Sagen Sie einfach NEIN! Damit vertreten Sie den ethisch einzig möglichen Standpunkt in dieser Angelegenheit.[59]

Viele der Kernüberzeugungen unseres westlichen Medizinmodells sollten verändert werden. Eine Veränderung kann es aber nur geben, wenn

Menschen von der Wichtigkeit des Problems überzeugt werden. Ich hoffe, dass wir uns kollektiv dieser barbarischen Prozedur widersetzen werden.

Übung

Wenn das Thema Trennung oder Beschneidung Sie emotional aufgewühlt hat, können Sie die folgenden einfachen Schritte durchführen:

1. Setzen Sie sich, legen Sie eine Hand auf das Herz. Während Sie einatmen, zählen Sie bis fünf, ebenso, während Sie ausatmen.
2. Klopfen Sie Ihre Fingerpunkte oder einen anderen Punkt, der sich gut anfühlt.
3. Wo im Körper spüren Sie eine Unterbrechung des Energieflusses (Kehle, Herz, Solarplexus, Magen usw.)?
4. Konzentrieren Sie sich auf diese Stelle. Wenn sie eine Farbe hätte, welche wäre das (rot, gelb, schwarz usw.)?
5. Was für ein Gefühl würde in der farbigen Energie stecken?
6. Was für eine Farbe könnten Sie einbringen, um diese Energie/Emotion leichter zu machen?
7. Senden Sie die heilende Farbe jetzt zu dem Zeitpunkt zurück, in dem das Gefühl entstand. Das kann im Mutterleib gewesen sein, bei der Geburt, als Baby alleingelassen im Kinderbett oder sogar noch später in der Kindheit.
8. Stellen Sie sich vor, dass Sie in dieser Situation durch eine Rettungsdecke mit farbiger Energie geschützt werden und beklopfen Sie sich weiter. Das reicht oft schon aus, die negative Energie von Ihrem Körper zu lösen und sich besser zu fühlen. Wenn Sie tiefer in diese Übung eintauchen möchten, führen Sie bitte noch die folgenden Schritte aus:
9. Stellen Sie sich vor, Sie betreten das Bild mit Ihrem Fötus-Selbst im Mutterleib, Ihrem Neugeborenen-Selbst oder Ihrem älteren Säuglings-Selbst.
10. Was ist Ihr erstes Gefühl bezüglich Ihres jüngeren Selbst?
11. Fragen Sie es, was es gerade braucht. Mögliche Optionen: Klopfen Sie bei Ihrem jüngeren Selbst seine Gefühle. Beispiel: „Auch wenn du dich ängstlich und alleine fühlst, bist du jetzt in Sicher-

heit, ich bin hier." Klopfen Sie Gefühle von Angst und Einsamkeit. Sprechen Sie mit ihm und lassen Sie es wissen, dass es nicht alleine ist und Sie ihm helfen werden. Wenn es sich besser fühlt, können Sie es fragen, ob es möchte, dass eine andere Person mit ins Spiel kommt, z.B. die Mutter oder der Vater, ein Engel, ein Tier... vielleicht ist es aber auch einfach nur froh, dass Sie da sind. Versuchen Sie herauszufinden, welcher negative Glaubenssatz zu diesem Zeitpunkt über das Leben und über Sie selbst entstanden ist. Es könnte sein, dass es glaubt, nicht liebenswert zu sein oder dass die Welt kein sicherer Ort ist.

12. Helfen Sie ihm mit Ihrem Wissen und Verständnis herauszufinden, was wirklich geschieht.
13. Welcher neue Glaubenssatz sagt das positive Gegenteil aus und was muss geschehen, damit dieser Glaubenssatz entstehen kann? Vielleicht muss Ihr jüngeres Selbst sich mit seiner Mutter verbinden oder von Ihnen gehalten werden, damit es sich sicher fühlt.
14. Schließen Sie mit einer vollen Neuprägung des Bildes (wie unten) ab, wenn Sie das Gefühl haben, dass Sie jetzt an einem positiven Ort sind oder wenn Sie das Gefühl haben, dass noch mehr zu tun ist, aber zu einem späteren Zeitpunkt. Bewahren Sie in dem Fall das Bild Ihres jüngeren Selbst, das in eine schützende Energiedecke gewickelt ist, in Ihrem Herzen, bis Sie zurückkommen und wieder damit arbeiten können.

Der Reimprinting-Prozess

1. Stellen Sie sich Ihr jüngeres Selbst in dem Bild vor und nehmen Sie alle positiven Emotionen und Überzeugungen wahr, z.B. „Ich bin in Sicherheit, geliebt und beschützt."
2. Stellen Sie sich eine schöne Farbe vor, die aus diesem Bild fließt und es umgibt.
3. Nehmen Sie das Bild in sich auf und erlauben Sie Ihrem Geist, sich mit diesem neuen Gefühl und der neuen Art zu sein zu verbinden.
4. Senden Sie diese Energie durch Ihren Körper.
5. Nehmen Sie das Bild in Ihrem Herzen auf und lassen Sie zu, dass sich Ihr Herz mit der gewählten Farbe füllt.
6. Öffnen Sie Ihr Herz und senden Sie die Farbe und die Emotionen an jede einzelne Zelle Ihres Körpers.
7. Öffnen Sie Ihr Herz noch einmal und senden Sie das Bild auf einem wunderschönen Strahl in der Farbe Ihrer Wahl ins Universum.
8. Lassen Sie zu, dass das Universum Ihnen ein Vielfaches der farbigen Energie zurücksendet.

Atmen Sie zum Abschluss ein paar Mal tief ein und aus.

Kapitel 10 – Der Einsatz von Medikamenten während der Geburt

In den USA kommen über 90% aller Säuglinge mit Medikamenten im Körper zur Welt (Betäubungsmittel für Epiduralanästhesien, Pitocin, Paracetamol etc.). Keines dieser Medikamente wurde für den sicheren Einsatz bei Säuglingen getestet.
Catherine Beier

In der westlichen Medizin ist es normal geworden, bei Geburten eine ganze Bandbreite von Medikamenten zu verwenden. Die Tatsache, dass wir routinemäßig Medikamente im Geburtsprozess einsetzen, beweist, wie wenig wir über das Bewusstsein des Säuglings wissen.

Der Weg zur medizinischen Intervention
In Kapitel 8 habe ich darauf hingewiesen, dass die Wehen stoppen können, wenn die Mutter Angst bekommt. Sie können aber auch durch Medikamente beeinflusst werden. In vielen Kliniken finden Geburten unter Druck und in Eile statt. Wenn die Wehen sich nicht so entwickeln, wie sie sollten oder nicht schnell genug vorangehen, wird der Mutter Pitocin verabreicht. Das führt dazu, dass die Wehen stärker, schneller und schmerzhafter werden. Wenn der Schmerz unerträglich wird, verabreicht man der Mutter eine Epiduralanästhesie, die das Becken betäubt. Dadurch wird aber auch der Geburtsprozess verlangsamt oder sogar gestoppt, woraufhin noch mehr Pitocin verabreicht wird, um den Vorgang wieder zu beschleunigen. Das Kind im Mutterleib erlebt das alles am eigenen Leibe mit. Zu intensive Kontraktionen können die Sauerstoffversorgung so beeinträchtigen, dass das Kind gefährdet ist. Der Mutter wird dann gesagt, dass ein Kaiserschnitt durchgeführt werden muss, um das Kind zu retten. Was ursprünglich dazu gedacht war, Mutter und Kind zu helfen, entwickelt sich schnell zu einer Notfallsituation, in der eine Operation notwendig wird.

Der Geburtsvorgang wird ebenfalls dadurch erschwert, dass die Mutter am Ende der Wehen auf dem Rücken liegt. In Rückenlage ist das Becken enger und es ist schwieriger für die Mutter, ihre Bauchmuskeln zum Pressen einzusetzen. Für das Baby ist es schwieriger, durch das enge Becken zu kommen. Das erhöht das Risiko, dass das Kind steckenbleibt. Wenn das geschieht, wird entweder ein Dammschnitt gemacht (ein chirurgischer Einschnitt des Damms und der hinteren Scheidenwand, der die Öffnung für das Kind vergrößert, so dass es leichter herauskommen kann) und/oder eine Saugglocke oder Geburtszange eingesetzt. Beim Gebären in der Hocke oder auf einem Geburtshocker können Frauen ihren Körper so bewegen, dass das Kind leichter durch das Becken findet. Außerdem hilft die Schwerkraft mit.

Übung von Debra Pascali-Bonaro

Um diese Übung durchführen zu können, ist es wichtig, dass Sie einen sicheren Stand haben und sich gut hinhocken können!

- Stellen Sie sich aufrecht hin und legen Sie den Zeigefinger Ihrer linken Hand auf das Steißbein (am Ende der Wirbelsäule).
- Legen Sie den Zeigefinger der rechten Hand auf das Becken an der Vorderseite des Körpers gegenüber dem Steißbein.
- Merken Sie sich die Entfernung zwischen den beiden Fingern.
- Gehen Sie langsam in die Hocke und achten Sie darauf, was mit dem Becken und dem Abstand zwischen Ihren beiden Fingern geschieht.
- Kommen Sie wieder nach oben und kippen Sie leicht nach hinten – so als ob Sie sich auf ein Bett legen würden.
- Achten Sie wieder darauf, was mit dem Abstand zwischen Ihren Fingern und Ihrem Becken geschieht.

Haben Sie bemerkt, dass sich das Becken öffnet, wenn Sie sich hinhocken und schließt, wenn Sie sich in einer eher liegenden Position befinden? In der westlichen Welt wurde die liegende Entbindungsposition zur Bequemlichkeit der Ärzte eingeführt – nicht als Hilfe für das Kind oder die Mutter.

Geburt unter Narkose

Die Weltgesundheitsorganisation (1984):

> Einige Geburtshilfepraktiken, die die Verabreichung von Betäubungsmitteln beinhalten, sind in einigen Zentren oder Ländern buchstäblich zur Routine geworden. Die Tatsache, dass sie anderswo aber sehr viel weniger angewendet werden, zeigt, dass sie für eine normale Geburt nicht notwendig sind. Sofern keine spezifische Indikation vorliegt, sollten bei einer Geburt keine Betäubungsmittel verabreicht werden.[60]

In der westlichen Welt ist die Verabreichung von Betäubungsmitteln eine geläufige Praxis. Aber Betäubungsmittel können das Kind in einen UDIN-Moment bringen. Es nimmt das Medikament über die Nabelschnur in seinem ganzen Körper auf. Dass diese fremde Substanz völlig unerwartet kommt, ist auch auf emotionaler Ebene ein Schock. So erstarrt es auf zwei Ebenen – emotional und physisch.

Die Berechnung der Betäubungsmitteldosis orientiert sich immer am Körpergewicht der Mutter, daher erhält das Baby immer eine Überdosis. Es hat zum Zeitpunkt der Geburt einen hohen Anteil an Fettzellen und in diesen werden die Medikamente gespeichert. Man geht davon aus, dass es bis zu drei Wochen dauert, bis 95% des Betäubungsmittels abgebaut sind.[61]

Ein häufig verwendetes Schmerzmittel namens Pethidin ist ein Betäubungsmittel, das der Mutter durch intramuskuläre Injektion verabreicht wird. Es dauert 20 Minuten, bis es auf die Mutter wirkt. Das Baby erreicht es aber sehr schnell über die Plazenta. Vor der Geburt verarbeitet die Leber der Mutter das Mittel. Wenn das Kind jedoch innerhalb einer Stunde nach der Verabreichung zur Welt kommt, hat seine noch nicht ausgereifte Leber Schwierigkeiten, die noch in seinem Körper befindliche Substanz zu verarbeiten. Forschungsergebnisse haben gezeigt, dass ein erhöhtes Risiko für Atemprobleme des Babys besteht, wenn Pethidin zwei bis drei Stunden vor der Geburt verabreicht wird. Je höher die Dosis ist, die die Mutter erhält, desto größer sind die Auswirkungen auf das Baby.[62]

Pethidin macht den Säugling benommen und reaktionslos; es ist das Mittel, das vor allem dadurch bekannt ist, dass es sich hinderlich auf das Stillen auswirkt. Wenn das Kind doch trinkt, erhält es noch eine zweite Dosis des Medikaments mit der Muttermilch.[63] Langfristig haben diese Säuglinge eher lange Schreizeiten.[64]

Ich habe zahllose Sitzungen mit erwachsenen Klienten durchgeführt, deren Müttern bei der Geburt Betäubungsmittel verabreicht wurden. In dem Moment, in dem wir den emotionalen Schock auflösten, wurde das Betäubungsmittel in ihrem Körper freigesetzt und ich konnte es in ihrem Atem riechen. Egal, wie alt jemand ist, das Betäubungsmittel wird in den Fettzellen gespeichert, bis der Schock aufgelöst wird.

Eine Geburt findet in der Regel dann unter Narkose statt, wenn etwas nicht nach Plan verläuft. Das bedeutet, dass die Mutter wahrscheinlich unter Schock steht, sich ängstigt oder ein Trauma erlebt. Das Baby spürt das.

Wenn Betäubungsmittel ins Spiel kommen, stellt dies einen doppelten Schock für das Kind dar – erst nimmt es den Stress der Mutter auf, dann kommt dazu noch die Narkose. Das verstärkt die traumatische Reaktion. In Kapitel 8 haben wir uns mit dem natürlichen Ablauf des Bondings beschäftigt – so wie er sein kann, wenn das Kind ohne Betäubungsmittel zur Welt kommt.

Der Kinderarzt Dr. Lennart Righard und die Hebamme Margaret Alade[65] untersuchten zwei Gruppen Neugeborener. Die Mütter der Säuglinge der einen Gruppe hatten während der Wehen Arzneimittel erhalten, die der andern nicht. Alle Säuglinge wurden den Müttern auf den Bauch gelegt, von wo aus sie an deren Brust kriechen konnten. Das ist bei Neugeborenen ein natürlicher Reflex. Alle Babys, deren Mütter Medikamente erhalten hatten, waren dazu zu betäubt. Auf der Mitgliederseite (Informationen dazu finden Sie am Ende des Buches) können Sie sich ein Video dazu ansehen.

Eines der wichtigsten Elemente des Bondingprozesses ist der erste Augenkontakt von Mutter und Kind. Ein Säugling, der bei der Geburt betäubt wurde, ist dazu nicht wach genug. Das beeinträchtigt nicht nur das Bonding, sondern kann auch noch zu anderen Schwierigkeiten führen. Unmittelbare Konsequenzen für das Kind sind z.B.:

- Schwierigkeiten beim Stillen
- Schockschreien des Neugeborenen (Das Kind schreit die ganze Zeit)

- Getrübtes Bewusstsein

Eine Geburt unter Betäubungsmitteln kann dazu führen, dass man längerfristig unter Emotionen leidet wie:

- Angst
- Schock
- Ohnmachtsgefühle
- Kontrollverlust
- Entsetzen
- Wut
- Zorn
- Groll
- Hilflosigkeit
- Machtlosigkeit[66]

Diese Gefühle entstehen häufig, weil der Instinkt des Babys, auf natürliche Weise und ohne Arzneimittel auf die Welt zu kommen, missachtet wurde. Es kann unter dem Gefühl leiden, dass ihm etwas genommen wurde, dies aber nicht bewusst mit dem Verstand ausdrücken und verarbeiten. So bleibt es am Ende mit Gefühlen von Wut, Hilflosigkeit und Machtlosigkeit zurück. Wie fühlen Sie sich, wenn Sie mit etwas beschäftigt sind und Ihnen jemand plötzlich die Angelegenheit aus der Hand nimmt? Für das Baby ist es genauso. Es fühlt Wut, Zorn und Groll. Das Gefühl „Ich hätte es selbst schaffen können" ist sehr intensiv.

Bei meiner Arbeit mit Geburts-Matrix-Reimprinting habe ich viele Fälle von bleibenden Auswirkungen der Betäubung gesehen, die Kinder und Erwachsene noch Jahre oder sogar Jahrzehnte nach ihrer Geburt beeinträchtigten. Betäubung kann einen allgemeinen Verlust des Selbstbewusstseins verursachen. Viele Menschen, die bei der Geburt betäubt wurden, berichten, dass sie sich verloren fühlen, wenn Herausforderungen oder Schwierigkeiten in ihrem Leben auftreten. Sie stehen neben sich, erstarren oder warten darauf, dass ihnen jemand aus der Situation heraushilft, in der sie sich gerade befinden. Kinder mit solchen Geburtserfahrungen wirken häufig in einem Moment präsent, im nächsten aber abwesend.

Mit Geburts-Matrix-Reimprinting (mit dem wir uns in Kapitel 12 eingehender beschäftigen werden) gehe ich mit meinen Klienten zu ihrer Zeit im Mutterleib zurück. Diese Erinnerung ist im Unterbewusstsein gespeichert und mit Geburts-Matrix-Reimprinting abrufbar.

Roger – Geburt unter Narkose

Bei Rogers Geburt waren Betäubungsmittel im Spiel. Als ich mit ihm in seine Zeit im Mutterleib zurückging, wurde es trübe. Er konnte den schwangeren Leib seiner Mutter sehen, aber keinen Kontakt zu ihr als Mutter herstellen. Da war nur ein Bauch. Sie war bewusstlos, als er geboren wurde, daher musste sein Verstand eine Metapher für ihre Abwesenheit finden. Ich führte drei Sitzungen mit Roger durch. Zunächst ging es darum, das Betäubungsmittel aus dem Körper seiner Mutter zu bekommen. Dann konzentrierten wir uns auf ihn als Baby und halfen ihm dabei, das Betäubungsmittel aus seinem eigenen Körper zu entfernen. Nachdem das geschehen war, konnte er seine Mutter vollständig sehen, einschließlich des Kopfes, der Arme und Beine.

Übrigens ist es in vielen Fällen möglich, ein Geburtstrauma in einer einzigen Sitzung aufzulösen. Geburten unter Narkose benötigen allerdings häufig mehr Zeit zur Auflösung, weil wir es mit den Auswirkungen eines Rauschmittels auf das Körpersystem eines Kindes zu tun haben. Die Wirkung des Betäubungsmittels geht häufig sehr tief.

Epiduralanästhesien

Auch Epiduralanästhesien sind eine Form von Narkose. Sobald eine Epiduralanästhesie verabreicht wird, wird die Ausschüttung der meisten natürlichen Geburtshormone unterbrochen. Bedingt durch den Gefühlsverlust kann der natürliche Geburtsvorgang verlangsamt oder sogar gestoppt werden. Das endet häufig mit einem Kaiserschnitt. Eine Epiduralanästhesie kann den Blutdruck der Mutter senken. Manchmal bekommen dadurch sowohl Mutter als auch Kind Fieber.[67] In den USA verabreichen Ärzte Kindern, die mit Fieber geboren werden, sofort Antibiotika. Und das, obwohl bekannt ist, dass Epiduralanästhesien Fieber hervorrufen – als reine Sicherheitsmaßnahme. So hat das Baby zunächst den Schock durch die Epiduralanästhesie, daraufhin Fieber und erhält schließlich Antibiotika, die es nicht braucht und die seine Darmflora, die sich gerade erst zu entwickeln beginnt, vernichten. Das führt in der Regel zu Verstopfung und Koliken.

Eine Epiduralanästhesie kann den Mund des Kindes betäuben, wodurch das Stillen erschwert oder unmöglich gemacht wird. Außerdem beeinflusst sie die Freigabe von Oxytocin, was sowohl die Milchproduktion als auch den Bondingprozess beeinträchtigt.[68]

Es kann vorkommen, dass nach der Epiduralanästhesie so schnell mit dem Kaiserschnitt (oder einer Zangengeburt) begonnen wird, dass das Kind noch nicht betäubt ist, denn es dauert ungefähr drei bis vier Minuten, bis das Betäubungsmittel das Baby erreicht. Dann hat es natürlich starke Schmerzen.

Ein Kind, das mit einer Epiduralanästhesie geboren wird, kann dazu neigen, sich später im Leben „verloren" zu fühlen. Als Erwachsener fällt es in bestimmten Situationen in eine Art Nebel, der dem seiner Geburt unter Betäubungsmitteln gleicht – ein Blackout. Häufig entsteht dabei auch die Grundüberzeugung, dass man selbst unwichtig ist oder dass alle anderen wichtiger sind als man selbst.[69]

William Emerson berichtet über eine Krankenschwester, die versuchte, ihr Geburtstrauma aufzulösen, indem sie sich durch ihre Arbeit mit dem Thema immer wieder konfrontierte.

> Sie war bei ihrer Geburt betäubt worden und hatte das Bewusstsein verloren. Als Erwachsene gab sie Kurse in Achtsamkeit und brachte ihren Schülern bei, auch in den stressigsten und schwierigsten Lebensmomenten bewusst zu bleiben. Sie setzte sich für Geburten ohne Arzneimittel ein und brachte medizinischem Fachpersonal bei, wie man einem Burnout vorbeugt.[70]

Drogensucht

In einer von Dr. Bertil Jacobson geleiteten Studie des Karolinska Institutes in Stockholm wurde der Zusammenhang zwischen Todesursache und Geburtsverlauf von 412 Menschen, die durch Selbstmord oder Drogenmissbrauch ums Leben gekommen waren, untersucht. Alle waren in Stockholm nach 1940 geboren worden und dort zwischen 1978 und 1984 gestorben. Die Forscher sahen sich die Richtlinien zur Schmerzbekämpfung der jeweiligen Kliniken an, in der sie geboren worden waren und verglichen sie mit einer Kontrollgruppe von 2.901 Personen.

Die Ergebnisse waren alarmierend. Es gab einen Zusammenhang zwischen Geburtstrauma und späterem Selbstmord. Zum Beispiel hatten diejenigen, die Selbstmord durch Erhängen, Strangulieren oder Ertrinken begangen hatten, im Vergleich zu der Kontrollgruppe vier Mal sooft bei der Geburt unter einem eklatanten Sauerstoffmangel gelitten. Die Mütter derjenigen, die an einer Überdosis gestorben waren, hatten während der Wehen zwei Mal häufiger Opioide und drei Mal häufiger Barbiturate verabreicht bekommen.

Die Forscher entdeckten sogar, dass Babys, die in bestimmten Kliniken zur Welt kamen, für Suchtverhalten anfälliger waren als diejenigen, die woanders geboren wurden. Aus Kliniken, die vermehrt Stickstoffoxid („Lachgas") eingesetzt hatten, kamen mehr Süchtige. In einer bestimmten Klinik geboren worden zu sein, bedeutete ein 3,7 Mal höheres Risiko für eine spätere Amphetaminsucht.

Der Vergleich der Geburten der Süchtigen mit denen ihrer Geschwister ergab, dass den Müttern bei ihnen während der Wehen öfter und länger Lachgas zur Schmerzlinderung verabreicht worden war. Je länger der Fötus in der Gebärmutter dem Lachgas ausgesetzt war, umso größer war das Risiko einer späteren Sucht.[71]

In *Das zweite Leben des Billy Fingers* lässt die Autorin Annie Kagan uns daran teilhaben, wie die Suchtmuster ihres Bruders entstanden:

> Mommy war früher immer diejenige, die mich aus Schwierigkeiten rettete. Aber unsere Beziehung war schon seit meiner Geburt schwierig. So sind Menschen eben. Sie haben viele Gesichter.
>
> Eigentlich begann es zwischen Mommy und mir sogar noch vor meiner Geburt. Kurz nachdem Mommy mit mir schwanger war, begann sie zu bluten. Sie blutete so sehr, dass sie dachte, ich würde sie aus dem Mutterleib heraus umbringen. So begann sie dieses töte-das-Kind-bevor-es-dich-tötet-Verhalten zu entwickeln.
>
> Der Arzt verschrieb ihr absolute Bettruhe und Beruhigungsspritzen. Damals hatte man noch keine Ahnung, dass es keine besonders gute Idee ist, einer schwangeren Frau Morphium zu verab-

reichen. Ungeborene Babys können so eine Vorliebe dafür entwickeln. Man kann sagen, dass ich im Mutterleib schon high war.[72]

Es ist interessant, dass er nicht nur Morphium erhielt, sondern auch die Überzeugung entwickelte, dass seine Mutter glaubte, er würde versuchen, sie aus dem Mutterleib heraus zu töten. Dies spiegelte sich in seinem späteren Leben wider.

Gift im Mutterleib

Mein persönliches Trauma entstand dadurch, dass der Mutterleib, in dem ich mich entwickelte, toxisch war. Meine Mutter rauchte die ganze Schwangerschaft hindurch – wie viele Mütter in den 1960er Jahren.

In einem Matrix-Reimprinting-Kurs in Prag fand ich heraus, warum ich so eine Aversion gegen Zigarettenrauch hatte.

Damals war dort das Rauchen in Restaurants und Kneipen erlaubt. Früher war ich selbst Raucherin. Ich hatte mit 13 Jahren angefangen und als ich mit 26 aufgehört hatte, wurde ich eine überzeugte Nichtraucherin. Ich entwickelte eine extreme Abneigung gegen Zigarettenrauch. Auch Autoabgase störten mich. Viele der Restaurants in Prag liegen versteckt und ohne Belüftung in Hinterzimmern. In einem solchen Raum aßen wir. Irgendwann rauchten alle um mich herum und ich wollte nur noch weg. „Ich muss hier raus!“ rief ich und rannte aus dem Raum. Ich fand einen Platz im Flur, der zwar belebt, aber relativ rauchfrei war. In meiner Vorstellung beklopfte ich mich selbst. „Warum macht mir das so viel aus?“ fragte ich mich. „Woran erinnert mich das?“ Plötzlich wurde mir klar, dass es mich daran erinnerte, im Mutterleib gefangen zu sein. Für die kommende Woche hatte ich eine Sitzung bei Sasha Allenby (Co-Autorin von *Das innere Kind erlösen: Mit Matrix Reimprinting alte Muster transformieren und Traumata heilen*) gebucht. Wir wollten gegenseitig unsere Geburten bearbeiten. Bis dahin hatte ich gedacht, dass meine eigene Geburt relativ ereignislos war. Es war mir überhaupt nicht bewusst, dass die Gebärmutter meiner Mutter für mich toxisch war, weil sie rauchte. Allein das Wissen, dass ich dieses Thema in einer Woche würde auflösen können, reichte aus, mich so weit zu entspannen, dass ich wieder in der Lage war, zum Abendessen zurückzukehren.

Als ich Sasha in der nächsten Woche traf, fragte ich sie, was sie über ihre Geburt wüsste (bevor ich enthüllte, was mir in der vergangenen Woche passiert war). Sie sagte: „Meine Mum rauchte und trank, als ich im Mutterleib war; ich glaube, dass alles um mich herum dort toxisch war.“ Offensichtlich sollten wir zusammenkommen, um dieses gemeinsame Thema aufzulösen.

In den 1960er und 1970er Jahren war das Rauchen während der Schwangerschaft nicht verpönt. Unsere Mütter taten also das Beste, was ihnen möglich war, mit dem Wissen, das ihnen damals zur Verfügung stand.

Mit Matrix Reimprinting gingen wir beide zurück und lösten unsere toxischen Mutterleibe in dieser Sitzung auf. Als Sasha mich fragte: „Wo fangen wir bei dir an?“ antwortete ich: „Wir fangen bei mir in Prag letzte Woche an.“ Und dann stellte ich plötzlich fest, dass es mir in der vergangenen Woche in Prag, als ich mir nur vorgestellt hatte, ich würde klopfen, so schnell besser gegangen war, weil mein zukünftiges Selbst aus dieser Sitzung, die ich gerade mit Sasha durchführte, zurück durch die Zeit gereist war, um mir zu helfen! In diesem Augenblick entwickelte ich ein tiefes Verständnis für die Zeitlosigkeit dieser Arbeit auf Quantenebene und dafür, dass es keine Vergangenheit und keine Zukunft gibt, sondern alles gleichzeitig existiert. Noch etwas Interessantes geschah: Zwei Monate nach der Sitzung gab meine Mutter das Rauchen auf. Während der Sitzung hatte ich Brett Moran mit ins Bild gebracht, um meiner Mutter bei ihrer Zigarettensucht zu helfen. Bei mir blieb noch allerhand zu tun, denn auch die Milch meiner Mutter war toxisch, weil sie auch nach meiner Geburt rauchte. Außerdem aß ich als Kind Zigaretten – ich vermute, dass ich süchtig nach dem Nikotin war.

Sashas Mutter hatte in der Nacht vor ihrer Geburt mit zwei Freunden viel Alkohol getrunken (keine unübliche Praxis im Norden Englands in den 70ern). Das Ergebnis war, dass Sasha betrunken auf die Welt kam. Es ist nicht überraschend, dass sie als junge Erwachsene drogensüchtig und alkoholkrank war.

Übrigens waren die ersten Worte, die Sasha zu hören bekam: „Sehen Sie sich die Sauerei an, die Sie gemacht haben.“ Ihre Mutter wurde einer unerfahrenen Hebamme in Ausbildung überlassen, die sie zu früh zum Pressen anhielt. Die erfahrene Hebamme war erst dazugekommen, nachdem Sasha geboren worden war. Ihre Mutter hatte einen Dammriss und die Hebamme schalt sie dafür. Da dies die ersten Worte waren, die Sasha je hörte, nahm sie sie als Wahrheit auf und musste sehr hart daran arbeiten, ihre unordentlichen und chaotischen Muster als Kind und im späteren Leben zu überwinden. Diese Worte klangen offenbar noch lange nach ihrer Geburt auf einer unbewussten Ebene nach.

Die Auswirkungen von Arzneimitteln auf die Mutter

Mütter, die mit Betäubung gebären, haben oft das Gefühl, etwas verpasst zu haben. Der Einsatz von Medikamenten während der Geburt lässt die Mutter mit dem Gefühl eines unerfüllten Bedürfnisses oder eines Verlustes zurück. Oft hat sie den Eindruck, irgendwie versagt zu haben. Wenn ihr die Entscheidung für den Einsatz von Arzneimitteln aus der Hand genommen wurde, bleibt sie mit einem Gefühl von Wut zurück, weil ihr die Gelegenheit für eine natürliche Geburt genommen wurde. Viele Mütter, mit denen ich gearbeitet habe, sind traurig darüber, keine natürliche Entbindung erlebt zu haben. Wie schon vorher erwähnt, verpassen Mütter, die zur Zeit der Geburt bewusstlos sind, den anfänglichen Bondingprozess, was dazu führen kann, dass das Kind sich von der Mutter verlassen fühlt, da sie zu diesem wichtigen Zeitpunkt nicht verfügbar war.

Geburtseinleitung und Wehenförderung

Geburtseinleitung wird der Prozess genannt, bei dem Wehen durch Pitocin, die synthetische Version von Oxytocin, hervorgerufen werden. Darüber hinaus wird die Fruchtblase künstlich gesprengt.

Als Wehenförderung wird die Verabreichung von Medikamenten bezeichnet, die bereits eingesetzte Wehen beschleunigen sollen.

Die nachfolgenden Informationen stammen aus dem Artikel „Geburtstrauma: die psychologischen Auswirkungen geburtshilflicher Interventionen“ von William Emerson:

> 1994 gab der Wissenschaftler Shanley an, dass bei zwischen 20 und 40% aller in US-amerikanischen Kliniken durchgeführten Geburten Arzneimittel wie Pitocin eingesetzt wurden. Also wird ein enormer Prozentsatz von Kindern unter dem Einfluss dieses Medikaments geboren.[73]

Geburtseinleitung und Wehenförderung führen zu Schock, dem Gefühl überfallen zu werden und Bondingschwierigkeiten.[74]

Eine der offensichtlichen Nebenwirkungen des Durchstechens der Fruchtblase sind Abgrenzungsschwierigkeiten. Das bedeutet, nicht in der Lage zu sein, eigene Grenzen zu setzen oder die Grenzen anderer Menschen zu respektieren. Weheneinleitung und Wehenförderung können für das Kind oder den Erwachsenen auch zu einem „Rettungsproblem" führen. Man muss „gerettet werden", sobald etwas schwierig wird oder wird wütend, wenn jemand versucht zu helfen.[75]

Diese Gruppe hat häufig mit Selbstwert-Themen zu kämpfen – oft herrscht das Gefühl vor, etwas nicht selbst tun zu können. Auch Groll und Kontrollverlust kommen hier häufig vor. Wenn solche Menschen angetriggert werden, sprechen sie unter Umständen sehr schnell oder handeln irrational, um die Situation wieder unter Kontrolle zu bekommen. Vielleicht signalisieren sie damit, dass sie nicht wissen, wo sie anfangen sollen und dass sie Hilfe benötigen. Weil sie nicht wissen, wie sie ihren eigenen Weg im Leben finden sollen, lassen sie andere für sich entscheiden.[76]

Geburten, die eingeleitet oder mit wehenfördernden Mitteln beschleunigt wurden, führen auch zu einem erhöhten Adrenalinumsatz im Körper. Sie legen die Grundeinstellung für eine schnellere Reaktion der Hypothalamus-Hypophyse-Nebennieren-Achse fest und erzeugen ein gesteigertes Gefühl von Stress und Bedrohung.

Lee Ann – Die Transformation einer traumatischen Kaiserschnitt-Entbindung

Lee Ann erlebte mit ihrem ersten Kind eine traumatische Geburt. Die Geburt des zweiten Kindes war selbstbestimmt.

Lee Ann begann zwei Wochen vor dem errechneten Geburtstermin ihres zweiten Kindes, mit mir zu arbeiten. Sie hatte mit mir Kontakt aufgenommen, weil sie und ihr Mann wegen der Geburt des zweiten Kindes ausgesprochen ängstlich waren – aufgrund der traumatischen ersten Geburt. Für sie stand fest, dass sie diesmal eine natürliche Geburt erleben wollte. Sie hatte sich darüber informiert und einen Geburtshelfer ausfindig gemacht, der Erfahrung mit Müttern hatte, die nach einem Kaiserschnitt normale Geburten hatten. Darüber hinaus engagierte sie eine Doula, die ihr während der Wehen beistehen sollte. Trotzdem fürchtete sie sich immer noch vor der Geburt selbst.

Sie erzählte mir die Geschichte ihrer ersten Entbindung. Die Wehen wurden durch Pitocin eingeleitet. Sie hatte eine Epiduralanästhesie erhalten, die aber nicht richtig wirkte. Ihr Becken war nicht taub, sie konnte alle Kontraktionen spüren. Dann bekam sie einen Kaiserschnitt. Als sie aufgeschnitten wurde, spürte sie alles, was man mit ihr machte.

In den ersten beiden Geburts-Matrix-Reimprinting-Sitzungen lösten wir das traumatische Geschehen auf, das zu dem Kaiserschnitt geführt hatte, einschließlich der eingeleiteten Wehen und der Epiduralanästhesie, dem Gefühl der Machtlosigkeit und des Kontrollverlustes und auch dem Gefühl, dass man ihr nicht zuhörte.

Unsere dritte Sitzung über Skype nahm eine unerwartete Wendung. „Das ahnst du nie. Meine Fruchtblase ist geplatzt, mein Zervixschleim verschwindet, ich kann spüren, dass die Wehen beginnen. Es ist so schön, dass ich das diesmal alles spüren kann. Beim letzten Mal ging das wegen der Einleitung nicht.“

„Okay, du bekommst das Kind also sehr bald. Dann lösen wir jetzt das Trauma des Kaiserschnitts auf. Wenn wir dann noch Zeit haben, werden wir auch ein Reimprinting für die Zukunft durchführen“, sagte ich zu ihr.

In dieser dritten Sitzung halfen wir Lee Ann dabei, sich ihre Kraft zurückzuholen. Wir lösten den Schock, aufgeschnitten worden zu sein, auf. Sie erinnerte sich daran, dass sie nach der Geburt eine Vollnarkose bekommen sollte. Bevor sie dem zustimmte, wollte sie sich vergewissern, dass es ihrem Baby gut ging. Sie hörte ihr Kind schreien und dass der Anästhesist sagte: „Sie bekommt einen Herzstillstand – ich muss sie anschließen.“ Das war das Letzte, was sie hörte. Wir beklopften ihr ECHO, um all die Schmerzen, den Schock und die Angst aufzulösen. Wir beklopften im Bild auch ihr Baby, Lyla, um ihm dabei zu helfen, sich sicher zu fühlen und die Angst, die sie vielleicht zurückbehalten hatte, aufzulösen.

Für ihren Ehemann Joel führten wir Stellvertreterklopfen durch – wir klopften für ihn, obwohl er nicht da war. Joel hatte einen Schock, weil er die Schmerzen seiner Frau miterlebt hatte. Diesen lösten wir auf. Ebenso die Angst, seine Frau und das ungeborene Kind zu verlieren. Die ganze Sitzung mit Joel können Sie in Kapitel 18 nachlesen.

Lee Ann bedauerte es unendlich, in Lylas ersten beiden Stunden bewusstlos gewesen zu sein. Sie hatte das Gefühl, etwas verpasst zu haben. Nachdem wir das Kaiserschnitt-Trauma aufgelöst hatten, stand die Geburt ihres zweiten Kindes kurz bevor. So war keine Zeit mehr, sie durch einen natürlichen Geburtsprozess hindurchzuführen, wie ich es normalerweise getan hätte. Stattdessen holte sie das Bonding mit Lyla nach und wir prägten dieses Bild.

Dann führten wir eine Geburts-Matrix-Reimprinting-Sitzung mit ihr und ihrem zweiten Baby, Mia, in der Zukunft durch. Lee Ann verband sich mit ihrem Kind und ich leitete sie dabei an, Mia zu zeigen, wie ihre natürliche Geburt ablaufen sollte. Sie sollte sich während des Gebärens selbst von außen sehen und eine Farbe für ihre Selbstermächtigung wählen. Sie wählte Gelb. Wir prägten das Bild mit dem Bonding von Lee Ann und Mia.

Lee Ann erlebte eine sehr natürliche Geburt mit Mia und ein vorbildliches Bonding, genau entsprechend dem Bild, das wir geprägt hatten. Später erzählte sie mir, dass sie das Bild ihrer Geburts-Matrix-Reimprinting-Sitzung in der Zukunft im Geist festgehalten hatte und dass die Energie, die Gefühle und die Farbe dieser Sitzung ihr dabei geholfen hatten, durch die Wehen hindurch stark und konzentriert zu bleiben. (Sie können die Aufnahme dieser Sitzung auf der Mitgliederseite sehen. Einzelheiten dazu finden Sie am Ende des Buches.)

Kapitel 11 – Operative Entbindungen

Es ist wichtig, sich stets in Erinnerung zu rufen, dass unsere Körper hervorragend arbeiten, andernfalls gäbe es nicht so viele Menschen auf diesem Planeten.
Ina May Gaskin

Operative Entbindungen wie Kaiserschnitt, Zangengeburt und Saugglocken-Entbindung hinterlassen tiefe Spuren beim Baby.

Die meisten Menschen winden sich bei diesen Worten, ganz gleich, ob sie auf diese Weise auf die Welt gekommen sind oder nicht. Unsere Intuition sagt uns, dass etwas an diesen Methoden verkehrt ist. Sie sind manchmal notwendig und retten dann Leben, werden aber oftmals auch ohne jede Notwendigkeit eingesetzt. Und das ist eine der größten Tragödien in unserem westlichen Geburtsalltag.

Kaiserschnitt

Der Kaiserschnitt ist vielleicht eine der traumatischsten operativen Entbindungsmethoden. Er bringt eine ganze Reihe von Problemen mit sich, die durch das ganze Leben hindurch nachhallen.

Menschen, die durch einen Kaiserschnitt zur Welt kommen, befürchten oft, dass ihre Übergangsriten, zum Beispiel ihr erster Schultag oder ihre erste Periode, nicht beachtet werden. Sie lassen sich leicht von einer Aufgabe ablenken oder abbringen und führen Aufgaben nicht zu Ende. Manchmal ist es ihr größter Wunsch, eine Aufgabe zu finden, die sie vollständig macht. Auf der unbewussten Ebene versuchen sie die ganze Zeit, die Aufgabe, geboren zu werden, zu Ende zu bringen. Menschen, die durch Kaiserschnitt auf die Welt gekommen sind, neigen dazu, auch bei Kleinigkeiten in Panik zu geraten und hektisch zu werden, wenn es komplizierter wird. Außerdem sehnen sie sich häufig nach Zuneigung, brauchen sehr viel Liebe und Streicheleinheiten.[77]

In einem Interview, das ich mit Rebecca Thompson vom Consciously Parenting Project (Projekt Bewusste Elternschaft) durchführte, erzählte sie mir, wie sich ihre eigene Geburt durch Kaiserschnitt auf ihre Arbeit auswirkt.

„Meine Mutter wollte eigentlich eine Hausgeburt, landete aber doch in der Klinik, als es nicht weiterging. Um halb zwei Uhr morgens entschieden sie sich schließlich zu einem Kaiserschnitt“, sagte Rebecca.

Vor unserem Interview hatte sie mit Ray Castellino gesprochen, dem Gründer von BEBA – Building and Enhancing Bonding and Attachment (Aufbau und Verbesserung von Bonding und Bindung). Rebecca erzählte, dass sie gesagt hatte: „Jetzt weißt du, dass ich per Kaiserschnitt auf die Welt gekommen bin. Was sagt das über mich aus?“

Er antwortete „Es geht um die Art, wie man auf die Welt kommt. Bei einer natürlichen Geburt ist das ein langsamerer Prozess, an dem das Kind aktiv beteiligt ist. Bei einem Kaiserschnitt ist man in einem Moment drin und im nächsten draußen, daher muss man schnell verarbeiten können.“

„Das spiegelt sich tatsächlich in meinem Leben wider“, meinte Rebecca und bekräftigte damit Castellinos Behauptung. „Schau dir an, wie viel Arbeit ich habe. Ich kann mit riesigen Informationsmengen umgehen und das sehr schnell. Ich kann bei Familien sehr schnell die vorhandenen Muster erkennen.“

Rebecca sagte, dass sich die Fähigkeit, Informationen sehr schnell zu verarbeiten, auch in Übergangszeiten zeigt. „Ich neige zu sehr schnellen Übergängen. Als man mir z.B. sagte, dass ich mich glutenfrei ernähren soll, kannte ich die relevanten Informationen gegen 14 Uhr und um 16 Uhr war ich glutenfrei.“

Der Kaiserschnitt spiegelte sich in ganz unterschiedlichen Schauplätzen ihres Lebens wider. Sie verriet:

„Zu den Sachen, die ich über mich weiß, gehört zum Beispiel: Wenn ich mich auf ein berufliches Gespräch vorbereite, muss ich alles, was ich am Anfang und am Ende sagen möchte, genau aufschreiben. Für die Mitte reichen aber Stichpunkte. Wenn ich nichts für den Anfang und das Ende aufgeschrieben habe, verliere ich den Faden. Ray Castellino meint, dass das meine Geburtserfahrung widerspiegelt. Bevor sie den Kaiserschnitt durchführten, wussten die Ärzte genau, wie es anfangen und enden sollte. So wurde dies ebenfalls zu meiner Prägung. Es ist überaus faszinierend, wenn du beginnst, dich damit zu beschäftigen, weil es viele verschiedene Lebensaspekte widerspiegelt."

Auch wenn es einige positive Aspekte des Kaiserschnitts gibt, können für die Babys dadurch eine Reihe von Schwierigkeiten entstehen. Dazu gehören:

- Nächtliches Erwachen
- Intensive Schreiperioden
- Traumatisches Schreien
- Schwierigkeiten mit der Nahrungsaufnahme
- Verdauungsprobleme (weil sie nicht durch den Geburtskanal kommen und die Darmflora aufnehmen konnten, die sie benötigen)
- Koliken (Unfähigkeit zur Verdauung der Nahrung)
- Abwehr dagegen, gehalten zu werden
- Bondingschwierigkeiten[78]

Julia und Radha – Geburtserfahrung „geplanter Kaiserschnitt"

Julia, alleinerziehende Mutter, nahm mit mir Kontakt auf, als ihr Baby, Radha, elf Wochen alt war.

Sie hatte Schwierigkeiten mit dem Stillen. Radha war oft sehr wütend, wollte nicht schlafen und litt an Koliken. Die homöopathische Behandlung, die die beiden seit Wochen erhielten, fand Julia hilfreich. Dennoch war klar, dass noch etwas anderes behandelt werden musste.

Julia hatte eine Vorgeschichte: Sie hatte sich das Becken während eines Reitunfalls an verschiedenen Stellen gebrochen, ihr Ischiasnerv war dabei angerissen worden. In der Klinik waren damals diese Verletzungen zunächst nicht erkannt worden. Sie wurde wieder nach Hause geschickt. Erst 16 Wochen später wurden ihre Verletzungen behandelt. Bis dahin hatte sie bereits ein komplexes regionales Schmerzsyndrom (CRPS – complex regional pain syndrome) entwickelt.

Das Thema löste immer noch viel Wut und Traurigkeit in ihr aus. Sie hatte das Gefühl, ihr Leben sei zerstört, und war wütend darauf, wie die Ärzte in der Klinik reagiert hatten, als sie ihren Fehler entdeckten. Als wir über ihre Schwangerschaft sprachen, teilte sie mir mit, dass Radha ein gewolltes Kind war. Julia hatte starke Gefühle wie Bedauern, Wut und Sorge darüber empfunden, wie das Schmerzsyndrom sich auf ihr ungeborenes Baby während der Schwangerschaft auswirken würde. Sie hatte zwei Wochen lang sehr starke Schmerzmittel nehmen müssen, als die Schmerzen unerträglich waren. Außerdem machte sie sich Sorgen über Arbeitslosigkeit. Darüber hinaus war die Beziehung zu Radhas Vater sehr kompliziert und einige Mitglieder ihres Freundeskreises und ihrer Familie lehnten ihre Situation als schwangere Alleinstehende ab.

Aufgrund ihrer Verletzung hatte Julia sich für einen Kaiserschnitt entschieden. Sie befürchtete, dass ihr Becken den Geburtsprozess nicht überstehen würde. Die Ärzte drängten sie jedoch dazu, eine natürliche Geburt zu versuchen. Das alles machte Julia große Angst. Letzten Endes stimmten die Ärzte einem Kaiserschnitt zu und der Operationstermin wurde auf eine Woche vor dem errechneten Geburtstermin festgelegt. Dies bereitete Julia Sorgen, weil Radha dadurch zu früh zur Welt kommen würde.

Wegen des Schadens durch den Reitunfall hatten die Ärzte während des Kaiserschnitts Schwierigkeiten mit der Verabreichung der Epiduralanästhesie. Das Setzen der Spritze dauerte über 45 Minuten, was nicht nur Julia sehr erschütterte, sondern auch ihre Freundin, die sie bei der Geburt begleitete. Das war das einzige Trauma, das während des Kaiserschnitts entstand, alles übrige lief nach Plan und war nach ein paar Minuten vorbei. Radha wurde direkt auf Julias Brust gelegt und begann innerhalb von einer Stunde zu saugen.

Nachts weinte Radha jedoch durchgehend und die Krankenschwestern nahmen sie an sich, damit Julia schlafen konnte. Sobald sie zuhause waren, schrie Radha permanent, wenn sie nicht von Julia eng an die Brust gedrückt wurde. Später fand man heraus, dass ihr Zungenbändchen verkürzt war – das Bändchen, das die Zunge mit dem Mundboden verbindet – so dass sie nicht richtig saugen konnte. Als sie drei Wochen alt war, wurde das Bändchen durchschnitten. Das half ein wenig. Aber Radha schlief weiterhin wütend ein und wachte auch wütend auf.

Als wir mit der Sitzung begannen, fühlte Julia viel Kummer und Traurigkeit in ihrer Gebärmutter. Das ging auf ihre eigene Geburtserfahrung zurück, die wir auflösten.

Aber es war immer noch Kummer da und wir kamen zu Radhas Geburt und dem Kaiserschnitt. Julias jüngeres Selbst konnte durch die Informationen, die wir ihm gaben, beruhigt werden: „Alles wird gut sein" und „Der Kaiserschnitt wird dem Kind nicht schaden."

Als wir in die Zeit direkt nach dem Kaiserschnitt zurückgingen, fanden wir heraus, dass Radhas ECHO erbost war, weil sich niemand um es kümmerte, obwohl es sich die Lunge aus dem Leib schrie. Es sagte, es sei „wütend, ihm sei kalt und seine Mum sei nicht da." Die Ärzte im Raum trugen alle Masken, was Radhas ECHO Angst machte. Es fragte sich „Wer sind diese Leute und wo ist meine Mutter? Das habe ich so nicht erwartet und außerdem war ich noch nicht bereit herauszukommen!"

Den Schock darüber fanden wir im Magen. Wir beklopften Radhas ECHO, machten ihm klar, dass es in Sicherheit ist und lösten den Schock auf.

Als wir die Energie in Julias Gebärmutter noch einmal überprüften, stellte sich heraus, dass sich auch ihr Kummer aufgelöst hatte. Das Bild, das sie nun von Radha hatte, war, wie sie von den Ärzten hochgehalten wurde und dabei lachte, anstatt zu schreien und wütend zu sein. Wir fragten Radhas ECHO, ob es für es okay war, so auf die Welt gekommen zu sein, oder ob es lieber auf herkömmlichen Wege gekommen wäre, wenn es die Wahl gehabt hätte. Es antwortete, es sei glücklich und wolle nur bei seiner Mum sein. So legten wir es Julia auf die Brust, wo sie es eng an sich hielt. Es begann, glücklich zu saugen, und die beiden hatten ein schönes Bonding. Auf diesem Bild scheint die Sonne durchs Fenster – alles sieht leicht aus und fühlt sich leicht an. Wir überprüften Julias Körper, er war stark und gesund. Das war das Bild, das wir prägten.

Eine Woche nach der Sitzung sprach ich mit Julia, um zu sehen, wie die Dinge sich entwickelt hatten. Julia meldete mir Folgendes zurück:

Radhas große Wut, die vorher 10 von 10 Punkten betragen hatte, war auf 3 zurückgegangen.

Ihr Widerstand gegen Schlaf, war von 10 auf 4 zurückgegangen, die Schwierigkeit, nachts zu schlafen, sogar von 10 auf 0.

Die Koliken waren vollständig verschwunden.

Es gab außerdem eine Veränderung bei Julias Schmerzsyndrom: Die chronischen Schmerzen in Rücken und Becken waren von 6 Punkten auf 3 im Kreuzbein und auf 1 im Becken zurückgegangen.

Als ich Julia fragte, wie sie sich nun mit ihrer Entbindung fühle, sagte sie: „Ich sehe jetzt eine sehr friedliche Geburt. Und auch wenn weiß, dass es nicht so war, *fühlt* es sich doch richtig an. Ich kann es nun akzeptieren, wenn Radha wütend wird und mache mir keine Sorgen mehr darüber, was für Konsequenzen dies später in ihrem Leben haben wird.“

Ein Kaiserschnitt kann viele Probleme rund um das Thema „Ich brauche Hilfe“ hervorrufen. Wenn das Kind die Botschaft erhält, dass jemand es retten wird, wenn es Schwierigkeiten hat, kann es sein, dass es im Leben immer darauf wartet, gerettet zu werden. Oder sich auf ungesunde Beziehungen einlässt, in der Hoffnung, gerettet zu werden. Andererseits können auch Probleme um das Gerettetwerden herum auftauchen, wie zum Beispiel Wut und Groll, wenn der Eindruck entsteht, dass andere sich in das eigene Leben einmischen. Diese Art der Konditionierung kann zu Minderwertigkeitskomplexen führen und den Glaubenssatz beinhalten, nicht fähig zu sein, sich um sich selbst zu kümmern. Manchmal gibt es auch einen Schuldkomplex wegen der Tatsache, dass die Mutter für die eigene Geburt operiert werden musste.[79]

Kinder können sich an ihre Geburt erinnern
Kleine Kinder erinnern sich oft an ihre frühen Erfahrungen und können diese auf Nachfrage ihren Eltern erzählen. Sie können beschreiben, wie es sich für sie im Mutterleib angefühlt hat und wie sie ihre Geburt erlebt haben. Lesley erzählte mir, was ihr Sohn ihr über seine Geburt erzählt hatte. Er wusste ganz genau, dass er Hilfe gebraucht hatte, um den Mutterleib zu verlassen.

Julian

Bei Julians Geburt hatte Lesley starke Schmerzen, besonders im Rücken. Sie hatte das Gefühl, ihr Rücken würde zerbrechen. Ihre Wehen gingen nicht voran, daher bekam sie eine Epiduralanästhesie, leider in einer Überdosis, die ihren ganzen Körper vom Hals abwärts lähmte. Sie konnte ihre Arme nicht bewegen, hatte Schwierigkeiten mit der Atmung und panische Angst. Später bekam sie einen Kaiserschnitt.

Diese Geschichte erzählte ihr Sohn Julian, als sie gerade seinen dritten Geburtstag vorbereitete:

„Erinnerst du dich daran, wie du geboren wurdest, Julian?" hatte Lesley ihn gefragt.

Julian wurde ganz still und gab zur Antwort: „Ja." Er hielt einen Augenblick inne und sagte dann „Ich erinnere mich daran, dass ich wo rein wollte, aber es war zu eng, darum ging ich zurück und wartete. Dann bekam ich eine Leiter, ich bin dorthin geklettert, wo das Licht war, und dann wurde dein Rücken nicht mehr zerbrochen." Als „Zerbrechen" hatte auch Lesley ihre Rückenschmerzen während der Wehen beschrieben. Julian sagte auch: „Ich erinnere mich, dass ich so traurig war, weil du mich nicht hoch genommen hast."

Sie erklärte ihm, dass die Ärzte ihr zu viel Medizin gegeben hatten und dass sie sich nicht bewegen konnte. Dass Sie nicht in der Lage gewesen war, ihn im Arm zu halten und Angst gehabt hatte. „Es tut mir leid, aber ich konnte mich einfach nicht bewegen", sagte sie.

Er wiederholte noch einmal, dass er gewartet hatte, zurückgegangen war, die Leiter bekommen hatte und selbst herausgekommen war. Also war alles in Ordnung. All ihre Wut wurde dadurch geheilt, dass er sagte, dass er selbst entschieden hatte, wie er auf die Welt kommen wollte und seinen eigenen Weg hinaus gefunden hatte. Der Kaiserschnitt war in Ordnung. Später hatten wir eine Geburts-Matrix-Reimprinting-Sitzung zu dieser Entbindung, in der sie eine natürliche Geburt erleben durfte.

Zangen- und Saugglockengeburt

Zangen- und Saugglockengeburten haben einen ähnlichen Effekt wie Geburtseinleitung und Wehenförderung. Wir konzentrieren uns hier hauptsächlich auf die Zangengeburt, weil die Saugglockengeburt die gleichen Auswirkungen hat.

Kinder, die auf diese Art auf die Welt kommen, können unter Bindungsschwierigkeiten und Vertrauensverlust leiden oder unter der Überzeugung, dass Kontakte mit Menschen Schmerzen bedeuten (sogar wenn Betäubungsmittel verwendet wurden). Folgende Gefühle können entstehen:

- Schock
- Angst
- Schmerzen
- Ein Gefühl von Eindringen oder Gewalt
- Kälte
- Das Gefühl überfallen, missbraucht und misshandelt zu werden
- Kontrollverlust
- Defensive Reaktionen auf Berührungen, Streicheln oder Gehaltenwerden[80]

Jeff – eine Zangengeburt
von Ted Wilmont

Ich arbeitete mit Jeff, der an Myalgischer Enzephalomyelitis (ME/CFS oder Fibromyalgie) litt. Er klagte über sehr starken Druck im Kopf. Obwohl dieser Kopfdruck zu seinem Krankheitsbild passte, ahnte ich, dass es da noch etwas anderes gab. Ich fragte ihn: „Bist du mit einer Zangengeburt auf die Welt gekommen?"

„Woher weißt du das?" antwortete er mir.

Jeff hatte eine hochtraumatische Zeit vor der Geburt erlebt. Seine Mutter hatte während der Schwangerschaft eine Flugzeugnotlandung miterlebt.

Besonders war auch, dass Jeffs Kopf sehr groß und bei seiner Geburt außergewöhnlich rot war. Er zeigte mir ein Bild von sich selbst als Kind. Er trug eine rote Pudelmütze. Es war so, als ob alles in Jeffs Leben daran erinnern würde, dass er bei der Geburt einen roten, geschwollenen Kopf gehabt hatte.

Wir arbeiteten an dem vorgeburtlichen Trauma. Für Jeff befand sich alles rund um die Notlandung in einem dichten roten Nebel. Wir bearbeiteten die Zangengeburt und lösten das Rote daran ebenfalls auf. Es schien, als sei das Rote mit seinen Schmerzen verbunden, denn sobald wir es auflösten, begann sich der Druck in seinem Kopf zu verändern.

Sarah und Simon – Berührung tut weh

Ich arbeitete mit Sarah, der Mutter des 14-jährigen Simon, der seit seiner Geburt weder gehalten noch von seinen Eltern berührt werden wollte. Wie sich erst später herausstellte, war er mit einem gebrochenen Schlüsselbein geborenen worden, wodurch er starke Schmerzen gehabt hatte, die durch den Einsatz der Geburtszange noch verstärkt wurden. Jedes Mal, wenn Sarah Simon hochnahm, um ihn zu füttern, schrie er und sie musste ihn in einem Stuhl abstützen, um ihm die Flasche zu geben. Erst drei Monate später entdeckten die Ärzte den Bruch. Bis dahin hatte Simon längst gelernt, dass Berührungen weh tun und wollte auch weiterhin nicht gehalten werden.

Während der Geburts-Matrix-Reimprinting-Sitzung gingen Sarah und ich zurück zu Simons Geburt. Sie entschuldigte sich bei ihm dafür, dass sie nicht gemerkt hatte, welche Schmerzen er aushalten musste. Wir beklopften seine Schmerzen und die Frustration darüber, nicht verstanden zu werden. Wir führten ihn durch eine gesunde Geburt und Bondingerfahrung und prägten ein Bild von ihm, auf dem er glücklich an Sarahs Brust saugt.

Am Abend desselben Tages wusch Sarah gerade Geschirr, als er mit einem Freund in die Küche kam. Er sagte: „Mum, ich habe mir den Rücken beim Fußballspielen weh getan, kannst du ihn bitte einmal reiben?“ Nachdem sie das getan hatte, umarmte er sie ganz fest und bedankte sich. Für ihn war das ein völlig untypisches Verhalten. Tatsächlich war es überhaupt das erste Mal in seinem Leben, dass er von sich aus mit ihr Kontakt aufnahm.

Für das Baby ist eine Zangengeburt extrem schmerzhaft. Das kann starke Auswirkungen auf sein Verhalten im späteren Leben haben.[81]

Zangengeburt und das Gefühl festzustecken oder vom Leben abgehalten zu werden

Babys, die mit einer Zange auf die Welt geholt werden, fühlen sich oft gedrängt oder festgefahren und glauben, unter jemandes Fuchtel zu stehen.[82] Können Sie sich vorstellen, eigentlich beruflich neue Wege gehen zu wollen, sich dann aber doch nicht zu trauen oder beim bloßen Gedanken daran in Panik zu geraten? So etwas erleben viele Erwachsene, die mit der Zange auf die Welt geholt wurden. In den meisten Fällen ist ihnen die Verbindung natürlich nicht bewusst. Oftmals haben solche Menschen auch Angst davor, dass etwas Angenehmes plötzlich sehr schmerzhaft werden könnte.[83]

Eine Klientin erwähnte mir gegenüber, dass ihr Sohn regelmäßig an starken Kopfschmerzen litt. Als sie seine Zangengeburt erwähnte, vermutete ich, dass diese dafür verantwortlich sein könnte. Sie war selbst Klopfakupressur- und Matrix-Reimprinting-Therapeutin. Als er ein paar Tage später mit Kopfschmerzen aus der Schule kam, führte sie mit ihm eine Matrix-Reimprinting-Sitzung durch, woraufhin seine Kopfschmerzen verschwanden und (soweit ich weiß) nicht wiederkamen.

Ein andermal hielt ich einen Matrix-Reimprinting- und Geburts-Matrix-Reimprinting-Kurs in Südafrika. Nach einigen Tagen sagte einer der Kursteilnehmer zu mir: „Sie müssen mich heute bitte entschuldigen. Wenn Sie mich dösen sehen oder ich irgendwie abwesend wirke, hat das nichts damit zu tun, dass ich mich langweile oder müde bin. Ich habe Kopfschmerzen und nehme starke Schmerzmittel."

Ich befragte ihn über seine Geburt: „Sie sind nicht zufälligerweise mit einer Zangengeburt auf die Welt gekommen?"

„Doch", antwortete er.

Wir führten eine Geburts-Matrix-Reimprinting-Sitzung durch. Er hatte sehr viel Humor und als wir mit seinem ECHO im Mutterleib arbeiteten, wollte sein Säuglings-Selbst mit einem American Football-Schutzhelm, komplett mit Sichtschutz, herauskommen. Er wollte auch etwas in der Hand haben, um nicht steckenzubleiben. Wir erweiterten den Durchgang und gaben ihm einen Zauberstab, so wie das Säuglings-Selbst es sich gewünscht hatte.

Ich sagte: „Mach es in deinem Tempo!" – und er kam so schnell heraus wie auf einer Rutsche im Schwimmbad! Ich fragte ihn: „Nochmal?" weil es ihm so einen Spaß machte. Und er wollte. So wurde er mehrmals geboren, bis er bereit war, den Helm abzunehmen und den Zauberstab loszulassen. Er hatte eine Monat lang keine Kopfschmerzen (was für ihn ungewöhnlich war), dann kehrten sie jedoch zurück. Es gab vielleicht noch einen anderen Aspekt, den wir nicht aufgelöst hatten. Wir haben jedoch nicht weiter miteinander gearbeitet.

Es ist wichtig, sich vor Augen zu halten, dass mit dieser Art Arbeit nicht immer alles in einer Sitzung aufgelöst werden kann. Manchmal muss man tiefer graben, um Aspekte zu finden, die nicht in der ersten Sitzung aufgetaucht sind.

Craniosacrale Osteopathie oder Craniosacrale Therapie nach Zangengeburten

Allgemein wird heute Eltern empfohlen, ihre Kinder nach der Geburt (egal welcher Art) bei einem Osteopathen oder Therapeuten für Craniosacrale Therapie vorzustellen. Besonders wichtig ist das aber bei Kindern, die mit einer Zangen- oder Saugglockengeburt auf die Welt gekommen sind. Und es sollte so schnell wie möglich nach der Geburt geschehen. Der Therapeut arbeitet mit der Flüssigkeit, die Gehirn und Rückenmark umgibt. Das hilft den Schädelknochen dabei, sich neu auszurichten und an die richtige Stelle zu wandern. Bei der Geburt können sie sich übereinander schieben, damit der Kopf des Kindes sich leichter durch den Geburtskanal bewegen kann. Auch in den ersten sechs Wochen nach der Geburt sind die Schädelknochen noch sehr flexibel, daher ist es ratsam, diese Behandlung so früh wie möglich durchführen zu lassen. Der Kopf eines Babys, das mit der Zange oder durch Vakuumextraktion (Saugglocke) auf die Welt gekommen ist, sieht aus wie der eines Marsmenschen. Er ist in die Länge gezogen und auch wenn er zu einer relativ normalen Länge zurückfindet, brauchen die Knochen Hilfe, um an den Platz zurückzufinden, an den sie gehören. Es ist wirklich erstaunlich, wie sich Craniosacrale Osteopathie oder Craniosacrale Therapie bei Kindern auswirken kann. Kinder, die nicht gestillt werden konnten, beginnen ganz normal zu saugen. Ihre Schlafmuster verbessern sich, die Neigung zu Koliken nimmt ab und sie sind im Allgemeinen glücklicher und ruhiger. Außerdem sinkt das Risiko für Allergien und Ohrinfektionen.[84]

Im 3. Teil haben wir uns auf die im Westen am häufigsten vorkommenden Geburtstraumata konzentriert. In Kapitel 15 werden wir uns mit einigen besonderen Erfahrungen beschäftigen, die die meisten Menschen in dieser Form nicht erleben und die Geburtstraumata für die Betroffenen hervorrufen können.

Nachdem wir uns mit den häufigsten Schwierigkeiten beschäftigt haben, die Trennung und Isolation bei Babys hervorrufen, geht es in Teil 4 darum, wie diese Traumata mit Geburts-Matrix-Reimprinting aufgelöst werden können.

Teil 4 – Geburts-Matrix-Reimprinting

Kapitel 12 – Geburts-Matrix-Reimprinting

Wann immer und wie immer du auch entbindest: Diese Erfahrung beeinflusst deine Gefühle, deinen Verstand, deinen Körper und deinen Geist für den Rest deines Lebens.
Ina May Gaskin

Mit Geburts-Matrix-Reimprinting können Traumata rund um Empfängnis, Schwangerschaft und Geburt aufgelöst werden. Dabei gibt es viele Überschneidungen zum konventionellen Matrix Reimprinting, aber auch einige elementare Unterschiede.

Da Sie bereits mit der Klopfakupressur und dem Ablauf von Matrix Reimprinting vertraut sind (Siehe Teil 1), werden wir uns nun direkt Geburts-Matrix-Reimprinting zuwenden.

Ich empfehle Ihnen, die eigene Geburt nicht alleine zu bearbeiten. Sie können diese Technik bei sich selbst anwenden, die Wirkung ist aber um ein Vielfaches stärker, wenn ein erfahrener Geburts-Matrix-Reimprinting-Therapeut Sie anleitet.

Die folgenden beiden Kapitel sind hauptsächlich für Matrix-Reimprinting-Therapeuten gedacht. Ich möchte sie Ihnen aber auch ans Herz legen, wenn Sie kein solcher sind.

Der Geburts-Matrix-Reimprinting-Prozess

Zur Welt kommen

Der Geburts-Matrix-Reimprinting-Prozess beginnt an dem Punkt, an dem das Kind im Begriff ist, geboren zu werden. Wenn es Schwierigkeiten im Mutterleib gegeben hat, die die Geburt ausgelöst haben, ist es wichtig, diese zuerst aufzulösen. Sie können in den Mutterleib zurückgehen und den Fötus an jedem beliebigen Punkt der Empfängnis oder der Schwangerschaft beklopfen, so, wie Sie jedes ECHO im Matrix-Reimprinting-Prozess klopfen würden. Ich möchte noch einmal betonen, dass es wie bei Matrix Reimprinting entscheidend ist, dass das Trauma aufgelöst wird, bevor ein neues Bild der Geburt geprägt wird. Wenn diese Techniken neu für Sie sind, lesen Sie bitte noch einmal die Kapitel über Klopfakupressur und Matrix Reimprinting.

Angenommen, Sie arbeiten mit einem ECHO, das im Begriff ist, zur Welt zu kommen. Eines der ersten Probleme, die auftreten können, könnte sein, dass es nicht bereit ist, auf die Welt zu kommen. Das liegt häufig an der Überzeugung, dass die Welt ein gefährlicher Ort ist. Dabei könnte es sich auch um einen Glaubenssatz aus einem vorherigen Leben handeln. Sie können diesen Glaubenssatz auflösen, indem Sie das ECHO klopfen, um die Angst aus dem Körper des ungeborenen Babys zu lösen und es davon zu überzeugen, dass es in Sicherheit ist. Dies führt in der Regel dazu, dass das Baby jetzt wirklich geboren werden will oder sich sogar darauf freut, geboren zu werden. Es ist wichtig, dass das ECHO Ihres Klienten für die Geburt bereit ist, bevor es weitergeht.

Wo

Zunächst geht es darum, wo das Kind zur Welt kommen möchte. Es kann sich für eine Klinik oder eine Hausgeburt entscheiden. Oft möchte es an einem Platz in der Natur zur Welt kommen, wo es Wasser, Erde, Bäume, Blumen, Vögel und andere Tiere gibt. Ich hatte auch schon viele Babys, die in einem Tipi oder einer Pyramide geboren werden wollten. Manche Menschen wollen in einem ganz anderen Teil der Welt geboren werden als dem, an dem sie wirklich geboren wurden. Jeder Ort ist in Ordnung, wenn das ECHO sich dafür entschieden hat.

Wer

Anschließend geht es darum, wer bei der Geburt dabei sein und die Mutter unterstützen wird. Das Kind kann sich auch aussuchen, wer es auf dieser Welt empfangen soll. Meistens fällt die Wahl auf den Vater, aber es könnte auch die Mutter selbst sein, die Hebamme, Engel (die oft bei Geburten anwesend sind) oder das ältere Selbst des Klienten. Fragen Sie das Baby, wen es dabei haben möchte und wer es auf dieser Welt empfangen soll. Sobald das Szenario fertig ist, vergewissern Sie sich noch einmal, ob das Baby bereit ist, geboren zu werden. Vergewissern Sie sich, ob es immer noch voller Vorfreude ist.

Häufig frage ich dann: „Wie ist die Verbindung zwischen Ihrer Mutter und Ihrem Baby-Selbst (ECHO)?“ Zwischen den beiden sollte eine starke, liebende und gesunde Verbindung bestehen und Liebe fließen. Wenn es keine Liebe und kein Vertrauen gibt, arbeiten Sie so lange daran, bis sie da sind. Sie können Fragen stellen wie: „Wie fühlt sich Ihr ECHO da drinnen?“ „Gibt es eine starke Verbindung mit Ihrer Mutter?“ „Will es immer noch geboren werden?“ „Wie sicher fühlt es sich?“ „Ist es voller Vorfreude, zur Welt zu kommen?“ „Braucht es noch etwas?“

Assoziation und Dissoziation

Sobald die Liebe, das Vertrauen und die Vorfreude auf Geburt da sind, bitten Sie Ihren Klienten, sich vorzustellen, das Baby zu sein. In diesem Punkt unterscheidet sich Geburts-Matrix-Reimprinting von Matrix Reimprinting. Im Letzteren ist es wichtig, dass der Klient dissoziiert bleibt. Bei Geburts-Matrix-Reimprinting geht er dagegen physisch durch den Prozess der neuen Geburt.

In dem Buch *Das innere Kind erlösen: Mit Matrix Reimprinting alte Muster transformieren und Traumata heilen* erklären die Autoren Karl Dawson und Sasha Allenby, warum Dissoziation zum ECHO so wichtig ist. Als ich mit Geburts-Matrix-Reimprinting begann, erzählte ich Karl und Sasha, dass sich die Klienten dabei mit dem Kind assoziieren, wenn sie neu geboren werden. Ihre erste Reaktion war eine klare Ablehnung, denn die Grundvoraussetzung von Matrix Reimprinting ist die Dissoziation, damit die Klienten nicht retraumatisiert werden. Sasha war jedoch bereit, es auszuprobieren. Mehrere Monate lang wendete sie Geburts-Matrix-Reimprinting mit Freiwilligen an – die eine Hälfte assoziiert, die andere dissoziiert. Nach Abschluss des Experiments kam sie zu mir und sagte: „Du hast recht. Erst mit der Assoziation werden die physischen Veränderungen in Gang gesetzt. Das wurde schon zu Beginn des Experiments deutlich.“ Nachdem Karl den Prozess überdacht hatte, stimmte er zu.

Der entscheidende Punkt ist der, dass die Klienten sich nicht mit dem traumatisierten Baby assoziieren, sondern sozusagen erst „einsteigen“, wenn es positive Gefühle erlebt. Mit dieser positiven Energie verbindet sich der Klient. Das ist genauso wie am Ende des Matrix-Reimprinting-Prozesses – man assoziiert und nimmt das positive Bild in den Körper auf, damit es erlebt werden kann. Ebenso gehen die Klienten durch die Geburt, um sie zu spüren.

Sobald der Klient assoziiert ist, vergewissern Sie sich, dass er immer noch bereit ist, geboren zu werden. Manchmal kann sich etwas Neues zeigen, was das Baby-Selbst Ihrem Klienten nicht erzählt hat. Denken Sie als Therapeut bitte unbedingt daran, dass Ihre Frage statt: „Wie fühlt Ihr ECHO sich jetzt?“ lauten sollte: „Wie fühlst du dich im Mutterleib?“.

Alternative Fragen können lauten:

- Wie fühlt es sich da drinnen an?
- Wie fühlt sich die Verbindung mit deiner Mutter an?
- Möchtest du immer noch geboren werden?
- Brauchst du noch etwas, bevor du geboren wirst?

Mit dem Geburtsprozess beginnen

Vergewissern Sie sich bitte, dass Ihr Klient mit dem ECHO assoziiert ist. Sie werden dann eine deutlich sichtbare Veränderung wahrnehmen. Manchmal sieht es so aus, als sei der Klient in einem tiefen Trance-Zustand. Sie können etwas sagen wie:

„Du spürst jetzt sanfte Energiewellen, die dich nach unten ins Licht schicken. Und du weißt, dass dein Vater (oder eine andere Person) auf der anderen Seite sein wird. Ich gebe dir den Raum, diesen Prozess auf deine Art zu durchlaufen. Nimm dir alle Zeit, die du brauchst, dies ist dein Geburtsprozess. Lass mich wissen, wenn du draußen bist.“

Sitzen Sie dann still, solange der Prozess dauert. Dabei wird nicht geklopft, denn das würde den Klienten nur stören. Wenn Sie beieinander sitzen, können Sie einfach seine Hand halten.

Sie werden wahrscheinlich deutliche physische Zeichen wahrnehmen, wenn der Klient auf die Welt gekommen ist. Gesichtsausdruck, Körperhaltung und -bewegungen werden sich verändern. Eine Klientin, die 15 Minuten gebraucht hatte, um geboren zu werden, schauderte, als sie aus dem Mutterleib herauskam. Ich fragte sie, ob es ihr gut ginge. Sie antwortete: „Oh ja, das waren nur meine Beine, die gerade herauskamen.“

Wenn das Baby draußen ist

Sobald der Klient durch den Geburtskanal hindurch ist, fragen Sie ihn, wer das Baby in Empfang genommen hat. In den Anfängen von Geburts-Matrix-Reimprinting leitete ich meine Klienten immer an, der Mutter das Baby auf den Bauch zu legen, damit es zu ihrer Brust kriechen kann (die Gründe dafür wurden in Kapitel 10 erörtert). Später merkte ich jedoch, dass es ebenso effektiv ist, das Kind direkt in den Arm der Mutter zu legen. Entscheiden Sie intuitiv bei jedem Fall, was das Beste ist.

Bonding mit der Mutter

Sobald das Kind in den Armen seiner Mutter liegt, leiten Sie es an, sich mit allen Sinnen mit ihr zu verbinden:

1. Sehen: „Sieh deiner Mutter tief in die Augen und erlaube ihr, tief in deine zu sehen."
2. Hören: „Was kannst du hören?" Das kann die Stimme der Mutter oder des Vaters sein oder der Herzschlag der Mutter. Wenn es sagen möchte, was es hört, ist das schön, aber es ist nicht zwingend notwendig. Manchmal reicht es schon, die Frage zu stellen, um den entsprechenden Sinn zu aktivieren.
3. Riechen: „Was kannst du riechen?" Das kann der Geruch der Mutter sein, der Geruch ihrer Milch oder ihres Parfums. Manchmal riecht es nach Blumen oder nach Talkumpuder.
4. Schmecken: „Was kannst du schmecken?" Das kann z.B. der Geschmack von Milch sein oder die Haut der Mutter.
5. Berühren: „Wie fühlt sich der Hautkontakt an?" „Wie fühlt es sich für deinen Körper an, gehalten zu werden?"
6. Mit unserem sechsten Sinn nehmen wir empathische, intuitive Gefühle wahr: „Welchen emotionalen Gefühlszustand erlebst du, während du in den Armen deiner Mutter gehalten wirst?" oder „Erlebst du gerade jetzt irgendwelche Emotionen?" Vielleicht bekommen Sie die Antwort, dass das Kind sich sicher, friedlich, geliebt, verbunden oder geborgen fühlt. Fragen Sie, wie die Eltern sich fühlen, um zwischen den Emotionen des Kindes und den Emotionen der Mutter und des Vaters zu unterscheiden.

Manchmal möchte das Kind auch mit dem Vater den Bondingprozess durchlaufen. Geben Sie ihm die Möglichkeit dazu und wiederholen Sie das Bonding mit seinem Vater.

Das Bild neu prägen

Bevor Sie das Bild neu prägen, fragen Sie, ob es noch etwas gibt, das benötigt wird. Vielleicht braucht das Baby eine neue Ressource, jemanden, der den Raum betreten soll oder irgendetwas anderes, das das Bild noch positiver macht. Dann geht der Klient zurück in die Dissoziation. Wenn sich das Bild vollständig anfühlt, bitten Sie den Klienten, aus seinem Säuglings-Selbst herauszutreten und sich das Bild von außen anzusehen. Fragen Sie nach den Gefühlen, die beim Blick von außen auf das Bild auftauchen. Dabei suchen Sie nach Reaktionen von Frieden, Liebe, Verbindung, Freude, Sicherheit, Geborgenheit usw.

Leiten Sie ihn an, eine Farbe zu wählen, in der das Bild leuchten soll und in seine Umgebung strahlt. Dann soll das Bild von oben in seinen Kopf wandern, damit sich der Verstand mit den neuen Farben und Emotionen verbinden kann.

Als Nächstes wird das Bild im Herzen aufgenommen. Lassen Sie Ihren Klienten seine farbige Energie an jede Zelle seines Körpers senden. Das Bild wird nun immer größer und heller gemacht und dann nach draußen ins Universum gesendet. (Wenn Sie sich noch einmal über den Stellenwert des Herzens und des Herzfeldes informieren möchten, sehen Sie in Kapitel 7 nach.) Lassen Sie Ihren Klienten sich mit der Farbe um das Bild herum verbinden.

Die am häufigsten gewählten Farben sind:

- Pink (heilt Trennung, bedeutet bedingungslose Liebe und bringt die weiblichen Energien ins Gleichgewicht)
- Blau (fördert Vertrauen und Glauben und gibt uns unsere Stimme zurück. Es bringt die männlichen Energien ins Gleichgewicht)
- Gold (steht für Ermächtigung, Weisheit und Wissen)
- Regenbogenfarben (ergänzen weißes Licht und bringen alles ins Gleichgewicht)

Zum Schluss leiten Sie Ihren Klienten dabei an, sich im Herzen mit seinem Säuglings-Selbst zu verbinden und es zu fragen, ob es noch etwas gibt, was es gerne sagen möchte, bevor der Prozess abgeschlossen wird.

Zusammenfassung des Ablaufs für Therapeuten

1. Vergewissern Sie sich, dass das Baby bereit ist, zur Welt zu kommen. Lösen Sie alle Themen und Traumata auf, die verhindern, dass es zur Welt kommen möchte.
2. Bereiten Sie die Entbindung vor – wer wird das Baby in Empfang nehmen? Wo möchte es geboren werden? Wie sieht die Umgebung aus? Gibt es an diesem Ort besondere Farben?
3. Sobald das Baby geboren werden möchte, weisen Sie Ihren Klienten an, sich mit seinem ECHO zu assoziieren (es selbst zu werden).
4. Sanfte Energiewellen tragen ihn (in seinem ECHO) durch den Geburtskanal.
5. Sobald das Baby draußen ist, legen Sie es der Mutter auf den Bauch oder an die Brust.
6. Bonding – Lassen Sie das Bonding mit allen Sinnen stattfinden. Denken Sie daran: Der Blickkontakt ist zur Anregung des Gyrus cinguli extrem wichtig.
7. Prägen Sie das Bild neu. Weisen Sie den Klienten an, sich von seinem ECHO zu dissoziieren, damit er alles von außen betrachten kann. Leiten Sie ihn an, das Bild von dieser Szene von oben über den Kopf aufzunehmen und durch die Zellen seines Körpers in sein Herz zu schicken. Die Farben sollen im Herzen verstärkt werden. Die Energie soll mithilfe des Herzens an jede Zelle gesandt werden. Anschließend wird das Bild durch das Herz nach draußen ins Universum geschickt.

Im nächsten Kapitel geht es um das Aufspüren unterbewusster Erinnerungen aus der Zeit im Mutterleib.

Kapitel 13 – Mit dem Baby-Selbst im Mutterleib arbeiten

Wenn ich Ordnung in mein Leben bringe, befreie ich mich selbst, um dem Ruf meiner Seele zu folgen.
Dr. Wayne Dyer

Die Frage, die mir am häufigsten gestellt wird, ist, wie man unbewusste oder blockierte Erinnerungen aufspüren kann. In diesem Kapitel zeige ich Ihnen eine Reihe verschiedener Techniken, mit denen Sie sich mit Ihrem Baby-Selbst im Mutterleib verbinden können, auch wenn Sie keine bewussten Erinnerungen an Ihre Zeit dort haben. Zum Teil sind es klassische Matrix-Reimprinting-Techniken, andere habe ich für Geburts-Matrix-Reimprinting angepasst.

Später in diesem Kapitel werden wir uns genauer damit beschäftigen, wie Sie mit dem Baby-Selbst oder ECHO arbeiten können, um Grundüberzeugungen zu ändern und Traumata loszulassen. Zunächst müssen Sie sich jedoch mit Ihrem Baby-Selbst im Mutterleib verbinden.

Wie Sie eine Erinnerung im Mutterleib aufspüren

Es gibt sechs Methoden, mit denen man Erinnerungen im Mutterleib aufspüren kann.

1. Folgen Sie der Energie

Die beliebteste Möglichkeit zum Aufspüren einer unbewussten Erinnerung ist eine klassische Matrix-Reimprinting-Technik. Dabei spürt man in sich hinein, um herauszufinden, wo die Energie im Körper sitzt und folgt diesem Gefühl zurück zu der Erinnerung. Wenn Sie zum Beispiel Traurigkeit oder Schwere im Herzen spüren, wenn Sie an Ihre Geburt denken, spüren Sie in die Trauer hinein und konzentrieren sich beim

Klopfen darauf. Viele Klienten sind dadurch an die „Erinnerung“ im Mutterleib gekommen, wo die Traurigkeit entstand.

Das Klopfen hilft uns oft dabei, uns mit Erinnerungen zu verbinden, die wir mit dem bewussten Verstand nicht erreichen können.

Wenn ich diesen Prozess beschreibe, benutze ich gerne einen Computer als Metapher. Stellen Sie sich vor, Ihr Körper ist Ihr Desktop. Indem Sie Ihre Aufmerksamkeit auf das Gefühl in Ihrem Körper richten und in es hineinspüren, helfen Sie dabei, eine Datei zu finden, die Sie öffnen möchten. Wenn Sie nicht wissen, wo Sie sie finden können, hilft Ihnen das Klopfen dabei, sich auf sie einzustimmen – wie eine Suche, die Sie in Ihrem Dateimanager durchführen.

2. Auf der Zeitachse zurückgehen

Eine andere Möglichkeit ist es, das Gefühl im Körper zu benennen und sich dann, während Sie klopfen, vorzustellen, dass Sie rückwärts auf der Zeitachse durch Ihr Leben gehen, bis dorthin, wo das Gefühl entstand.

Wenn Sie diese Technik an sich selbst oder mit Klienten anwenden, kann es hilfreich sein, eine ähnliche Technik wie bei der Time Line Therapy anzuwenden (eine NLP-Technik). Spüren Sie in das Gefühl in Ihrem Körper hinein und gehen Sie dann aus Ihrem Körper heraus nach oben, so dass Sie von oben auf die Zeitlinie Ihres Lebens sehen. Folgen Sie ihr in die Vergangenheit, sehen Sie, wie Sie immer jünger und jünger werden, so lange, bis eine Erinnerung auftaucht, die mit Ihrem Thema verbunden ist. Diese Technik kann auch verwendet werden, um Erinnerungen vergangener Leben aufzuspüren. Es ist dabei sehr wichtig, dass Sie zum gegenwärtigen Moment zurückkehren. Wenn Sie am Anfang über der Zeitlinie schweben, setzen Sie in der Gegenwart bitte eine Flagge, auf der *„Jetzt“* steht. Damit können Sie jederzeit wieder in die Gegenwart zurückfinden.

Als Therapeut können Sie Ihrem Klienten Fragen stellen, die ihm dabei helfen, auf der Zeitlinie zurückzugehen. Lassen Sie ihn in sein Gefühl hineinspüren und fragen Sie dann: „War das Gefühl da, als Sie 20 Jahre alt waren?“ Wenn das Gefühl im Körper unverändert ist, machen Sie weiter mit: „Und wie war es mit 15? Wie war es mit zehn? War es da, als Sie fünf Jahre alt waren?“ Und so weiter.

Wenn Sie sich der Geburt nähern, können Sie fragen: „War das Gefühl nach der Geburt da? Oder vor der Geburt? War es im letzten/zweiten/ersten Drittel der Schwangerschaft da? Wie war es bei der Zeugung?“

Wenn sich das Gefühl verflüchtigt, wissen Sie, dass Sie in etwa im richtigen Bereich sind. Fragen Sie nach dem Alter, bevor das Gefühl verschwunden ist. Wenn es zum Beispiel das letzte Drittel der Schwangerschaft im Mutterleib ist, bitten Sie Ihren Klienten, sich das Baby im Mutterleib vorzustellen. Er kann sich selbst in den Mutterleib hineinschrumpfen und bei seinem Baby-Selbst das Thema, das sie gerade bearbeiten, klopfen.

3. Sich von ECHO zu ECHO arbeiten

Im Matrix Reimprinting arbeiten wir manchmal mit einer „ECHO-Folge“. Darunter versteht man mehrere ECHOs zum gleichen Lebensthema. Nehmen wir zum Beispiel an, Sie arbeiten mit einem ECHO, für das eine Erinnerung zu einem bestimmten Thema existiert. Während Sie mit diesem ECHO arbeiten, können Sie es bitten, Sie an eine frühere Erinnerung zum gleichen Thema zu bringen – was dann meistens auch geschieht. Manchmal ist es etwas, was Ihnen vom Verstand her bereits bewusst war. Manchmal ist es aber auch etwas, das Ihnen nicht bewusst war oder das Sie vergessen hatten.

4. Matrix Recall Technique

Ein anderer Weg, um Ihnen (oder Ihrem Klienten) dabei zu helfen, eine unbewusste Erinnerung aufzuspüren, ist die Matrix Recall Technique (auch bekannt als „Slow EFT“).

Nehmen wir an, Sie verspüren Ärger in der Brust und wissen nicht, woher er kommt. Klopfen Sie mit geschlossenen Augen. Beginnen Sie auf dem Scheitelpunkt und bleiben Sie dort eine Zeitlang. Wiederholen Sie den Erinnerungssatz „All dieser Ärger in meiner Brust“ wieder und wieder. Dabei ist eine langsame und hypnotische Durchführung wichtig. Lassen Sie Platz zwischen den Erinnerungssätzen, damit die Erinnerung an ein bestimmtes Thema Raum zum Auftauchen hat. Wenn keine Erinnerung auftaucht, machen Sie mit dem nächsten Punkt weiter. Klopfen Sie langsam, bis eine Erinnerung erscheint.

5. Früher, währenddessen oder später?

Spüren Sie in das bestehende Gefühl hinein, klopfen Sie und fragen Sie: „Ist das vor, während oder nach der Geburt passiert?" Nehmen Sie die erste Antwort, die kommt. Falls die Antwort lautet: „Ich bin nicht sicher", arbeitet Ihr Klient zu sehr im Kopf und mit dem bewussten Verstand. In diesem Fall leiten Sie seine Aufmerksamkeit auf das Herz oder an einen Ort, an dem er die innere Führung für die Antwort erhalten kann.

6. Sich selbst im Mutterleib vorstellen

Manchmal kann das Aufspüren einer unbewussten Erinnerung in Geburts-Matrix-Reimprinting einfach geschehen, wenn Sie Ihren Klienten (oder sich selbst) fragen, ob er sich selbst im Mutterleib sehen kann. Wenn er mit der Visualisierung Probleme haben sollte, bitten Sie ihn, sich vorzustellen oder zu spüren, dort zu sein. Beachten Sie bitte, dass es vorkommen kann, dass Klienten blockiert sind, wenn sie sich etwas vorstellen sollen. Sie erwarten, dass sich eine Art Fernsehbildschirm in ihnen öffnet, aber häufig ist es sehr viel subtiler.

Sie können Menschen das Visualisieren beibringen. Bitten Sie Ihren Klienten, sich seine Haustür vorzustellen oder lassen ihn zum Beispiel seine Mutter oder sich als Kind beschreiben. Die Art Bild, die bei dieser Gelegenheit im Geist auftaucht, öffnet häufig eine Tür zur Visualisierung eines ECHOs oder einer Erinnerung.

Mit dem Baby-Selbst im Mutterleib arbeiten

Nachdem Sie das Baby-Selbst oder ECHO gefunden haben (ob nun im Mutterleib oder bei der Geburt), können Sie damit ebenso arbeiten, wie Sie mit einem ECHO in Matrix Reimprinting arbeiten würden. Betreten Sie das Bild, fragen Sie das ECHO, was es empfindet und klopfen Sie die negativen Emotionen. Welches sind seine Emotionen und wo im Körper befinden sie sich? Klopfen Sie alle Emotionen (eine nach der anderen) beim ECHO.

Zum Beispiel:

- Klopfen auf dem Karatepunkt: „Auch wenn du diesen Ärger in deiner Brust spürst, bist du trotzdem ein schönes Baby."
- Scheitelpunkt: „All dieser Ärger."

- Augenbraue: „Dieser Ärger in deiner Brust."
- Neben dem Auge: „All dieser Ärger."
- Unter dem Auge: „Du darfst jetzt etwas davon loslassen – du bist in Sicherheit."
- (Und so weiter, durch alle Punkte hindurch, so lange, bis die Emotion aufgelöst ist.)

Zu wem gehört die Emotion?

Wenn ich mit Klienten arbeite, frage ich ihr ECHO im Mutterleib, zu wem die Emotion gehört. Oft fühlt es sich anfangs so an, als gehöre sie zum ECHO, später stellt sich aber heraus, dass sie zur Mutter, zum Vater oder jemand anderem gehört.

Wenn man die Frage „Zu wem gehört sie?" stellt, spüren die Klienten, dass sie diese Energie als ihre eigene wahrgenommen haben, obwohl sie zu jemand anderem gehört.

Sie können Ihren Klienten fragen, zu wie viel Prozent sie zu seinem ECHO und zu wie viel Prozent sie zu jemand anderem gehört. Häufig bekommen Sie dann eine Antwort wie: „80% gehört zu jemand anderem und 20% zum ECHO." Wenn es ganz zum ECHO gehört, arbeiten Sie ausschließlich mit dem ECHO. Wenn ein größerer Prozentsatz der Emotion von den Eltern oder jemand anderem kommt, stellen Sie sich vor, diese zu klopfen. Damit helfen Sie gleichzeitig dem ECHO zu merken, dass sie nicht zu ihm gehört.

Sie können das ECHO fragen, ob es okay ist, die Emotion, die nicht zu ihm gehört, loszulassen. Die meisten Menschen werden einverstanden sein, in manchen Fällen werden Sie aber auf Widerstand stoßen. Dann besteht wahrscheinlich ein Glaubenssatz, der besagt, dass es wichtig ist, an dieser Emotion festzuhalten, um der Mutter oder dem Vater zu helfen. Oder es besteht große Angst davor, sie loszulassen. (Natürlich hilft es z.B. Ihrer Mutter nicht dabei, weniger Angst zu haben, wenn Sie diese Emotion mitfühlen. Trotzdem ist aber oft ein entsprechender Glaubenssatz in uns verankert. Vielleicht fühlen wir uns dadurch mit unseren Eltern verbundener.)

Wenn wir dem ECHO erklären, dass wir unserer Mutter oder unserem Vater nicht helfen, indem wir an dieser Energie festhalten, wird es in der Lage sein, sie mit Hilfe des Klopfens loszulassen. Es kann auch sein, dass die Energie von selbst verblasst, sobald das ECHO merkt, dass es nicht seine eigene Energie ist. Sie können auch eine Farbe zur Veränderung oder zum Loslassen der Blockade einbringen. Zuerst klopfen Sie die Person, die den größten Anteil an der emotionalen Ladung hat. Wenn es die Mutter ist, teilen Sie dem ECHO mit, dass Sie den Mutterleib verlassen und direkt das ECHO der Mutter klopfen werden. Wenn Sie mit einem Elternteil arbeiten, geben Sie auch ihm die Ressourcen an die Hand, die er braucht, um sich in der jeweiligen Situation sicher und unterstützt zu fühlen.

Dissoziation und Assoziation

Wenn ein positives Ereignis oder Gefühl bei der Arbeit mit dem ECHO im Mutterleib erscheint, ist es essenziell, sich in diesem Augenblick mit dem ECHO zu assoziieren. Assoziation geschieht, wenn der Klient sich mit seinem ECHO identifiziert und so das Ereignis oder Gefühl erlebt oder neu erlebt, als ob es gerade geschähe. Der Schlüssel zum Verständnis von Assoziation liegt darin, dass das Unterbewusstsein keine Zeit kennt. Wenn Ihr Klient sich mit einem positiven Gefühl oder einer positiven Emotion assoziiert, erlebt das Unterbewusstsein alles so, als geschähe es gerade jetzt.

Eine Assoziation bietet sich z.B. an, wenn Sie eine Mutter zur Geburt ihres Kindes zurückführen und diese als positive Erfahrung neu prägen. Selbst wenn sie sie beim ersten Mal nicht als etwas Angenehmes erlebt hat, kann die Geburt eine ekstatische Erfahrung sein. Wenn Sie sich den Film *Organic Birth* (früher *Orgasmic Birth*) ansehen, erfahren Sie, dass viele Frauen bei der Geburt einen Orgasmus erleben. Den Trailer zu *Organic Birth* finden Sie auf der Mitgliederseite (Adresse am Ende des Buches).

Uns wurde beigebracht, dass eine Geburt immer mit Schmerzen verbunden ist. Durch diesen kollektiven Glaubenssatz verbinden wir Geburt automatisch mit Schmerzen und tragen so zu seinem Fortbestand bei.

Auch beim Wiedererleben Ihrer eigenen Geburt (oder der Geburt Ihres Klienten) ist das Assoziieren angezeigt. Sie können übrigens gleichzeitig assoziiert und dissoziiert sein.

Man kann die eigene Geburt erneut erleben und gleichzeitig ein außenstehender Zeuge sein.

Wenn Sie sich im Mutterleib befinden, spüren Sie nach, wie es sich dort angefühlt hat. Das beinhaltet auch, sich an die damit verbundenen positiven Emotionen zu erinnern.

Wenn das ECHO aber eine negative Emotion erfährt, ist es äußerst wichtig, dissoziiert zu sein. Wenn Sie (oder Ihr Klient) sich mit einem verzweifelten ECHO assoziieren, wird die negative Emotion erlebt, was gar nicht notwendig ist. In Kapitel 4 habe ich darauf hingewiesen, dass der wichtigste Unterschied zwischen der Klopfakupressur und Matrix Reimprinting darin liegt, dass bei der Klopfakupressur die negative Emotion erlebt wird, während sie bei Matrix Reimprinting aufgelöst wird, ohne sie noch einmal durchleben zu müssen. Dissoziation bedeutet, mit der Emotion zu arbeiten, ohne sie erneut zu erleben. Für den Klienten und seinen Körper bedeutet das weniger Stress.

Manchmal lässt man seinen Klienten sich assoziieren und dann passiert dem Baby etwas Negatives, z.B. dass es im Geburtskanal feststeckt oder die Nabelschnur sich um seinen Hals wickelt. Es kann sein, dass diese Dinge während der ursprünglichen Geburt geschehen sind, der Klient sich aber erst bei der Neuprägung der Geburt daran „erinnert". Wenn dies der Fall sein sollte, veranlassen Sie sofort eine Dissoziation. Klopfen Sie, um das Thema aufzulösen und alles loszulassen, woran das Baby emotional festhält. Dann kann sich der Klient neu assoziieren und mit der Neuprägung noch einmal von vorne beginnen. Sie können dies so oft wie notwendig wiederholen, bis die assoziierte Erfahrung von Anfang bis Ende angenehm ist.

Wir assoziieren uns mit dem ECHO, wenn es eine positive Emotion erlebt, weil wir dann diese Erfahrung voll miterleben können. Positive Emotionen lösen in Ihrem Körper die Ausschüttung von Botenstoffen aus, die mit Frieden, Liebe, Freude und Seligkeit verbunden sind. Natürlich profitieren Sie von diesen positiven Emotionen, die durch Ihr System fließen. (Ihr DHEA-Level steigt, der Kortisolspiegel fällt.)

Im nächsten Kapitel beschäftigen wir uns eingehender damit, wie Glaubenssätze mit Geburts-Matrix-Reimprinting überschrieben werden.

Kapitel 14 – Glaubenssätze überschreiben

Ich bräuchte ein Babyphon von meinem Unbewussten zu meinem Bewusstsein, um zu wissen, was ich wirklich denke.
Steven Wright

Unsere Grundüberzeugungen formen den Filter, durch den wir die Welt und die Wirklichkeit sehen. Sie entstehen oft schon im Mutterleib, weil Babys zwischen der Mutter und sich selbst nicht unterscheiden können. Als Baby/Fötus haben wir noch kein Bewusstsein für unser Selbst entwickelt. Es gibt noch kein „Ich". Wir glauben, dass wir diese Überzeugungen sind. Infolgedessen formen wir ein Glaubenssystem, das auf ihnen basiert.

Einer der Schlüsselfaktoren bei diesem Vorgang ist, dass die Glaubenssätze und die Emotionen sich miteinander verflechten. Sie fühlen sich real an. Und wir reagieren entsprechend.

Ein Großteil unserer Arbeit mit Geburts-Matrix-Reimprinting besteht daher darin, herauszufinden, wer wir eigentlich sind – jenseits unserer Glaubenssätze und Überzeugungen. Das hilft uns, neue und unterstützende Glaubenssätze zu erschaffen, die uns dabei helfen, uns zu entfalten, anstelle der einschränkenden Glaubenssätze, die uns dazu bringen, uns klein zu machen. Wenn wir unser Leben aus einem Gefühl der Minderwertigkeit heraus leben, sehen wir die Welt durch die Augen des traumatisierten ECHOs, anstatt sie im gegenwärtigen Augenblick zu erleben. Diese Technik hilft uns also dabei, das Leben jenseits von Filtern und Programmen zu erfahren, die von unseren Grundüberzeugungen erschaffen werden.

In diesem Kapitel beschäftigen wir uns damit, wie Glaubenssätze gebildet werden, wie man sie überschreibt und wie bei einem traumatischen Ereignis ECHOs des Babys entstehen.

Die Macht der Wahrnehmung

In ihrem Buch *E^2: Wie Gedanken Ihre Welt verändern*, erzählt die bekannte Buchautorin Pam Grout, wie ein gedankenloser Kommentar ihres Vaters direkt nach ihrer Geburt ein Muster von Unsicherheit erzeugte, das sich durch ihr ganzes erwachsenes Leben hindurchzog.[85] Sie war mit der Geburtszange geholt worden und ihr Vater fand, dass sie das hässlichste Baby sei, dass er je gesehen hätte. Die plattgedrückte Nase, die sie direkt nach der Geburt hatte, richtete sich wieder auf. Aber das Thema Schönheit, bzw. das Fehlen derselben, bestimmte ihr Leben, bis sie den Glaubenssatz „Ich bin hässlich", der sich damals gebildet hatte, erkannte und auflöste. Dadurch veränderte sich die Art, wie sie über sich dachte – und damit auch ihr Aussehen.

Es ist wirklich wichtig, was wir bei der Geburt zu hören bekommen. Der folgende Bericht zeigt, wie sehr unsere Glaubensmuster von den westlichen Geburtsmethoden beeinflusst werden. In diesem Fall entstanden sie durch den Einsatz von Arzneimitteln, die den Geburtsvorgang beschleunigen sollten.

Die Entdeckung der Grundüberzeugung „Ich bin nicht gut genug"

von Crystal Di Domizio – Prenatal Coach

Ich kämpfe schon seit Jahren mit dem Glaubenssatz, nicht gut genug zu sein. Es fühlte sich an, als würde er sowohl direkt als auch indirekt jeden nur denkbaren Aspekt meines Lebens beeinflussen.

Mithilfe einer Matrix-Reimprinting-Sitzung wollte ich an die Wurzel dieses einschränkenden Glaubenssatzes gelangen. Dabei beschlich mich intuitiv das starke Gefühl, dass alles schon im Mutterleib begonnen hatte.

In der Sitzung stellte sich Folgendes heraus: Während meiner Geburt sagte ein Arzt zu meiner Mutter, dass ich zu langsam sei. Er verabreichte ihr synthetisches Oxytocin, um die Wehen zu beschleunigen. Ich verinnerlichte dieses Geschehen in dem Glaubenssatz, nicht gut genug zu sein, weil man mir die Botschaft übermittelt hatte, dass ich nicht so auf die

Welt kam, wie das von mir erwartet wurde. Das spiegelte sich in meinem ganzen Leben wider.

In meiner Geburts-Matrix-Reimprinting-Sitzung durfte meine Geburt natürlich und ohne jegliche Störung ablaufen. Ich konnte ganz in Ruhe auf die Welt kommen und die Geburt war auch für meine Mutter sanft und friedlich. Meine Kollegin Kathleen ermöglichte mir diese Sitzung. Ich war erstaunt und überrascht, welche Veränderungen ich danach in mir wahrnahm, als der Glaubenssatz seine Kraft verloren hatte.

Überlebensprägung

Die Geburtstrauma-Expertin Karen Melton hat den Begriff „Überlebensprägung" (survival imprint) erschaffen, ich verwende ihn mittlerweile häufig. Jede Situation, in der unser Leben bedroht ist oder in der eine Kampf- oder Fluchtreaktion ausgelöst und unser System überreizt wird, kann ein ECHO oder eine Überlebensprägung hervorrufen. ECHOs und Überlebensprägungen sind im Wesentlichen ein und dasselbe. „ECHO" ist der Fachterminus, der im Matrix Reimprinting verwendet wird. In anderen Systemen oder Bezügen ist oft von Überlebensprägungen die Rede. Jede Angst und jeder Schrecken kann eine Überlebensprägung verursachen. Sie hat die Aufgabe, uns in unserem weiteren Leben davor zu warnen, dass etwas in unserer Umgebung unser Überleben bedrohen könnte. Das ist ein Lernprozess auf unbewusster Ebene. Überlebensprägungen erzeugen Glaubenssätze, weil wir das, was wir in diesem Augenblick lernen, danach abspeichern – zu unserem eigenen Schutz.

Allergien können aus Überlebensprägungen entstehen. Wenn etwas Traumatisches geschieht, während wir zum Beispiel eine Orange essen, ist es möglich, dass das Unterbewusstsein die Information speichert, dass Orangen gefährlich sind. Es verbindet sozusagen den externen Auslöser mit dem, was wir gerade essen. Viele Allergien gehen meiner Meinung nach auf die Zeit im Mutterleib oder die Geburt zurück. Wir können Allergien auch von unserer Mutter erben, obwohl es biologisch gesehen keinen Grund dafür gibt. Wir nehmen sie energetisch auf. Wenn Sie eine Allergie geerbt haben, können Sie sich fragen: „Wem gehört sie?“ Wenn es nicht ihre eigene ist, können Sie sie mit Bewusstheit und Liebe an die Erde oder dorthin, von wo sie gekommen ist, zurückgeben. (Dies gehört nicht zu Geburts-Matrix-Reimprinting, sondern ist eine Technik, die ich mir aus einem System namens „Access Consciousness“ entliehen habe. Sie wurde von Gary Douglas entwickelt.)

Bisher habe ich noch nie mit einem Retortenbaby gearbeitet, sondern nur mit Müttern von Retortenbabys. Außerdem habe ich Mütter im Prozess der künstlichen Befruchtung unterstützt. Ich glaube, dass im Augenblick der künstlichen Befruchtung ein ECHO oder eine Überlebensprägung geschaffen werden kann. In den frühen Tagen der künstlichen Befruchtung wurde ein Übermaß an lebensfähigen befruchteten Eiern in die Gebärmutter der Mutter gepflanzt, weil man nicht wusste, wie viele sich einnisten würden. Wenn es dann zu viele waren, trieben die Ärzte einige davon ab. Ich bin der Meinung, dass die Embryos, die nicht abgetrieben wurden, sich wahrscheinlich des Verlustes ihrer Geschwister bewusst waren. Wenn man das Ganze aus der Sicht eines Seelenbewusstseins betrachtet, waren diese Embryos zunächst von vielen anderen Seelen umgeben, von denen dann viele getötet wurden. Dies wird sicherlich Überlebensprägungen hervorgerufen haben. Heutzutage werden nur ein oder zwei Eier gleichzeitig eingepflanzt. Es wäre höchst interessant zu untersuchen, welche Glaubenssätze (sofern vorhanden) bei Babys entstehen, die in einem Reagenzglas gezeugt werden, oder bei solchen, die als Ei eingefroren wurden.

Chirurgische Eingriffe im Mutterleib können ein ECHO hervorrufen. Wenn der Fötus eine Gaumenspalte hat, wird dies im Mutterleib operiert, weil die Heilung dort besser vorangeht, als wenn die Operation nach der Geburt durchgeführt wird. Ich weise außerdem noch einmal darauf hin, dass eine Betäubung der Mutter sich immer auch auf das Kind auswirkt (Siehe Kapitel 10).

Gewalt innerhalb der Familie kann ebenfalls ein ECHO hervorrufen, besonders, wenn die Mutter sie selbst erlebt oder Zeugin ist. Auch wenn die werdende Mutter ihren Ehemann verprügelt (das kommt viel häufiger vor, als Sie glauben) und voller Ärger und Wut ist, kann daraus ein ECHO entstehen, da das Baby ihre Emotionen miterlebt.

Ebenso können ungewollte Schwangerschaften zu einem ECHO führen, besonders, wenn die Mutter eine Abtreibung in Betracht zieht oder wenn sogar eine Abtreibung durchgeführt wird, die dann scheitert.

Normalerweise geschieht das in einem frühen Stadium der Schwangerschaft. Wenn Sie in einer solchen Lage sind, legen Sie Ihre Hand auf Ihren Bauch. Sagen Sie Ihrem Baby, dass es Ihnen leid tut, dass Sie unter Schock standen, dass Sie froh sind, dass es da ist und dass es in Sicherheit ist.

Wenn die Mutter ein Kind verliert, ob durch eine Fehlgeburt, Totgeburt oder Abtreibung, kann dies einen energetischen Abdruck im Mutterleib hinterlassen, den das nachfolgende Kind unter Umständen energetisch aufnimmt. Auch so kann ein ECHO entstehen.

Labile Mütter können ebenfalls eine Überlebensprägung im ungeborenen Kind auslösen. Wenn die Mutter an einer bipolaren oder einer ähnlichen mentalen Störung leidet, kann ihre Verunsicherung durch die emotionalen Höhen und Tiefen das Kind prägen. Manchmal entsteht eine Überlebensprägung durch den Befruchtungsprozess selbst. Zunächst wandert das Ei den Eileiter herunter, wird durch das Sperma befruchtet und muss dann einen Platz finden, wo es sich einnisten kann. Wenn ich bei Kursen über dieses Thema spreche, wird oft bei einigen Teilnehmern die Angst angetriggert, nicht in der Lage zu sein, einen sicheren Platz für sich zu finden. Dies zeigt sich im späteren Leben häufig in einem Bedürfnis nach ständigem Wohnungswechsel, in dem Versuch, einen Platz zu finden, der sich richtig anfühlt.

Ich habe einmal mit einem Klienten gearbeitet, der bis in die Zeit vor seiner Zeugung zurückging und in der Lage war, die Energie des Spermas seines Vaters zu spüren. Er kannte seinen Vater nicht, aber er spürte, dass eine Art posttraumatischer Belastungsstörung durch das Sperma übertragen wurde. Als wir dies aufgelöst hatten, verminderte sich seine grundsätzliche Lebensangst erheblich.

Wenn bei Ihnen die Beschreibungen der Überlebensprägungen Ängste angetriggert haben, möchten Sie vielleicht die folgende Übung durchführen, um herauszufinden, wo diese herkommen.

Ängste aufschreiben

Dies ist ein Prozess, den ich entdeckt habe, bevor ich begann, dieses Buch zu schreiben. Ehrlich gesagt bezweifle ich, dass dieses Buch geschrieben worden wäre, wenn ich nicht in aller Ruhe die Übung aus Lawrence Blocks Buch *Write for Your Life*[86] gemacht hätte. Ich habe diese Übung mit der Klopfakupressur kombiniert.

Oft sprechen wir das, was wir fürchten, nicht aus. Wir glauben, dass die Angst sich verschlimmert, wenn wir ihr Aufmerksamkeit schenken. Dabei ist genau das Gegenteil der Fall. Wir können nichts ändern, solange wir uns dessen nicht bewusst sind und aufhören, es unter den Teppich zu kehren. Schreiben ist ein großartiger Weg zu unserem Unterbewusstsein und eignet sich wunderbar zum Aufspüren einschränkender Glaubenssätze.

Diese Übung funktioniert mit jedem Thema Ihrer Wahl. Hier werden wir uns mit der „Angst, geboren zu werden" beschäftigen. Wenn Sie bald Vater oder Mutter sein werden, können Sie stattdessen auch die „Angst, Vater oder Mutter zu werden" einsetzen.

Als erstes denken Sie bitte daran, dass Sie der einzige Mensch sind, der jemals lesen wird, was Sie schreiben. Seien Sie also ehrlich und machen Sie sich klar, dass es keine falschen Antworten gibt. Wenn Ihnen die Ängste ausgehen, dann erfinden Sie welche. Bewerten Sie nicht, was oder wie Sie schreiben. Sorgen Sie einfach dafür, dass Sie die Ängste zu Papier bringen. Dieser Prozess ist übrigens sehr viel wirkungsvoller, wenn Sie dabei mit der Hand schreiben und nicht mit dem Computer, da Ihnen das einen leichteren Zugang zum Unterbewusstsein ermöglicht. Vielleicht hilft es Ihnen, sich selbst unter Zeitdruck zu setzten, indem Sie einen Timer auf zwei bis fünf Minuten stellen.

1. Atmen Sie tief ein und aus und denken Sie daran weiterzuatmen.
2. Überlegen Sie sich, mit welcher Aussage Sie beginnen wollen und beginnen Sie zu schreiben. Eine Angst, die ich dabei habe, geboren zu werden, ist: ________
3. Schreiben Sie sie auf. Noch eine Angst, die ich dabei habe geboren zu werden, ist: ________ Wiederholen Sie dabei immer die Aussage und schreiben Sie Ihre Ängste auf, bis die Zeit um ist. Wenn Sie das Gefühl haben, dass Sie immer noch mehr Ideen zu diesem Thema haben, schreiben Sie auch diese auf.

Vielleicht stellen Sie fest, dass Ihre Worte nur so aus Ihnen herausfließen und dass Ihnen das Aufschreiben keine Mühe bereitet. Wenn Sie festhängen, schreiben Sie einfach den Satzanfang so lange immer wieder neu, bis der Fluss wieder einsetzt.

So finden Sie Ihre einschränkenden Glaubenssätze, die zur Zeit Ihrer Geburt entstanden sind. Auch wenn Sie diese Übung als werdender

Vater oder werdende Mutter machen, werden Sie Ihre wichtigsten einschränkenden Glaubenssätze finden. Dann können Sie eine der o.g. Methoden einsetzen, um herauszufinden, wo das mit der Überzeugung verbundene ECHO entstanden ist. Wenn Sie mit Ihrer eigenen Geburtserfahrung arbeiten, können Sie sich leichter ihr Baby-Selbst zu jener Zeit vorstellen und haben etwas, was Sie mit der Klopfakupressur und Matrix Reimprinting angehen können.

Hier stelle ich Ihnen als Beispiel meinen eigenen Prozess zum Geborenwerden vor. Daran fand ich besonders faszinierend, dass ich am Anfang so geschrieben habe, als wäre ich im Mutterleib und dann ganz natürlich zu der Zeit nach der Geburt überging.

- Eine Angst, die ich dabei habe, geboren zu werden, ist, dass niemand für mich da sein wird.
- Noch eine Angst, die ich dabei habe, geboren zu werden, ist, dass ich steckenbleiben werde.
- Noch eine Angst, die ich dabei habe, geboren zu werden, ist, dass ich es vielleicht nicht schaffe.
- Noch eine Angst, die ich dabei habe, geboren zu werden, ist, dass sich alles verändern wird.
- Noch eine Angst, die ich dabei habe, geboren zu werden, ist, dass ich sterben werde.
- Noch eine Angst, die ich dabei habe, geboren zu werden, ist, dass ich es nicht richtig machen werde.
- Noch eine Angst, die ich dabei habe, geboren zu werden, ist, dass sie mich nicht mögen werden.
- Noch eine Angst, die ich dabei habe, geboren zu werden, ist, dass es gefährlich ist.
- Noch eine Angst, die ich dabei habe, geboren zu werden, ist, dass es kalt ist.
- Noch eine Angst, die ich dabei habe, geboren zu werden, ist, dass es zu laut ist.
- Noch eine Angst, die ich dabei habe, geboren zu werden, ist, dass es schrecklich stinkt.
- Noch eine Angst, die ich dabei habe, geboren zu werden, ist, dass ich allein bin.

- Noch eine Angst, die ich dabei habe, geboren zu werden, ist, dass es fremd ist.
- Noch eine Angst, die ich dabei habe, geboren zu werden, ist, dass ich nicht geliebt werde.

Denken Sie bitte daran, alles, was hochkommt, mit der Klopfakupressur oder Matrix Reimprinting aufzulösen.

Im nächsten Kapitel werden wir uns mit einigen besonderen Themen beschäftigen, die während Schwangerschaft und Geburt aufkommen können.

Kapitel 15 – Besondere Schwangerschaftsthemen

Eine Geburt ist kein Notfall. Sie ist einfach ein Glücksfall.
Jeannine Parvati Baker

Die Schwangerschaft ist eine Zeit intensiver Emotionen. Bei der Mutter kann sie eine ganze Reihe davon an die Oberfläche spülen und beim Kind dementsprechende Prägungen hervorbringen.

Probleme, die bei der Schwangerschaft auftauchen können
Während der Schwangerschaft verstärken sich viele unbewusste einschränkende Glaubenssätze und viele Ängste tauchen auf. Hier sind einige davon:

Angst	**Einschränkender Glaubenssatz**
Werde ich als Mutter gut genug sein?	Ich bin nicht gut genug / Ich kann es nicht
Kann ich meinem Kind genug Liebe schenken?	Ich bin unfähig
Werde ich es verlieren, z.B. bei einem Unfall? Vielleicht wird es nicht überleben oder gedeihen	Die Welt ist ein gefährlicher Ort
Ich werde mein Kind enttäuschen	Ich bin nicht gut genug
Ich weiß nicht, was ich erwarten soll	Die Welt ist ein gefährlicher Ort / Ich bin in Gefahr
Ich habe Angst vor den Schmerzen und werde sie nicht aushalten können	Ich bin eine Versagerin / Ich bin nicht gut genug
Ich habe Angst zu gebären (wegen der schlimmen Geschichten, die ich von anderen gehört habe)	Ich bin machtlos / Ich bin ein Opfer / Ich bin in Gefahr
Angst vor der Verantwortung (eine Mutter sagte zu mir: „Ich wusste nicht, wie ich meinem Kind das Trinken beibringen soll. Ich habe wirklich das Gefühl	Ich bin nicht gut genug / Ich bin unfähig / Die Welt ist nicht sicher

gehabt, ich müsste ihr sogar das Atmen beibringen, so als hätte ich diese RIESIGE Verantwortung, ihr alles beizubringen ... Jetzt ist sie 35 und atmet sehr gut.“)	
Ich habe Angst vor der Klinik und davor, dort keine Kontrolle zu haben	Ich bin in Gefahr / Ich habe keine Kontrolle
Ich weiß nicht, wie man für ein winziges Baby sorgt (keine Erfahrung / kein Handbuch)	Ich bin nicht gut genug / Ich bin unfähig
Angst vor einer postnatalen Depression	Ich bin machtlos
Angst, dass mir oder meinem Partner etwas zustößt: ein verstärktes Gefühl von Verletzbarkeit	Die Welt ist ein gefährlicher Ort / Ich bin in Gefahr / Ich bin nicht gut genug
Angst vor der Gefahr in der Welt: Schlimme Nachrichten, Kriege, Kidnapping	Die Welt ist ein gefährlicher Ort / Ich bin in Gefahr
Ich bekomme keine Unterstützung, niemand wird mir helfen	Ich bin allein
Angst davor, unfruchtbar zu sein	Ich bin nicht gut genug / Ich mache es falsch
Angst, kein Baby zu verdienen	Ich bin nicht gut genug

Viele dieser Ängste und einschränkenden Glaubenssätze können bis zu einer Zeit zurückverfolgt werden, bevor die Mutter sechs Jahre alt war. Hinter jeder Angst steckt normalerweise ein Glaubenssatz. (In Kapitel 4 und 13 finden Sie Übungen dazu, wie man einschränkende Glaubenssätze herausfindet und Ängste benennt)

Während der Schwangerschaft gibt es eine ganze Reihe von Themen, die für die Mutter wichtig sein können. Es kann sein, dass sie sich, bewusst oder unbewusst, an ihre eigene Geburt erinnert. Wenn sie im Mutterleib die Angst hatte, dort eingeschlossen zu sein, kann sich das auf vielerlei Arten zeigen. Sie kann zum Beispiel Angst haben, durch die Schwangerschaft in der Falle zu sitzen.

Schwangere Frauen träumen oft vom Gebären. Manchmal geschieht in diesen Träumen das, was bei ihrer eigenen Geburt geschehen ist. Es gibt häufig eine Verbindung zwischen der Art, wie wir geboren wurden und der eigenen Erfahrung des Gebärens.

Während der Schwangerschaft kommen auch häufig Erinnerungen an sexuellen Missbrauch ins Bewusstsein. Bei Frauen, die Missbrauch erfahren haben, kann das Wachsen eines Kindes in ihnen Gefühle von Übergriffen und Kontrollverlust auslösen. In ihrem Buch *Wenn missbrauchte Frauen Mutter werden: Die Folgen früher sexueller Gewalt und therapeutische Hilfen*, betonen Penny Simkin und Phyllis Klaus die Auswirkungen, die Missbrauch auf schwangere Frauen haben kann.

> In der Mitte der 80er Jahre haben wir mit schwangeren Frauen gearbeitet – Phyllis als Psychotherapeutin und Beraterin und Penny als Geburtspädagogin, Beraterin und Doula. Dabei stellten wir fest, dass Frauen, die während ihrer Kindheit sexuell missbraucht worden waren, während der Schwangerschaft oft ängstlich waren und häufig während der Geburt und frühen Elternzeit schwierige oder sogar traumatische Erfahrungen machten. Oft waren sie kaum in der Lage, physische bzw. invasive Untersuchungen zu ertragen. Die Unvorhersehbarkeit der Wehen und der Geburt, die Aussicht auf großen Schmerz und die Unfähigkeit, das eigene Verhalten und die Wehen zu kontrollieren, waren für sie besonders verstörend. Diese Frauen konnten weder ihren Ärzten noch ihren Hebammen oder den Krankenschwestern vertrauen und sie befürchteten, keine gute Mutter sein zu können.[87]

Darüber hinaus stellten Simkin und Klaus fest, dass Frauen mit bestehenden mentalen Störungen oder einem sexuellen Kindheitstrauma besonders anfällig für posttraumatische Belastungsstörungen nach der Geburt zu sein scheinen.

Angst kann den Geburtsprozess verlangsamen oder sogar stoppen. Das ist eine Überlebensfunktion, die es der Mutter ermöglichen soll, einen sicheren Platz zum Gebären zu finden. Statt diesem natürlichen Bedürfnis Raum zu geben, werden Arzneimittel verabreicht oder medizinische Eingriffe angeordnet, um den Prozess zu beschleunigen, was Verstand und Emotionen in einen Konflikt bringt. Meine Erfahrung ist, dass durch die Geburt häufig ein früheres traumatisches Erlebnis angetriggert wird.

Frauen mit Missbrauchserfahrungen leiden häufiger an einer postnatalen Depression, was zu Schwierigkeiten beim Bonding mit ihrem Kind und dem Stillen führen kann. Sie können auch mit starken Angstgefühlen und Schlafstörungen zu kämpfen haben. Oder sie haben Angst davor, mit dem Baby alleine zu sein. Manchmal stellen sie fest, dass sie ihre eigenen Ängste auf ihr Kind projizieren. Manche Mütter haben Angst, sie könnten ihrem Kind etwas antun oder es quälen, oder dass sie insgesamt eine schlechte Mutter sein werden.

Um die Zeit der Schwangerschaft und Geburt herum wird auch häufig sehr starker Kummer empfunden. Dieser Kummer entstammt dem Gefühl, sich als Kind nicht geliebt und umsorgt gefühlt zu haben. Es kann auch ein Kummer darüber sein, dass das Leben sich ändert.

Wenn eine schwangere Frau ihre Mutter verloren hat, kann der Kummer, den sie darüber empfindet, sich während der Schwangerschaft intensivieren. Während der Zeit der Schwangerschaft haben Frauen oft ein natürliches Bedürfnis danach, in der Nähe ihrer Mutter zu sein. Wenn die Mutter bereits verstorben oder abwesend ist oder es keine gute Verbindung zu ihr gibt, verstärkt sich der Kummer um diese Themen herum noch.

Auch der Vater kann durch seine eigene Geburtserfahrung getriggert werden. Wenn Sie als Therapeut mit Geburts-Matrix-Reimprinting an einem der in diesem Abschnitt erwähnten Themen arbeiten, ist es sinnvoll, auch den Vater mit einzubeziehen. Idealerweise sollte jeder, der bei der Geburt dabei ist, sein eigenes Geburtstrauma aufgelöst haben.

Frühere Fehlgeburten der Mutter

Viele Frauen leiden ihr ganzes Leben lang an dem Schmerz, ein Kind verloren zu haben. Erst seit Kurzem wird in Kliniken dem Verlust eines Babys behutsam und mit Einfühlungsvermögen begegnet.

Josephine – Kummer heilen

In den 1970er Jahren hatte Josephine zuerst eine Totgeburt und dann eine Fehlgeburt. Sie wurde noch einmal schwanger und brachte eine gesunde Tochter zur Welt. Sie wusste nicht, dass während ihrer Entbindung ihr Vater in einem anderen Krankenhaus im Sterben lag. So war der Gedanke an alle drei Kinder mit viel Kummer verbunden. Wir begannen mit der Totgeburt. Ich führte sie behutsam in der Erinnerung zurück und fragte sie: „Wo müssen wir anfangen?" Sie erklärte, dass ihr das Baby gleich nach der Geburt weggenommen wurde.

Sie konnte es weder sehen, noch halten, noch ihm einen Namen geben. Sie und ihr Ehemann konnten sich nicht verabschieden, daher gab es niemals einen Abschluss. Das war damals die in Kliniken übliche Praxis. Sie konnte kein Begräbnis für ihr Baby abhalten. Sie wusste nicht einmal, was mit dem Körper des Kindes geschehen war. Ich bat sie darum, bei ihrem ECHO und dem ECHO ihres Ehemannes das Gefühl des Verlustes zu klopfen, den beide damals empfunden hatten. Wir befassten uns auch mit den Ärzten und Krankenschwestern und baten die Hebamme, ihr das Baby zu reichen, damit sie es halten konnte. Dann sollte sie sich den schönsten, geheiligtsten und glücklichsten Ort vorstellen, den sie finden konnte. Sie schuf diesen geheiligten Platz draußen in der Natur für sich selbst und ihren Ehemann. Sie nannte das Baby Robin und begrub seinen Körper in der Erde dieses Ortes. Sie konnte die Seele des Babys in ihren Armen sehen. Interessant dabei war, dass die Seele des Kindes älter wurde und zu einem etwa 5-jährigen Kind heranwuchs. Das Kind begann herumzulaufen und sie konnten sogar mit ihm spielen. Josephine wusste nun, dass sie einen Begegnungsort geschaffen hatte, an den sie kommen und mit ihrem Sohn spielen konnten. Dieses Bild haben wir geprägt, es brachte ihr großen Frieden.

Während der nächsten Sitzung gingen wir für die Fehlgeburt ähnlich vor. Wir gingen zurück in das Haus, wo sich die Fehlgeburt ereignet hatte. Wir lösten den Kummer über den Verlust des Babys und alle traumatischen Ereignisse rund um die Fehlgeburt auf. Sie brachte das Baby an den geheiligten Platz und nannte es Simon. Sie begrub seinen Körper direkt neben Robin. Wieder blieb die Seele des Kindes in ihren Armen zurück. Das Baby wurde zu einem 3-jährigen Jungen und begann mit seinem 5-jährigen Bruder zu spielen. Jetzt hatte sie zwei Kinder, die beide an dem geheiligten Platz spielten. Wir prägten dieses Bild.

In der dritten Sitzung gingen wir zur Geburt ihrer Tochter. Ich frage Josephine: „Hättest du gerne gewusst, dass dein Vater im Sterben liegt? Wärst du gerne bei ihm gewesen?“

„Ja“, antwortete sie, „ich hätte es wissen wollen.“

Wir unterbrachen den Geburtsprozess und Josephine erzählte ihrem ECHO, dass ihr Vater in der Klinik nebenan sehr krank war. Dann gingen sie zu ihm, um bei ihm zu sein. Sie setzte sich zu ihrem Vater und sprach mit ihm. Sie sagte ihm alles, was sie ihm noch hatte sagen wollen. Sie saß bei ihm und hielt ihn in ihren Armen, während er starb. Dann brachten wir den Körper ihres Vaters zu dem geheiligten Ort. Seinen Körper begruben wir neben den beiden Jungen, während er in seiner Seelengestalt neben ihr stand. Ihr Vater und die beiden Jungen spielten mit ihr und ihrem Ehemann und feierten das Zusammensein. Als ich sie fragte, wo sie ihre Tochter gerne zur Welt bringen wollte, sagte sie: „Ich möchte meine Tochter an unserem geheiligten Ort zur Welt bringen." Wir bereiteten dort alles für die Geburt des Kindes vor. Dann brachte sie ihre Tochter im Beisein ihres Mannes, ihres Vaters und der beiden Jungen zur Welt. Sie konnte sich entspannen und den Bondingprozess freudig mit ihrer Tochter durchlaufen. Sie hielt nicht länger an dem Kummer um die beiden Jungen fest – es war ein wunderschönes Bild, das wir prägten.

Die drei Sitzungen hatten intensive Auswirkungen auf sie und ihren Ehemann. Später sagte sie: „Ich kann dir gar nicht beschreiben, wie anders George und ich den Verlust unserer Söhne nun sehen."

Wie bereits erwähnt, kann eine Fehlgeburt einen energetischen Abdruck im Mutterleib hinterlassen, der vom nachfolgenden Kind aufgenommen wird. Eine enge Freundin von mir hat sich viele Jahre lang Gedanken über den Unterschied zwischen ihrem Bruder und sich selbst gemacht. Während sie aus sich herausging und ein positives Weltbild hatte, war ihr Bruder das genaue Gegenteil. Er litt unter selbstzerstörerischen Tendenzen, starken Süchten und Selbstmordgedanken. Als sie sich mit Geburts-Matrix-Reimprinting beschäftigte, fiel ihr ein, dass es zwei Fehlgeburten zwischen ihrer Geburt und der ihres Bruders gegeben hatte. Außerdem gab es viele andere Umwelteinflüsse und soziale Faktoren, die ihn beeinflusst haben könnten, zum Beispiel einen Autounfall ihres Vaters direkt nach seiner Geburt. Bevor sie von den Auswirkungen von

Fehlgeburten auf nachfolgende Kinder erfuhr, hatte sie oft den Gedanken gehabt, alle Freude aus dem Leib ihrer Mutter gesogen zu haben, so dass nichts mehr für ihren Bruder übrig war. Nun fühlte sie sich nicht länger für den Zustand ihres Bruders verantwortlich.

Ben – von Ted Wilmont

Bei einer meiner ersten Geburts-Matrix-Reimprinting-Sitzungen arbeitete ich mit dem 21-jährigen Ben, der eine irrationale Angst vor einem Schlaganfall hatte. Er litt unter schweren Herzrhythmusstörungen und Herzrasen und hatte schon alle möglichen Tests und Scans durchführen lassen. Aber alle Kardiologen waren sich darüber einig, dass er ein perfektes und gesundes Herz habe. Man hatte Ben Prozac (ein Antidepressivum) verschrieben. Davor war er sehr fit gewesen. Er war gelaufen, hatte das Laufen aber aufgegeben, weil er Angst hatte, er könne dabei einen Herzinfarkt bekommen.

Ich ahnte, dass dieses Gefühl auf ein Geburtsthema zurückging und leitete ihn an, sich in die Energie seiner Angst hineinzufühlen. Ich fragte ihn: „Hast du dich so vor, während oder nach der Geburt gefühlt?"

„Vor der Geburt", antwortete er.

Ben kannte die Geschichte seiner Geburt. Er wusste, dass seine Mutter vor ihm eine Fehlgeburt erlitten hatte.

Als wir zu seiner Geburt zurückgingen, eröffnete er mir: „Sie haben mir die Sterbesakramente gegeben, sobald ich auf der Welt war."

„Warum?" fragte ich.

„Nun, offenbar hatte ich Herzrasen und sie hatten Angst um mich. Also riefen sie den Priester, damit er mir die Sterbesakramente geben und mich taufen konnte."

Bis zu diesem Punkt hatte Ben die Verbindung zwischen dem Erhalt der Sterbesakramente wegen seines Herzrasens und seiner Angst über seine physische Verfassung noch nicht gezogen.

Zuallererst arbeiteten wir mit Ben im Mutterleib. Er sagte, es sei dunkel und schrecklich dort und dass er zu früh auf die

Welt kommen würde, weswegen man solch eine Angst um ihn hatte. Im Wesentlichen hatte Ben den Mutterleib verlassen, weil es ihm dort nicht gefiel. Daher änderten wir die Farbe der Gebärmutter und klopften das ECHO seiner Mutter, um sie zu beruhigen. Er meinte, dass die Farbe nun ein wunderschönes, gesundes Rot sei. Wir prägten seine neue Geburt, die angstfrei und ruhig verlief.

Drei Wochen danach rief Ben mich an, um mir zu sagen, dass er kein Prozac mehr brauchte.

Wenn ein Zwilling im Mutterleib stirbt

Stirbt ein Zwilling im Mutterleib, können für den zurückbleibenden Zwilling eine ganze Reihe von Problemen entstehen. Das kann vom Schuldgefühl, überlebt zu haben, der Angst, alleine gelassen zu werden bis hin zu Selbstmordgedanken und -tendenzen praktisch alles beinhalten. Der folgende Fall zeigt einige der möglichen Auswirkungen:

Robert – wenn ein Zwilling im Mutterleib stirbt
von Sally Ann Soulsby

Ursprünglich war Robert, der als Regierungsrat tätig war, in die Therapie gekommen, weil er Selbstmordgedanken hatte. Er stellte sich bis ins Detail vor, wie er sich töten würde. Der einzige Grund, aus dem er seinen Plan noch nicht umgesetzt hatte, war, dass er zwei Kinder aus einer früheren Ehe hatte und den Gedanken, ihnen weh zu tun, nicht ertragen konnte.

Solange er denken konnte, war er von einer starken Todessehnsucht besessen. Er war deshalb schon jung in die Armee eingetreten. Häufig hatte er Fantasien darüber gehabt, dass er in einem Einsatz getötet würde. Ein paar Monate vor der Sitzung war seine Freundin plötzlich gestorben und er machte sich Vorwürfe, dass er sie nicht eher ins Krankenhaus gebracht hatte. Wir verbanden uns mit seinem ECHO, riefen den Krankenwagen und klopften die Angst und Verwirrung in seiner Brust. Das ECHO hatte darüber hinaus eine starke

Angst vor dem Tod und plötzlich begann Robert, sich mit seinem ECHO zu verbinden, sich also zu assoziieren. Er saß auf seinem Stuhl und zitterte am ganzen Leib. Ich half Robert dabei, in die Gegenwart zurückzukehren und wir beklopften seine Angst vor dem Tod, bis er sich beruhigt hatte.

Danach konnte er in seiner Vorstellung in den Mutterleib zurückkehren, wo er und sein Zwillingsbruder Paul sich anschickten, auf die Welt zu kommen. An diesem Punkt hatte Robert Schwierigkeiten, sein ECHO wahrzunehmen.

Er konnte hören, dass Paul, der bei der Geburt gestorben war, ihm ins linke Ohr sprach. Er klopfte seinen Bruder, der, wie er zu seiner Überraschung erfuhr, nach dem Arzt benannt wurde, der ihn auf die Welt geholt hatte. Er bereitete Paul auf das vor, was kommen würde und versicherte ihm, dass er geliebt sei. Roberts ECHO wollte mit seinem Bruder verbunden bleiben. Sie verabredeten ein Zeichen, das sie nutzen konnten, wenn sie miteinander kommunizieren wollten. Dann erschufen wir ein neues Bild ihrer Geburt, bei der der erwachsene Robert das Baby Paul in Empfang nahm und es in seinen Armen hielt. Ich ließ ihnen Zeit, damit sie ihre Verbindung genießen konnten. Roberts alter Glaubenssatz war: „Ich will meinem Bruder ins Grab folgen – ich will nicht ohne ihn leben.“ Jetzt konnte er verstehen, warum dieses Gefühl ihn sein Leben lang gequält hatte. Davor hatte er nicht gewusst, dass der Tod seines Bruders die Ursache seiner Gefühle war. Nun empfand er diesen Glaubenssatz nicht länger als wahr. Er änderte den Satz um in: „Ich kann das Leben voller Freude auskosten, in dem Wissen, dass ich immer mit Paul verbunden bin und für uns beide leben kann.“

Wir prägten ein neues Bild und überprüften Roberts ECHO. Es war in einem vollkommen anderen Zustand. Es war entspannt und glücklich und litt nicht länger an den Koliken, die ihn als Baby gequält hatten. Nach der Sitzung war Robert sehr bewegt und erleichtert. Seine Selbstmordgedanken verschwanden an diesem Tag. Er verbindet sich oft mit Paul in der Matrix.

Steve

Ich arbeitete mit Steve am Thema „Abnehmen“. Er versuchte verzweifelt, Gewicht zu verlieren, aber egal, was er tat, es klappte nicht. Wir führten mehrere Sitzungen durch, die sich hauptsächlich um sein Gewicht drehten, aber nichts schien für ihn zu funktionieren. Bei einer dieser Sitzungen erzählte er mir, dass er bei einem Hypnotiseur gewesen war, der ihn zurück in den Mutterleib geführt hatte. Dabei hatte er gemerkt, dass es neben ihm im Mutterleib einen leeren Platz gab, wo sein Zwilling gewesen war.

Wir führten eine Matrix-Reimprinting-Sitzung durch und arbeiteten mit der zurückgebliebenen Energie seines Bruders. Wir verbanden ihn mit seinem Bruder.

Als die Sitzung zu Ende war, sagte er: „Oh, mein Gott! Mit wird gerade klar, dass ich immer zwei Geburtstagskarten für meine Mutter kaufe, anstatt einer. Ich kaufe auch immer zwei Geschenke für sie. Ich gebe ihr nicht unbedingt zwei Karten oder zwei Geschenke, aber ich kaufe alles doppelt. Und wenn ich Essen kaufe, kaufe ich es auch doppelt. Wenn ich Kaugummi brauche, kaufe ich zwei Päckchen. Wenn ich eine Flasche Wasser brauche, kaufe ich zwei. Wenn ich einen Marsriegel will, kaufe ich zwei. Wenn ich ein Sandwich möchte, kaufe ich zwei. Ich versuche nicht nur, meinen Zwilling dafür zu trösten, dass er nicht hier sein kann, sondern ich esse auch für ihn mit.“

Nun hatte er erkannt, was er tat und war daraufhin in der Lage, abzunehmen. Er hatte gemerkt, dass er nicht wirklich für zwei Menschen essen musste. Er brauchte nur Essen für sich selbst.

Viele Menschen wissen nicht, dass sie ein alleingeborener Zwilling sind, weil der Verlust eines Zwillings während der frühen Schwangerschaft häufig unbemerkt bleibt.[88]

Zwillinge in der Gebärmutter

Ultraschallbilder zeigen deutlich die Interaktionen von Zwillingen im Mutterleib. Man kann sehen, dass sie sich immer wieder berühren, küssen und miteinander spielen. Zwischen ihnen entsteht ein sehr starkes Band, weil sie diese frühen Erfahrungen miteinander teilen. Manchmal ist ein Zwilling dominant und bleibt es das ganze Leben lang.

Im folgenden Fall werden die Wahrnehmung und Verbindung zwischen Zwillingen besonders deutlich. In einem Artikel der *Daily Mail* geht es darum, dass in der 20ten Schwangerschaftswoche bei einem Zwillingsmädchen, Kiki, ein Herzproblem festgestellt wurde. Auch verlor ihre Plazenta Flüssigkeit. Die Ärzte sagten der Mutter, dass dieser Zwilling nicht überleben würde. Bei einer Ultraschalluntersuchung stellte man dann voller Erstaunen fest, dass die Zwillingsschwester, Nico, sich in der Gebärmutter nach unten bewegt hatte und die auslaufende Plazenta verstopfte. Sie hatte wohl gespürt, dass etwas nicht in Ordnung war. Nico blieb in dieser Position und rettete so das Leben ihrer Schwester. Die beiden kamen in der 30. Schwangerschaftswoche zur Welt und sind gesunde kleine Mädchen.[89]

Frühgeborene Zwillinge

Der Autor Gregg Braden erzählt folgende Geschichte: In einer Klinik, in der zu früh geborene Zwillinge routinemäßig voneinander getrennt wurden, bemerkte eine Krankenschwester, dass es einem der Babys nicht gut ging. Sie nahm an, dass es sterben würde. Sie verstieß gegen die geltende Vorschrift und legte beide Zwillinge zusammen in einen Inkubator. Das gesunde Zwillingsmädchen legte seinen Arm um seine Zwillingsschwester, deren Vitalwerte sich sofort verbesserten.[90]

Frühere Leben

Wenn man während einer Geburts-Matrix-Reimprinting-Sitzung bis zum Augenblick der Empfängnis zurückgeht und es immer noch ein Problem gibt, liegt die Ursache dafür in einem früheren Leben. Meiner Erfahrung nach neigen wir dazu, unaufgelöste Themen aus vergangenen Leben mit in die Gegenwart zu bringen. Es gibt unterschiedliche Ansichten darüber, ob wir uns bei dieser Arbeit überhaupt mit Problemen aus vergangenen Leben beschäftigen sollten. Eine Auffassung ist, dass wir genug damit zu tun haben, uns mit diesem Leben auseinanderzusetzen. Ich habe jedoch mit einigen Menschen gearbeitet, die jahre- oder sogar jahrzehntelang versucht haben, etwas aufzulösen, das aber erst konnten, als sie in ein früheres Leben zurückgingen und dort das Problem an der Wurzel packen und eine Lösung herbeiführen konnten. Ich habe jedoch auch schon erlebt, dass Menschen sich so sehr auf ihre Probleme aus früheren Leben konzentrieren, dass sie nicht wirklich etwas aus ihrem jetzigen Leben auflösen können.

Wenn Sie mit Themen aus früheren Leben arbeiten, ist es wichtig, auch den Nachhall dieser Themen im jetzigen Leben mit einzubeziehen.

Wir stellen uns frühere Leben in der Vergangenheit vor, aber es gibt auch die These, die besagt, dass es in Wirklichkeit keine lineare Zeit gibt. Diese früheren Leben könnten also auch einfach andere Leben sein, die Ihre Seele zur gleichen Zeit lebt. Wenn Sie etwas in Ihrem gegenwärtigen Leben verändern, verändern Sie dabei vielleicht andere Aspekte Ihrer Seele in anderen Leben oder sogar in anderen Dimensionen. Diese Vorstellung mag für unseren westlichen Verstand schwer nachzuvollziehen sein, aber wenn wir verstehen, dass diese Arbeit unsere Vergangenheit, Gegenwart und Zukunft beeinflusst, verstehen wir auch, wie wichtig es ist, dass wir sie auf einer persönlichen Ebene durchführen.

Sie können die klassische Matrix-Reimprinting-Technik anwenden, um mit früheren Leben zu arbeiten. Wenn Sie der Energie einer „Erinnerung“ eines vergangenen Lebens folgen, betreten Sie einfach das Bild und klopfen Sie das frühere Selbst, so, wie Sie es bei jedem anderen ECHO tun würden.

Bei Vergewaltigung gezeugt

Wenn ein Kind bei einer Vergewaltigung gezeugt wird, bringt dies natürlich sowohl für die Mutter als auch für das Kind eine Reihe von Problemen mit sich. In solchen Fällen können wir das, was der Mutter geschah, neu prägen, ebenso wie alle Emotionen, die auf das Baby im Mutterleib projiziert wurden. Der folgende Fall ist ein Paradebeispiel dafür, wie Geburts-Matrix-Reimprinting dazu genutzt werden kann, ein solches Empfängnis-Thema zu verändern.

Während der Hay House „I can Do It“ Konferenz 2011 in London führte Karl Dawson eine Übung zur eingeschränkten Atmung vor. Diese

Übung bringt häufig Traumata an die Oberfläche, da Atem und Emotionen miteinander verbunden sind. Eine Teilnehmerin rief plötzlich: „Ich stecke gerade ziemlich in Schwierigkeiten.“ Ich war dort zur seelischen Unterstützung und hatte das sehr starke Gefühl, dass ich mit ihr arbeiten sollte. Als ich mit ihr wegging, sagte sie zu mir: „Ich sollte dich wohl besser vorwarnen, dass ich oft bewusstlos werde, wenn ich so wie jetzt angetriggert werde.“ Erinnern Sie sich an die fünf Reaktionen bei Traumata aus Kapitel 4 – Kampf, Flucht, Erstarren, Ohnmacht und Herumalbern. Mir war klar, dass es aufgrund ihrer Ohnmachtsneigung wahrscheinlich um ein Trauma ging.

Sie sagte zu mir: „Das hier ist so furchtbar – ich weiß nicht, ob du damit umgehen kannst.“

Ich versicherte ihr, dass ich schon mit vielen schwersttraumatischen Fällen gearbeitet hatte, aber sie bestand darauf, dass andere Menschen „nicht damit umgehen konnten.“ Sie versuchte schon seit über 60 Jahren, dieses Problem aufzulösen, aber niemand konnte ihr bislang helfen.

Es dauerte eine Weile, bis sie sich beruhigt und ich ihr Vertrauen gewonnen hatte. Dann erzählte sie mir ihre Geschichte. Sie war bei einer Vergewaltigung gezeugt worden. Und sie war ein Zwilling. Ihre Mutter hatte versucht, sie und ihre Schwester abzutreiben. Ihre Schwester war dabei gestorben, aber sie hatte überlebt. Nachdem sie auf die Welt gekommen war, wurde sie von ihrer Mutter vernachlässigt. Sie hatte ein wirklich enges Verhältnis zu ihrer ein Jahr jüngeren Schwester (die zufälligerweise ebenfalls die Konferenz besuchte). Sie hatte immer das Gefühl gehabt, dass die Seele ihrer abgetriebenen Schwester ein Jahr später in ihrer neuen Schwester wiedergeboren worden war. Ihre jüngere Schwester war durch Inzest gezeugt worden. Der Vater ihrer Schwester war der Bruder ihrer Mutter.

In der Sitzung halfen wir ihrem ECHO, sich nach der Abtreibung sicher zu fühlen. Wir verbanden sie mit ihrer Zwillingsschwester und erzählten ihr, dass sie zu einem späteren Zeitpunkt wiederkommen und bei ihr sein würde. Es war keine echte Überraschung, dass ihre jüngere Schwester plötzlich zu uns kam, als es in der Sitzung darum ging, dass sich die Zwillingsschwestern verbinden. Sie setzte sich und sagte: „Wissen Sie, ich glaube, ich muss jetzt bei meiner Schwester sein.“ Während der Sitzung lösten wir auch den Missbrauch in der Familie auf und halfen ihrem Baby-Selbst dabei, sich sicher genug zu fühlen, um zur Welt zu kommen.

Als wir ihre Geburt neu prägten, sagte sie, dass die einzige Person, die sie wirklich dabei haben wollte, der berühmte indische Guru Sai Baba sei. Sie fragte mich, ob ich Sai Baba kenne und es stellte sich heraus, dass wir beide mit ihm verbunden waren. Viele Menschen sagen, dass er Gott in menschlicher Form ist.

Als wir zum Bonding kamen, reagierte sie stark, als sie ihrer Mutter in die Arme gelegt wurde. Mir wurde bewusst, dass wir keines der Themen ihrer Mutter behandelt hatten. Unsere Zeit war knapp und sie entschied sich, sich nicht mit ihrer Mutter, sondern mit Sai Baba zu verbinden. Sie sagte: „Leg mich zurück in die Arme von Baba“, wo sie ihm in die Augen sah und sich mit ihm verband. Ich kann sagen, dass dies eine der kraftvollsten Bonding-Sitzungen war, die ich je erlebt habe. Sie erlebte sich selbst, wie sie sich mit Gott verband. Als hervorragende Therapeutin hatte sie in dem Versuch, ihre Verbindung zu Gott wiederherzustellen, schon unzählige Therapien und Verfahren ausprobiert, aber bis zu dieser Sitzung hatte sie sie nie wirklich *spüren* können. Sie musste sich nicht mit ihrer Mutter verbinden. Sie brauchte eine Verbindung mit Gott – und für sie war Gott in seiner menschlichen Form Sai Baba.

Als sie dann zur Konferenz zurückkehrte, war sie in der Lage, vor 200 Menschen zu stehen und ihnen zu erzählen, dass sie während einer Vergewaltigung gezeugt worden war und dass ihre Mutter versucht hatte sie abzutreiben, ohne davon angetriggert zu werden. Sie erzählte von ihrer Freude, nun mit Gott verbunden zu sein – viele Teilnehmer weinten vor Rührung.

Schwangerschaftsthemen auflösen

Bevor Sie gebären, ist es empfehlenswert, mit Geburts-Matrix-Reimprinting alle Themen aufzulösen, die es zum „in der Gebärmutter sein“ geben könnte. Sehr intensive Themen (z.B. Missbrauch) sollten Sie mit einem erfahrenen Matrix-Reimprinting- oder Geburts-Matrix-Reimprinting-Therapeuten auflösen.

Die Sitzung von Lee Ann in Kapitel 10 ist ein gutes Beispiel dafür, wie mit Geburts-Matrix-Reimprinting vergangene Traumata für Mutter und Kind aufgelöst werden können, bevor das nächste Kind zur Welt kommt. Lösen Sie unbedingt alle Traumata von der Empfängnis bis zur Schwangerschaft auf, bevor Sie die Geburt neu prägen. Es ist äußerst wichtig, dass die Geburtstraumata sowohl für die Mutter als auch für das Baby aufgelöst werden.

Kapitel 16 – Die Auflösung besonderer Entbindungsthemen

Die Entbindung ist eine Erfahrung, die die Macht hat, das Leben einer Frau für immer zu verändern. Wenn sie auf ihre eigene Weise durch diese mächtigen Tore schreitet und sich an alle Frauengenerationen erinnert, die mit ihr gehen ... ist sie niemals allein.
Suzanne Arms

Bei der Entbindung können jede Menge Probleme auftreten, die aber alle neu geprägt werden können.

Der Verlauf der Geburt
Wenn die Geburt der Mutter langsam vonstatten ging und sich lange hingezogen hat, ist die Wahrscheinlichkeit groß, dass die Geburt ihres Kindes ebenso verlaufen wird. Laura Shanley, die Autorin von *Unassisted Childbirth*, erzählt, dass das Wissen um ihre eigene traumatische Geburt sie dazu brachte, ihre Geburtstraumata aufzulösen und herauszufinden, wie eine natürliche Geburt ablaufen sollte. Danach hatte sie fünf natürliche Hausgeburten, bei denen sie entweder alleine oder im Kreis ihrer Familie war. Sie ließ den Geburtsprozessen intuitiv ihren natürlichen Lauf.

Als sie ihr zweites Kind zur Welt brachte, waren ihr Ehemann und ihr Sohn im Raum nebenan. Bei ihrem dritten Kind war ihr Mann im Lesezimmer, ihre Söhne schliefen. Als das vierte Kind kam, war ihre einjährige Tochter bei ihr und beim fünften schliefen die Kinder und ihr Ehemann war unten im Flur.

Manchmal kommt das Kind zu schnell oder zu langsam. In ihrem Buch *Immaculate Deception* beschreibt Suzanne Arms, was bei ihrer eigenen Geburt geschah:

> Ich kam 1944 zur Welt, in einer Zeit, in der Krankenhausgeburten sich gerade als die Norm in Amerika etabliert hatten. In den Kliniken bekamen die Frauen in den Wehen häufig sedierende Arzneimittel. Sie wachten oft erst dann wieder auf, wenn eine Krankenschwester ihnen ihr Baby brachte. Die Krankenschwestern hatten strikte Anweisungen, den Arzt erst am Ende der Wehen zu rufen, aber es bestand das Gebot, dass er (zu der Zeit waren buchstäblich alle Ärzte Männer) bei der Geburt dabei war – Krankenschwestern durften den Kindern nicht selbst auf die Welt helfen. Darum hielt man den Frauen damals oft die Beine zusammen (manchmal wurden sie sogar zusammengebunden), damit sie nicht entbinden konnten, bevor der Arzt kam. Wir wissen nicht, wie viele Kinder einen permanenten Hirnschaden dadurch erlitten, dass sie gewaltsam zurückgehalten wurden.
>
> Ich kam schneller als erwartet, der zuständige Arzt hatte schon Feierabend. Er kam nicht schnell genug. Meine Mutter war nach Krankenhausvorschrift mit der Krankenschwester alleine. Bei ihrer eigenen Geburt (im 1. Weltkrieg) war ihre Mutter, eine zierliche, taube Frau aus Russland, in einem Krankenhauszimmer eingeschlossen worden, wo sie sich alleine durch die Wehen kämpfen musste. Es gab nicht genug Krankenschwestern. Trotz der Betäubung war meine Mutter bei Bewusstsein, als ich zur Welt kam. Als mein Kopf zu sehen und der Arzt noch nicht eingetroffen war, legte die Krankenschwester meiner Mutter eine Monatsbinde zwischen die Beine und drückte meinen Kopf jedes Mal, wenn eine Wehe ihn herauspresste, zurück, so lange, bis der Arzt endlich erschien und mich „entband“.
>
> Routinemäßig wurden in US-amerikanischen Kliniken Mütter und Babys direkt nach der Geburt voneinander getrennt. Die meisten Mütter waren nicht bei Bewusstsein und gar nicht in der Lage, zu sehen und zu spüren, wie ihre Kinder zur Welt kamen. Als meine Mutter mich drei Tage, nachdem ich zur Welt gekommen war, das erste Mal zu Gesicht bekam, fütterte sie mich nach Anweisung des Arztes mit der Flasche, ohne zu versuchen, mich an die Brust zu legen. So sah eine moderne Entbindung 1944 aus.[91]

In den Geburts-Matrix-Reimprinting-Sitzungen mit Suzanne arbeiteten wir mit ihrem ECHO im Mutterleib und lösten die Angst und die Wut darüber auf, festzustecken und zurückgedrängt zu werden. Wir lösten auch das Gefühl, ausgeliefert zu sein, und den Glaubenssatz, dass sie sterben würde, auf. Sie vertraute mir an, dass ihr ECHO sich fühlte, als sei es während des Geburtsvorgangs mehrere Male gestorben. Suzanne erkannte, dass durch ihre Geburt ein Missbrauchsmuster entstanden war, das sich durch ihr ganzes Leben zog. In den Sitzungen konnte sie nicht nur das Trauma auflösen und ihre Glaubenssätze verändern, sondern auch eine natürliche, ungestörte, selbstermächtigte Geburt erschaffen und sich mit ihrer Mutter verbinden.

Sie konnte in ihrer Erfahrung sogar ein Geschenk sehen. Suzanne spielt in der Bewegung für natürliche Geburt eine Schlüsselrolle. Ihr Buch ist ein erschütternder Bericht über das westliche Geburtssystem. Sie ist sich der Tatsache bewusst, dass sie sich ohne die Erfahrungen, die sie selbst in ihrem Leben machen musste, weniger für dieses Thema engagiert hätte.

Beachten Sie bitte, dass nicht nur Suzannes Geburt traumatisch war, sondern auch die ihrer Mutter. Und auch die Geburt ihrer Tochter war für Suzanne traumatisch. Das geschieht häufig, wenn in der Familie ein Muster für Geburtstraumata besteht. Wie jedes andere Familienmuster wiederholt auch dieses sich so lange, bis es aufgelöst wird. Durch das Auflösen des Traumas durch Geburts-Matrix-Reimprinting werden die Muster durchbrochen und eine generationsübergreifende Heilung kann stattfinden.

In dem Film *What Babies Want* ist ein Interview mit einem Mann zu sehen, dessen Mutter ihn am Straßenrand zur Welt brachte. Sein Vater, der in Panik war, weil er nicht wusste, was er tun sollte, drückte den Kopf des Kindes in die Mutter zurück. Der Mann erzählte: „Ich wollte nicht wirklich ein zweites Mal herauskommen; beim ersten Mal war ich bereit und willig, aber beim zweiten Mal fand ich es zu beängstigend – sie wollten mich nicht, sie hatten mich zurückgewiesen. Ich wollte einfach dort bleiben und sterben. In meinem Leben wurde ich immer wieder zurückgewiesen. Ich kann es durch mein ganzes Leben zurückverfolgen: Ich fühlte mich damals abgelehnt und seitdem immer wieder und wieder."

In dem gleichen Dokumentarfilm sagt eine Frau, die auf dem Rücksitz eines Autos gebar, dass sie die Wehe spürte, die ihre Tochter zur Welt bringen sollte, aber anstatt zu gebären, ihren Körper so starr wie möglich machte, um ihr Baby davon abzuhalten herauszukommen. Beide Begebenheiten zeigen uns die Angst und Unwissenheit, die wir angesichts natürlicher Geburt empfinden.

In beiden Fällen musste das Baby wegen des Glaubenssatzes, dass ein Kind unbedingt in einem Krankenhaus zur Welt kommen muss, im Mutterleib bleiben. Als Ergebnis der Konditionierung haben wir uns von unseren natürlichen Instinkten abgeschnitten.

Leichte Geburt

Manchmal können aber auch durch eine leichte Geburt, bei der alles nach Plan geht, Probleme entstehen. Bei Menschen mit einer leichten Geburt spiegelt sich die Leichtigkeit vielleicht in ihrem Leben wider. Sie sehen, wie Menschen sich um sie herum abmühen und denken, sie müssten das ebenfalls. Manchmal haben sie das Gefühl, unwürdig zu sein oder kein leichtes Leben zu verdienen. Es kommt auch vor, dass sie befürchten, dass das Leben irgendwann schwerer werden wird und ihnen dann die Bewältigungsstrategien dafür fehlen. Oder sie glauben, dass etwas, was leicht zu haben ist, nichts wert ist.[92]

„Falsches Geschlecht“

Manchmal wird ein Kind mit einem „falschen Geschlecht“ geboren. Das kann vorkommen, wenn die Eltern bestimmte Erwartungen hatten oder man ihnen ein anderes Geschlecht genannt hatte. Karl Dawson erzählt oft, dass ihm und seiner Frau bei einer Ultraschalluntersuchung gesagt wurde, dass ihr Kind definitiv ein Junge sei; als sie nachfragten, ob das sicher sei, war die Ärztin sogar ungehalten. Als dann eine Tochter zur Welt kam, war Karl geschockt und rief: „Oh nein, mein Kind ist deformiert“, weil er dachte, etwas stimme nicht mit seinem Sohn (denn den hatte er ja erwartet). Als er von der Hebamme die Worte: „Glückwunsch, Sie haben eine Tochter!“ hörte, wurde ihm bewusst, was in seinem Kopf vor sich gegangen war und er freute sich. Karl erzählte kürzlich von einer Matrix-Reimprinting-Sitzung mit seiner Tochter, mittlerweile ein Teenager. Als sie der aktuellen Energie zurück zu ihrer Geburt folgte, wurde ihr klar, dass sie in dem Augenblick, in dem sie ihrem Vater ins Gesicht sah, dort nur Enttäuschung fand und den Glaubenssatz „Ich bin eine Enttäuschung“ bildete. Sie regt sich schnell auf, wenn sie denkt, dass sie etwas falsch gemacht hat. Während der Sitzung erklärten sie ihrem ECHO, dass ihr Vater nur schockiert war, weil er einen Jungen erwartet hatte und dass er sie sehr liebt und sehr glücklich darüber ist, dass sie ein Mädchen ist. Sie prägten ein neues Bild davon, wie er sie als Mädchen auf der Welt willkommen heißt.

Meine Freundin und ich erlebten einmal einen Durchbruch bei einer Sitzung, die wir im Rahmen eines Kurses durchführten. Wir waren gebeten worden, uns von einer Liste einen einschränkenden Glaubenssatz auszusuchen, der eine emotionale Ladung für uns enthielt. Als meine Freundin die Liste durchging, traf das auf keinen dieser Glaubenssätze zu, aber einer brachte sie zum Lachen. Ich glaube, dass Lachen oft eine tiefergehende Emotion kaschiert, also riet ich ihr, genau diesen zu nehmen. Er lautete: „Mein Penis war nicht groß genug!“ Offensichtlich handelte es sich um einen Glaubenssatz, der eigentlich für männliche Teilnehmer bestimmt war. Ich war sehr neugierig, welche Verbindung sie zu diesem Satz hatte. Sie sagte: „Mein Vater wollte immer einen Jungen. Ich habe mein Leben lang versucht, der Junge zu sein, den mein Vater haben wollte.“

Meine Freundin ist eine atemberaubende Schönheit. Sie hat eine große, grazile Gestalt und naturblondes Haar. Aber sie trug ihr Haar immer kurzgeschnitten und männliche Kleidung. Sie ist eine erfolgreiche Geschäftsfrau, die mehrere Unternehmen leitet. Als wir darüber sprachen, wurde sie sich des Musters bewusst: Sie suchte immer nach Bestätigung und Lob von Seiten der Männer in ihrem Geschäfts- und Privatleben.

Wir führten eine Geburts-Matrix-Reimprinting-Sitzung durch. Wir gingen zu dem Zeitpunkt zurück, als ihr Vater realisierte, dass er eine Tochter bekommen hatte und halfen ihrem Säuglings-Selbst, zu sehen, wie sehr ihr Vater sie liebte.

Als ich sie ein paar Monate später wieder traf, hatte sie sich das Haar etwas länger wachsen lassen, ihre Frisur war viel femininer. Auch ihr Kleidungsstil hatte sich verändert. Am Wesentlichsten war aber, dass sich die Beziehung zu ihrem Vater und ihren männlichen Geschäftspartnern radikal verändert hatte.

Heather – Das Gefühl, im Leben nicht voranzukommen

Heather, 63 Jahre alt, hatte das Gefühl festzustecken. Sie war am Tiefpunkt ihres Lebens angelangt, war gezwungen gewesen, ihr Haus zu verkaufen und lebte wieder bei ihrer Mutter.

Ihr ganzes Leben lang hatte sie mit Beziehungen gekämpft. Sie hatte das Gefühl, nicht zu wissen, wer sie war, und dass niemand sie jemals unterstützt hatte. Zwei Jahre zuvor hatte sie ihr Unternehmen verloren, sie fühlte sich ausgebrannt und wusste nicht, welche Richtung sie im Leben einschlagen sollte. Sie hatte unter einer Depression gelitten und erst kürzlich ihre Antidepressiva abgesetzt.

Als sie in ihren Körper hineinspürte, war da sehr viel schwarze Energie in ihrem Brustkorb. Wir hatten ursprünglich gedacht, wir würden in die Zeit zurückgehen, als ihre Schwester geboren wurde. Die Aufmerksamkeit ihrer Mutter hatte sich vollkommen auf ihre Schwester konzentriert und Heather hatte sich unerwünscht gefühlt. Wir gingen jedoch noch weiter zurück, in das zweite Drittel der Schwangerschaft. Ihr ECHO fühlte sich ungeliebt und unerwünscht. Ich fragte Heather, ob sie ihr ECHO lieben könnte. Sie konnte es und bemerkte eine Veränderung. Dann spürten wir in ihre Mutter hinein und fanden heraus, dass sie frustriert und ärgerlich war, weil auch sie sich nicht geliebt und unterstützt fühlte. Wir sahen uns das Herz ihrer Mutter an und entdeckten, dass es klein und verschlossen war. Das war nur folgerichtig, weil sie sich niemals von ihrer eigenen Mutter geliebt gefühlt hatte. Als wir fragten, was ihre Mutter brauche, kam eine pinke Rose als Ressource ins Spiel. (Ich habe schon erwähnt, dass Pink Trennung heilt und Liebe bringt.) Wir erklärten ihrem ECHO, dass ihre Mutter nicht in der Lage gewesen war, ihr Liebe zu geben, weil sie selbst keine bekommen hatte.

Wir fanden ebenfalls heraus, dass ihre Mutter Probleme mit ihrer eigenen jüngeren Schwester hatte. Deshalb sollte Heather ein Junge werden. Ein weiter Grund für Groll. Wir lösten den Geschwistergroll sowohl für Heather als auch für ihre Mutter auf.

Ein weiterer Grund dafür, dass sich ihre Mutter einen Jungen gewünscht hatte, war der, dass sie Heathers Vater glücklich machen wollte. Auch hier konnte Heather sehen, dass es nichts Persönliches war. Nachdem ihre Mutter ihr Herz geöffnet hatte, fühlte sich Heathers ECHO sicher genug, um zu schreien. Als ich sie fragte, warum sie das Bedürfnis hatte zu schreien, sagte sie, dass sie einfach nur gesehen und gehört werden wollte. Während ihr ECHO schrie, bat ich ihr erwachsenes Selbst, mit ihrer Mutter zu sprechen und ihr zu erklären, was das ECHO von ihr brauchte. Ihre Mutter war dann in der Lage, sich mit ihr zu verbinden und sie zu lieben. Heathers ECHO wusste nun, dass es geliebt und erwünscht war. Es konnte sich nun sicher fühlen und entspannen. Das Geschenk ihrer Mutter war, ihr zu zeigen, wie es sich anfühlt, keine Liebe zeigen zu können. So konnte sie ihren Weg zur Liebe zurück finden. Heather wusste, dass einige Ereignisse, die später in ihrem Leben aufgetreten waren, mit einem ähnlichen Thema zu tun hatten. Daher bearbeiteten wir auch diese.

Wir besuchten Heathers 4-jähriges Selbst. Heathers Vater war zu beschäftigt, um ihr Aufmerksamkeit zu schenken. Das löste in ihr das Gefühl aus, unerwünscht zu sein. Wir arbeiteten mit dem Vater, auf dem der Druck und die Verantwortung lasteten, härter arbeiten zu müssen, um das Auskommen der wachsenden Familie sicherzustellen. Ich schlug vor, dass Heather mit ihrem 4-jährigen Selbst sprechen und ihm erklären sollte, warum ihr Vater ihr so wenig Aufmerksamkeit widmen konnte. Als ihr jüngeres Selbst verstanden hatte, dass dies wieder gar nichts mit ihm zu tun hatte, sprang es auf und hüpfte in den Garten.

Wir besuchten auch Heathers zweieinhalbjähriges Selbst, das bei einer Nachbarin war, während Heathers jüngere Schwester zur Welt kam. Während sie alleine im Garten war, hatte Heather einen Unfall, sie fiel von der Schaukel auf den Betonboden – ein Schneidezahn brach ab. Sie fühlte sich alleine und ungeliebt und traf die Entscheidung, sich in Zukunft um sich selbst zu kümmern, da offenbar niemand sonst für sie da war. Wir klopften und lösten den Schock des Sturzes auf und Heather umarmte ihr jüngeres Selbst. Dann brachten wir auch ihre Mutter ins Bild.

Als wir noch einmal unsere Arbeit überprüften, schlief ihr ECHO im Mutterleib. Es fühlte sich sicher, geliebt und erwünscht. Wir prägten dieses Bild und verwendeten dabei die

Farbe Türkis (die Farbe des Vertrauens und des Glaubens, die heilend wirkt, wenn man sich nicht gehört fühlt oder etwas nicht aussprechen kann).

Heather hatte ihr Leben lang keine Gefühle ausgedrückt, da ihr vermittelt worden war, dass dies nicht erlaubt war und dass sie unerwünscht war, wenn sie ihren Bedürfnissen Ausdruck verlieh.

Nach der Sitzung verschwanden die Depressionen und sie fand eine neue, tiefere und engere Verbindung zu ihrer Mutter.

Nabelschnur um den Hals

Rund ein Drittel aller Babys werden mit der Nabelschnur um den Hals geboren.[93] Im Uterus ist die Nabelschnur locker und beweglich, auch wenn sie sich um den Hals des Kindes gewickelt hat. Erst bei der Geburt, wenn der Kopf des Kindes in die Vagina kommt, wird es eng.[94]

Dann wird kurzzeitig die Sauerstoffversorgung durch die Nabelschnur vermindert und das Kind spürt die Anspannung um den Hals. Trotzdem ist es besser, sie dann zu lockern als sie abzuschneiden, damit das Baby wieder über die Nabelschnur mit Blut versorgt wird. Dann wird es sich rasch erholen.[95]

Wenn das Kind jedoch mit der um den Hals gewickelten Nabelschnur im Geburtskanal feststeckt, kann das zu einem Gefühl des Erstickens und des „in der Falle Sitzens“ führen. Später im Leben äußert sich das häufig in Panik, verbunden mit dem Gefühl, nicht genug Luft zu bekommen.

Oder man kann keine enganliegende Kleidung um den Hals ertragen und hat Angst, eingesperrt zu werden. Es kann auch eine erhöhte Neigung dazu bestehen, sich über Ereignisse Sorgen zu machen, bevor sie stattfinden, weil diese lebensbedrohlich zu sein scheinen. Betroffene Menschen spüren, dass die Verbindung zwischen dem Herz und dem Kopf fehlt, und haben Schwierigkeiten damit, ihre Gefühle auszudrücken.[96]

Depressionen und Angstzustände
von Forrest Samnik

Ich führte eine Geburts-Matrix-Reimprinting-Sitzung mit einem Klienten durch, der Clonazepam und Seroquel nahm – Medikamente gegen Depressionen und Angstzustände. Er kam mit einer um den Hals gewickelten Nabelschnur auf die Welt. Als es darum ging, eine neue Erinnerung zu prägen, wählte er sich einen Engel zur Hilfe, der ihn umarmte, während er den Hals sanft von der Nabelschnur befreite. Er war in der Lage, seinen Glaubenssatz „Mein Leben wird aus mir gepresst, so dass ich nicht atmen kann" loszulassen.

In den vielen Sitzungen, die ich mittlerweile durchgeführt habe, bei denen die Nabelschnur um den Hals des ECHOs gewickelt war, habe ich gelernt, dass es wichtig ist, den Klienten zu fragen, wie er die Schnur lösen möchte. Manche möchten dabei die Hilfe einer anderen Person, wie im obigen Fall. Manche möchten die Nabelschnur aber auch selbst abwickeln und erschaffen so für sich ein Gefühl der Selbstermächtigung, anstatt des Gefühls, ein Opfer zu sein, das gerettet werden muss. Zu Beginn einer Sitzung frage ich das ECHO oft, was es braucht, um darauf vertrauen zu können, dass die Nabelschnur sich nicht um seinen Hals legt. Einige entscheiden sich dafür, die Schnur zu halten, andere wollen die Schnur auf eine Schlauchtrommel aufspulen, damit man sie bei der Geburt leicht abrollen kann. Einen Weg zu finden, dieses extra bisschen Sicherheit zu erschaffen, ist häufig essentiell für den Prozess und macht den Unterschied zwischen Angst und Vertrauen aus.

Zukunfts-Geburts-Matrix-Reimprinting

Im vorherigen Kapitel habe ich darauf hingewiesen, dass jegliches Trauma rund um die Empfängnis und die Zeit in der Gebärmutter vor der Geburt aufgelöst werden sollte; das gilt ebenso für alle Geburtstraumata, die die Mutter erlebt haben könnte, und beinhaltet auch Ängste vor dem Gebären. Das Zukunfts-Geburts-Matrix-Reimprinting ist eine perfekte Möglichkeit für die Mutter, sich mit ihren Ängsten auseinanderzusetzen.

Wenn die Ängste der Mutter aufgelöst sind, können Sie sie bitten zu überprüfen, wie es dem Kind geht und ob bei ihm irgendetwas aufgelöst werden muss, bevor es zur Welt kommt. So kann man Themen oder Schwierigkeiten des Kindes aus einem früheren Leben oder alles, was im Mutterleib geschehen sein mag, auflösen. Um diesen Prozess durchzuführen, stellt die Mutter sich das Baby vor und arbeitet mit seinem ECHO. Sie kann dabei immer wieder überprüfen, wie es dem Baby geht.

Eine andere Technik, die ich häufig bei schwangeren Frauen anwende, ist, sie zu bitten, in ihren Körper hineinzuspüren, vor allem, wenn die Geburt kurz bevorsteht. Ihr Körper soll so entspannt wie nur möglich sein. Es kann dann sein, dass sie eine Anspannung in der Lendenwirbelsäule spürt oder dass etwas mit den Sehnen nicht stimmt. Es ist wichtig, dass sie weicher werden, damit das Becken sich bewegen und für die Geburt ein bisschen weiter öffnen kann. Bitten Sie die Mutter, in ihren Körper hineinzuspüren, um herauszufinden, ob es Körperteile gibt, in denen sie angespannt ist. Lösen Sie die Spannung auf. Sie können sie zum Beispiel fragen, ob sich ihre Hüften steif anfühlen. Bitten Sie sie, sich vorzustellen, dass ein Licht in diesen Bereich scheint. Lassen Sie sich beschreiben, wie die Steifheit aussieht, wie sie sich anfühlt, welche Farbe sie hat, ob sie eine Form hat und ob es eine Emotion gibt, die in ihr feststeckt. Die Arbeit mit Metaphern ist bei solchen Gelegenheiten sehr wirkungsvoll. Lösen Sie mit der Klopfakupressur alle Probleme, die sich im Körper zeigen.

Sobald der Körper vollkommen entspannt und bereit zur Geburt ist, soll die Mutter dem Baby erklären, dass dies nur eine „Probe“ ist und dass die wirkliche Geburt erst in der Zukunft geschehen wird.

Dann wird die Geburt vorbereitet. Fragen Sie die Mutter, was sie braucht, um sich selbstermächtigt und wohl in ihrem Körper zu fühlen. Vergewissern Sie sich, dass ihr alle Ressourcen zur Verfügung stehen, die sie benötigt.

Führen Sie sie danach durch den Geburtsvorgang und den Bondingprozess und senden Sie das neue Bild nach außen.

Einsetzen der Wehen und Drehen von Steißgeburten

Sie können Zukunfts-Geburts-Matrix-Reimprinting einsetzen, um die Wehen anzuregen oder um dabei zu helfen, eine Steißlage zu drehen –

unter der Voraussetzung, dass es sich um keinen Notfall handelt. In den meisten Fällen ist Angst dafür verantwortlich, dass das Kind nicht herauskommt oder nicht in der richtigen Lage ist. Häufig leiden sowohl Mutter als auch Kind unter dem Zeitdruck einer Entbindung. Oder sie befürchten, dass die Geburt nicht gut verlaufen oder ihnen der Vorgang aus der Hand genommen wird. Es gibt fast immer ein Sicherheitsthema. Das Kind greift die Ängste der Mutter auf und tut alles, was es kann, um im Mutterleib zu bleiben, bis sie sich sicherer fühlt.

Klopfen Sie die Ängste und erlauben Sie damit der Mutter, sie zu spüren und auszudrücken. Verwenden Sie Matrix Reimprinting, um mit dem Baby im Mutterleib zu arbeiten und die Angst aufzulösen, die es aufgenommen hat.

Amy

Amy rief mich um 10 Uhr abends an, weil sie Angst hatte. Die Ärzte hatten ihr gesagt, dass ihr Kind überfällig sei und sich in Steißlage befinde. Wenn sich die Situation nicht innerhalb von zwei Tagen bessere, würden sie die Geburt einleiten, was zu einem Kaiserschnitt führen könnte. Wir arbeiteten mit dem Druck, den sie empfand, und der Angst, dass der Geburtsvorgang von den Ärzten bestimmt werden würde. Wir verbanden uns auch mit dem Kind, um zu sehen, wie es ihm ging. Es war keine Überraschung, dass das Kind die Angst der Mutter spürte und nicht herauskommen wollte, also klopften wir diese Gefühle. Noch während der Sitzung hatte Amy das Gefühl, dass das Kind sich drehte. Um 2 Uhr morgens in dieser Nacht setzten die Wehen ein und sie erlebte eine natürliche Geburt.

Die Art und Weise, in der wir uns die Geburt vorstellen, kann eine tiefgreifende Auswirkung auf das tatsächliche Geschehen haben. Wir beeinflussen mit diesem Prozess nicht nur Körper und Geist, sondern auch das energetische Feld, das mit der Geburt verbunden ist. Die Energie, die aus Ängsten, Erfahrungen, Geschichten von anderen und früheren Geburtstraumata entstanden ist, wird im sogenannten „Feld“ oder der „Matrix“ gespeichert. Dadurch, dass wir immer wieder hinein spüren, wird die Geburt beeinflusst. Wenn wir ein neues, positives Bild im Feld neu prägen (vor allem, wenn wir uns mit unseren Gedanken, Gefühlen und Emotionen in es hineinbegeben), wird eine starke Resonanz für eine positive Geburtserfahrung erzeugt.

Karl Dawson erklärt, dass diese neuen, positiven Bilder eine viel größere Kraft haben als die negativen. Wenn wir diese ersetzen, begeben wir uns in das Feld der positiven Geburt. Wenn dann der Geburtsvorgang einsetzt, gehen wir in dieses Bild. Wir nehmen die Informationen in unseren Körper auf und er reagiert entsprechend.

Im nächsten Kapitel werden wir uns ansehen, wie das Neuprägen der Geburt sich auf das Leben des Kindes auswirken kann.

Kapitel 17 – Die Mutter nach der Geburt

Vergeben heißt, sich selbst die Freiheit zu schenken, wieder glücklich zu sein.
Stephen Lane Taylor

Eine der kraftvollsten Entdeckungen, die ich mit Geburts-Matrix-Reimprinting gemacht habe, ist die tiefgreifende Auswirkung auf die physische und emotionale Gesundheit eines Kindes, wenn man mit der Mutter an der Neuprägung der Geburt arbeitet.

Diese Arbeit findet auf einer Quantenebene statt – jenseits der Wahrnehmung des bewussten Verstandes. Es existiert ein energetisches Feld, das alle Informationen über die Geburt, das Verhalten der Mutter, ihre Glaubenssätze und Projektionen enthält. Wenn diese aufgelöst werden, kann das die Beziehung zwischen Mutter und Kind verändern. Die folgenden Fälle sind klassische Beispiele dafür.

Jake – Epilepsie
Ich arbeitete mit Meggie und klopfte sie stellvertretend für ihren 7-jährigen Sohn Jake.

Jake hatte seit seiner Geburt zwei bis drei epileptische Anfälle am Tag. Ich fragte Meggie nach Groß-T-Traumata während der Schwangerschaft. Sie erzählte: „Ich fand in der sechsten Woche heraus, dass ich schwanger war. Mein Mann war vor Freude total aus dem Häuschen. Zwei Wochen später kam er nach der Arbeit nicht nach Hause.“ Sie wusste nicht, ob er lebte oder tot war. Er war buchstäblich vom Erdboden verschwunden. Erst eine Woche nach Jakes Geburt tauchte er wieder auf. Er war gegangen, weil er Angst davor hatte, Vater zu werden.

Während unserer ersten Sitzung arbeiteten wir mit ihrem Trauma wegen seines Verschwindens. Wir arbeiteten mit Meggies jüngerem Selbst und den Gefühlen des Schocks, der Verwirrung, des Kummers und des Nichtwissens, ob ihr Mann tot oder lebendig war. Wir klopften auch Baby Jake im Mutterleib und lösten bei ihm ebenfalls den Schock, das Trauma und alle Gefühle, die er von seiner Mutter übernommen hatte. Dann behandelten wir Meggies Ehemann in Stellvertretung. Meggie ist sehr intuitiv. Sie konnte sich mit seinem 7-jährigen ECHO verbinden, das die Entscheidung getroffen hatte, für ein Kind keine Verantwortung tragen zu können und deshalb niemals Vater werden zu wollen. Beim Stellvertreterklopfen mit seinem erwachsenen Ich bekam sie ein Verständnis dafür, warum er sie verlassen hatte. Wir prägten das Bild von Meggie, ihrem Mann und seinem 7-jährigen Selbst neu.

Am Ende der Sitzung fragte Meggie mich, ob sie ihm von der Sitzung erzählen sollte. Ich überließ es ihr. Am nächsten Tag rief sie mich an. „Das ahnen Sie nie. Mein Mann kam von der Arbeit nach Hause und bevor ich ihm überhaupt erzählen konnte, was wir in der Sitzung gemacht haben, sagte er: ‘Ich war heute total aufgewühlt. Ich bin auf die Toilette gegangen, um zu weinen. Keine Ahnung, woher das kam. Aber jetzt fühle ich mich wunderbar.’“

„Wie spät war es da?“ wollte Meggie wissen. Es geschah genau zur Zeit unserer Sitzung – etwas, was ich schon bei vielen Gelegenheiten erlebt habe. Dann erzählte Meggie ihm von der Sitzung.

Nach der ersten Sitzung verringerte sich die Anzahl von Jakes Anfällen von zwei bis drei am Tag auf einmal in der Woche.

In der zweiten arbeiteten wir an Jakes Geburt, die hochtraumatisch war. Es gab viele medizinische Interventionen und Jake atmete zunächst nicht. Er wäre fast gestorben. Er musste zahlreiche Operationen über sich ergehen lassen, alle möglichen Braunülen waren gelegt worden und Schläuche steckten in jeder Körperöffnung. Wir lösten sowohl das Trauma von Jakes Geburt als auch das der medizinischen Eingriffe auf und prägten seine Geburt neu, einschließlich des Bondings mit seiner Mutter. Viele Engel wurden während der Reimprinting-Sitzung zu Hilfe gerufen.

An diesem Abend hatte Jake einen sehr heftigen Anfall. Den schlimmsten, den er jemals gehabt hatte, sagte Meggie. Dabei spuckte er eine schwarze Flüssigkeit aus. Meggie wusste instinktiv, dass er sich all der Medikamente entledigte, die man ihm verabreicht hatte. Sie erzählte weiter, dass er trotz der Heftigkeit des Anfalls danach voller Energie gewesen war. Normalerweise musste er nach einem Anfall immer schlafen. Er sah seine Mutter an und sagte: „Oh danke, Mama." Sie machte ihn sauber und er spielte einfach weiter.

Nach dieser zweiten Sitzung verging ein ganzer Monat ohne einen Anfall. Darüber hinaus verbesserten sich seine schulischen Leistungen. Er bekam seine ersten goldenen Sternchen und Auszeichnungen und wurde dafür gelobt, dass er anderen half. Sein Lesen und seine Schrift verbesserten sich.

In der dritten Sitzung arbeiteten wir mit Meggies Angst, alleine mit ihm nach draußen zu gehen, weil sie immer mit einem Anfall rechnete. Sie hasste es, angestarrt zu werden. Außerdem hatte ihr niemand jemals geholfen, wenn er draußen einen Anfall hatte. Als wir eine ihrer früheren Erinnerungen von einem Anfall Jakes in der Öffentlichkeit neu prägen wollten, bat ich sie, zurückzutreten und auf sich selbst zu sehen, so als sei sie jemand anderer. Ihr wurde klar, dass niemand ihr half, weil sie den Eindruck machte, dass sie die Situation unter Kontrolle hatte. Sie sah auch, dass die Umstehenden zum Teil selbst geschockt waren. Ich fragte sie, ob es nicht doch einmal jemanden gegeben hätte, der ihr geholfen hatte. Sie antwortete: „Ja, doch, da war ein Mann, der vorbei kam, er hob Jake nach dem Anfall auf und trug ihn für mich zurück zum Auto." Bei der Neuprägung baten wir diesen Mann, allen Umstehenden Aufgaben zu geben. Er sollte ihnen erklären, dass Meggie, obwohl sie so souverän wirkte, Hilfe benötigte.

Nach der dritten Sitzung hatte Jake vier Monate lang keinen Anfall.

Jake hatte einen vagalen Nervenstimulator (VNS), der in seine Brust implantiert wurde, als er ca. zwei Jahre alt war. Bei der VNS-Therapie werden mithilfe eines Impulsgenerators sanfte elektrische Reize an den Vagusnerv gesendet, um Anzahl, Länge und Schwere der Anfälle zu reduzieren.[97]

Jakes Ärzte fragten sich, warum er plötzlich vier Monate lang keinen Anfall hatte. In dieser Zeit wurde Meggie mit Jakes Bruder schwanger. Sie hatte sich schon länger noch ein Kind gewünscht, aber wegen Jakes Anfällen hatte es in ihrem Leben einfach keinen Platz für ein weiteres Kind gegeben.

2014 war Jake 13 Jahre alt und hatte im Schnitt nur noch alle drei Monate einen Anfall.

Claire – ein Erfahrungsbericht

Ich habe mit Sharon an der Geburt meiner Tochter gearbeitet. Die Sitzung fand statt, als sie zweieinhalb Jahre alt war. Ich hatte in Bezug auf ihre Geburt immer gemischte Gefühle, es kamen sowohl Freude als auch Traurigkeit hoch.

Ich dachte, wir würden direkt mit ihrer Geburt beginnen, aber wir arbeiteten zuerst an einer Situation, wo ich mit meinen Eltern und meinem Bruder in einem Restaurant war. Meine Mutter sagte zu mir: „Du bist erst seit sieben Wochen schwanger! Hör auf, deinen Bauch zu halten! Hör auf, dich so zu benehmen!“ Ich fragte sie, warum, und sie antwortete: „Was ist, wenn du eine Fehlgeburt hast? Hör auf, dich so albern zu benehmen. Niemand hält seinen Bauch so in der siebten Woche.“ Ich erinnere mich, dass ich wütend war und mein Baby beschützen wollte, aber was sie gesagt hatte, machte mir auch Angst. Sharon fragte mich, wie viel von der Furcht wirklich meine war und wie viel davon meiner Mutter gehörte. Es war zu 90 % ihre. Sie hatte vor 30 Jahren eine wirklich traumatische Fehlgeburt gehabt. Mir wurde klar, dass ich ihre Ängste übernommen hatte. Dann hatte ich sie verdrängt und versucht, das in den nächsten sieben Monaten durchzuziehen.

Aber sobald die Wehen einsetzten, tauchten sie wieder auf. Wir lösten diese Ängste in der Sitzung auf.

Als Nächstes gingen wir zu dem Augenblick, in dem meine Tochter gezeugt wurde. Ren, mein damaliger Partner, und ich waren dabei beide wütend und sahen uns nicht einmal an. Sharon wollte von mir wissen: „Wie viel davon ist Ärger, wie viel Leidenschaft?“ Ich sah hin und musste lachen. Für mich waren es 90 % Wut und 10 % Leidenschaft. Für Ren waren es 10 % Wut und 90 % Leidenschaft! Kein Wunder, dass er immer so verwirrt wirkte, wenn ich sagte, dass unsere Tochter in Wut entstanden war. Er hatte immer gesagt: „Ich erinnere mich nicht daran, wütend gewesen zu sein!“

In der Sitzung änderten wir das Bild, so dass wir uns ansahen und sich ein Großteil meiner Wut auflöste. Danach bearbeiteten wir die Geburt. Ich krümmte mich zusammen, lehnte mich über das Bett und Ren suchte nach den Hypnobirthing-Anleitungen. Als die Schmerzen stärker wurden, bat ich ihn, mich beim Atmen anzuleiten. Das war so vereinbart, damit ich mich um nichts anderes kümmern musste, als meinen Körper zu entspannen. Ich wartete darauf, dass er seinen Platz einnahm, aber als ich aufsah, wirkte er auf mich ängstlich und panisch. Sofort begann mein Herz zu klopfen.

Er stammelte: „Ich weiß nicht, wo...“

Ich fiel ihm ins Wort: „Hast du es zwei Mal gelesen? So, wie du es versprochen hast?“

„Nein, nicht zwei Mal, aber...“

Ich fiel ihm wieder ins Wort: „Kannst du die Anleitungen auswendig?“

„Nein, aber...“

„*Hau ab!* Wenn du jetzt nicht für mich da sein kannst, muss ich das alleine machen“, schrie ich.

Adrenalin schoss durch meinen Körper; ich war im Kampf- oder Fluchtmodus. In diesem Augenblick setzte unser Kind seinen Weg nicht fort.

In der Sitzung fror ich Ren an der Tür ein, bevor er gehen konnte. Ich nahm mir die Zeit, die ich brauchte, um zu mir selbst zu kommen und die Kampf- und Fluchtreaktion aufzulösen. Wir brachten auch Farbe ins Spiel, um die Angst zu verringern. Ich merkte, dass immer noch alles perfekt werden konnte, selbst, wenn es nicht so ablief, wie ich gehofft hatte. Während des Prozesses klopfte Sharon entweder meine Fingerpunkte oder hielt meine Hand. Das gab mir Halt. Mir wurde klar, dass mein Partner ebenfalls Angst gehabt hatte. Angst davor, etwas falsch zu machen, Angst vor meinen Schmerzen und Angst davor, dafür verantwortlich zu sein, sein Baby auf diese Welt zu geleiten. Mir wurde bewusst, wie er sich dabei gefühlt haben musste, aus dem Zimmer geschickt zu werden. Ich „taute“ ihn wieder auf und hielt ihn an der Tür auf. Ich sagte zu ihm: „Jetzt bin ich wieder ruhig. Geh nicht. Was wolltest du gerade sagen?“ Erleichtert kam er wieder zurück.

„Ich wollte gerade sagen, dass ich nicht sicher war, mit welchem Skript du anfangen willst. Es ist ja nicht so, als wüsste ich gar nichts.“

An diesem Punkt wollte Sharon überprüfen, wie es dem ECHO meiner Tochter ging. Sie war ängstlich, begann sich aber besser zu fühlen. Wir schickten ihr Farbe, aber wir mussten sie nicht klopfen. Sie wollte, dass ihr Vater und ich uns umarmten und küssten.

Dann verwandelten wir mein Bett in ein Geburtsbecken, in dem wir alle zusammen waren. Mein „Gegenwarts-Selbst“ wurde als Hebamme hinzugerufen. Sharon leitete mich zunächst an, als der Geburtsprozess einsetzte, aber dann ließ sie mich den Rest in Stille erleben. Das war ein unglaubliches Geschenk. Ich atmete ein und spürte, wie die Wellen durch mich hindurchgingen. Ich spürte, wie meine Tochter sich jauchzend nach unten in Bewegung setzte.

Bei dieser neuen Geburt wurde mir bewusst, dass sie mit den Füßen zuerst erschien. Statt panisch zu werden, sagte ich zu mir selbst: „Das ist typisch für sie, mit den Füßen zuerst rauszukommen, auf ihre eigene unnachahmliche Weise.“ So blieben ihre Schultern nicht stecken, wie es bei ihrer tatsächlichen Geburt geschehen war. Dieses Mal nahm mein „Hebammen-Ich“ sie unter Wasser in Empfang und überreichte sie mir. Sie begann sofort zu saugen. Ich konnte sogar das Ziehen an meinen Brustwarzen spüren. Ich sah ihr in die Augen und sie in meine. Ich griff nach oben und legte meine Hand um Rens Hals. Er küsste mich auf die Schulter. „Ich danke dir", sagte er. Und ich spürte seine Stärke und seine Arme um uns beide herum. Ich sagte laut zu Sharon: „Ich kann für beide gleichzeitig da sein." Es hatte sich ein Glaubenssatz in mir geändert. Bis dahin hatte ich immer das Gefühl gehabt, dass ich nicht für beide genug Liebe, Geduld und Zeit hätte, sondern nur für mein Kind. Ren sah seinem Kind in die Augen. Sie nahmen miteinander Verbindung auf und dann machten wir es uns zusammen gemütlich. Der Sonnenaufgang schien durch die Fenster unseres Schlafzimmers und tauchte alles in Gold, Pink und Orange. Das war das Bild, das wir neu prägten. Das war die neue Geburt meiner Tochter.

Nach der Sitzung ging ich zurück ins Hotel, wo Ren sich um unsere Tochter kümmerte. Obwohl wir keine intime Beziehung mehr miteinander hatten, bemerkte er beim Abendessen, dass ich ihm immer wieder „feurige" Blicke zuwarf.

Im Hotelzimmer entschieden meine Tochter und ich, zusammen ein Bad zu nehmen, so, wie wir es häufig vor dem Schlafengehen tun. Ich war gerade dabei, mir die Haare zu waschen, als Ren an die Tür klopfte und fragte, ob er hereinkommen dürfe. Wir sind uns immer noch sehr nah und er hat mich unzählige Male nackt gesehen, daher sagte ich ja. Er kam herein und unsere Tochter forderte ihn auf, zu uns in die Badewanne zu steigen. „Alle zusammen, alle zusammen", sagte sie immer wieder. Wir versuchten beide, ihr klarzumachen, dass die Badewanne zu klein sei und dass Daddy schon geduscht hatte und anderes, aber sie war nicht davon abzubringen. „Es macht mir nichts aus", hörte ich mich selbst sagen!!!!!!

„Äh, okay", er zögerte leicht und stieg dann hinter mir in die Badewanne. Es gab nicht genug Platz für mich, um mich zurückzulehnen und meine Haare auszuspülen, also tat er es mit einer Tasse. Plötzlich war da dieser Gedanke und ich lächelte: Wir waren genau in der gleichen Position wie im Geburtsbecken!

Am nächsten Morgen war ich früh wach und sah zur anderen Seite des Zimmers, wo das Doppelbett stand. Mein Ex war auch wach. Ich ging zu ihm und sagte etwas benebelt (so, wie man es morgens ist, wenn man noch nicht ganz wach ist): „Hey, ich weiß, warum ich dich gestern so angesehen habe. Ich hatte Sex mit dir in der Matrix!“ Er war ziemlich schockiert! Dann lachten wir beide und ich erklärte ihm, was ich gemeint hatte: Ich hatte meine Meinung darüber geändert, wie wir unsere Tochter gezeugt hatten. Wir lachten immer weiter und versuchten, unser kleines Mädchen nicht aufzuwecken.

„Ich habe dir gesagt, dass ich niemals dachte, dass sie in Wut gezeugt wurde“, sagte er.

Wir legten uns beide neben unsere Tochter, um ihr beim Aufwachen zuzusehen. Er lehnte sich zu mir und küsste meine Schulter, genau so, wie er es in der Sitzung getan hatte. Ich sagte nichts. Ich behielt es für mich.

Bettina – Rückmeldung nach einer Geburts-Matrix-Reimprinting-Präsentation 2014

Ich habe kürzlich Ihren Geburts-Matrix-Reimprinting-Vortrag bei der AMT's EFT Conference besucht. Ich habe meine Hand nicht gehoben, als Sie fragten, wer eine traumatische Entbindung hatte. Aber als Sie beschrieben, was Säuglinge durchmachen – die Tropfen, die Nadeln, das Stochern und Stoßen – wurde mir schnell klar, dass die Geburt meines Kindes alles andere als ideal gewesen ist. Ich klopfte mit und bald begannen die Tränen zu fließen. Ich war sogar kurz davor, den Raum zu verlassen, weil es mir so peinlich war, aber meine innere Stimme sagte mir, ich solle dableiben. Ich prägte die Geburt meiner Tochter unter Ihrer Anleitung neu und löste das Trauma durch Klopfen auf. Als Ihr Vortrag zu Ende war, hatte mich das Grauen verlassen. Ich erinnere mich, dass ich inneren Frieden empfand.

Später an diesem Abend erhielt ich eine Nachricht von meiner 17-jährigen Tochter. Sie war zu der Zeit in den Vereinigten Staaten und wusste nicht, dass ich die AMT's EFT Conference besuchte. Ich hatte drei Wochen lang vergeblich versucht, sie zu erreichen. Nun schrieb sie: „Was immer du heute auch für mich getan hast, ich danke dir dafür. Und ich vergebe dir alles, was zwischen uns passiert ist. Zum ersten Mal in meinem Leben empfinde ich echte Freude. Ich weiß, dass ich das dir verdanke."

Kapitel 18 – Auch Väter brauchen Hilfe

Vater zu werden ist eine der bedeutendsten und schwierigsten Erfahrungen, die ein Mann machen kann. Damit sie befriedigend und erfolgreich ist, ist es wichtig, dass Väter sich sicher, unterstützt und souverän fühlen. Das ist möglich, wenn wir für ausreichende Informationen und physische und emotionale Unterstützung der Vaterliebe sorgen.
Patrick M. Houser

Der Vater spielt eine sehr wichtige Rolle beim Aufbau einer starken und verbundenen Familieneinheit. Ich habe schon früher darauf hingewiesen, dass eine Mutter, die sich in ihrer Beziehung sicher und geliebt fühlt, höchstwahrscheinlich ein Kind bekommt, das sich ebenfalls sicher und geliebt fühlt. Wenn der Vater ängstlich und wütend ist, keine Unterstützung bietet oder sich gewalttätig verhält, wird das Baby diese Emotionen durch dic Mutter aufnehmen.

Vater werden

Der Partner von Meggie aus Kapitel 17 erlitt einen Schock, als er erfuhr, dass er Vater werden würde. Seine früheren Glaubenssätze über Vaterschaft wurden so stark angetriggert, dass sie ihn zur Flucht veranlassten. Die Schwangerschaft der Partnerin kann beim Vater bewusst oder unbewusst die eigenen Geburtserfahrungen und Kindheitserinnerungen antriggern. Das kann besonders dann Angst auslösen, wenn er nicht die Muster und Fehler seines Vaters wiederholen möchte. Andere, eher praktische Sorgen eines Vaters sind:

- Verantwortung für die Familie tragen zu müssen
- Nicht mehr richtig schlafen zu können, worunter die Arbeit leiden könnte
- Die Beziehung zu seiner Frau oder Partnerin könnte sich verändern
- Sorgen darüber, ob das Kind gesund zur Welt kommt

- Angst davor, die Partnerin oder das Kind bei der Entbindung zu verlieren

Darüber hinaus können Ängste entstehen, nicht gut genug zu sein oder nicht zu wissen, wie man ein guter Vater wird.

Der Geburtsprozess

Väter werden bei der Geburt häufig vergessen, da die ganze Aufmerksamkeit sich auf Mutter und Kind richtet. Dabei machen sie mit der Geburt ihrer Kinder eine sehr tiefgreifende und kraftvolle Erfahrung, die sich auf die ganze Familieneinheit auswirken kann.

Zu den Problemen, die ein Vater während des Geburtsprozesses haben kann, gehören:

- Das Gefühl, machtlos zu sein und keine Kontrolle zu haben. Die übliche Reaktion eines Mannes, der mitansehen muss, dass seine Partnerin Schmerzen erleidet, ist es, die Situation „richten" zu wollen. Er ist frustriert, weil es nichts gibt, was er tun könnte.
- Das Gefühl, sich in einer unsicheren Situation zu befinden, vor allem, weil er überhaupt keine Vorstellung davon hat, wie lange der Prozess dauern wird.
- Schockiert zu sein über die lauten und ungewöhnlichen Geräusche, die seine Partnerin von sich gibt – sie können Urängste in ihm auslösen.

Manchmal sind Väter wütend auf das medizinische Personal, das der Mutter ihres Kindes Schmerzen bereitet. Wenn sie diesen Ärger nicht ausdrücken können, bleibt er dauerhaft im Körper. Sich von den Geburtshelfern nicht ausreichend informiert zu fühlen, kann ebenfalls Wut und Ärger auslösen.

Väter können sich während des ganzen Ablaufes beiseite gestellt fühlen, manchmal empfinden sie sich auch als unerwünscht. Nicht zu wissen, was geschieht, was normal ist und was nicht, kann zu Angst und Verwirrung führen. Eine Doula oder eine verständnisvolle, unterstützende Hebamme, die sowohl der Mutter als auch dem Vater Sicherheit bietet, trägt zu einer sichereren Geburtsumgebung bei.

Sollten Väter bei der Geburt dabei sein?

Patrick Houser, ein Verfechter der natürlichen Geburt, Autor des *The Fathers-To-Be Handbook* und Mitbegründer von Fathers-To-Be, erklärt, dass „Studien zeigen, dass die hormonelle Aktivität eines Vaters sich während der Schwangerschaft seiner Partnerin verändert. Besonders stark reagieren die Hormone, wenn er bei der Geburt dabei ist. Hormone sind chemische Substanzen, die von Hormondrüsen oder Nervenzellen abgegeben werden und die Funktionen der Organe regulieren. Im Wesentlichen handelt es sich um chemische Botenstoffe, die Signale von einer Zelle zur anderen transportieren. Zu den Hormonen, deren Level bei Männern um die Zeit der Geburt herum ansteigt, gehören Prolaktin, Vasopressin und Oxytocin. Eine erhöhte Prolactin-Ausschüttung wird mit der Förderung des Bondings, der Bindung und der Fürsorge in Verbindung gebracht. Ein erhöhter Vasopressin-Level erweckt in einem Mann den Instinkt, seine Familie zu beschützen und zuhause zu bleiben, anstatt eine neue Partnerin zu suchen. Vasopressin fördert Verbindlichkeit und wird darum auch Monogamie-Hormon genannt. Wenn ein Vater seinem Kind nah ist, besonders mit Hautkontakt, erhöht sich seine Oxytocin-Produktion. Man weiß, dass das erhöhte Oxytocin des Vaters ein Schlüsselelement bei der Auslösung und Aufrechterhaltung seiner Beschützerinstinkte ist. Darüber hinaus hat ein Mann, der mit seinem Kind eng verbunden ist, einen niedrigeren Testosteron-Level. Dieser führt dazu, dass er entspannter und freundlicher ist. Die Wahrscheinlichkeit, dass er ausfallend wird oder sich scheiden lassen möchte, sinkt.“[98]

Also beeinflussen Schwangerschaft und Geburt nicht nur die Hormonsysteme von Mutter und Kind, sondern auch die des Vaters. Die Natur hat uns Menschen den bestmöglichen Start für eine gesunde, sichere Familie gegeben. Alles, was wir dazu tun müssen, ist, eine sichere Umgebung für die Familieneinheit zu schaffen, in der Bonding stattfinden kann.

Mit Geburts-Matrix-Reimprinting können wir Väter dabei unterstützen, einige tiefsitzende Ängste loszulassen. Erinnern Sie sich an die Sitzung von Lee Ann aus Kapitel 10, in der ich ihr dabei half, die Erinnerung an einen traumatischen Kaiserschnitt zu verändern? Im Folgenden geht es um die Sitzung mit ihrem Ehemann Joel.

Joel – Wie ein Vater eine traumatische Geburt erlebte

Als Joel erfuhr, dass sie ein zweites Kind bekommen würden, freute er sich wirklich. Er und Lee Ann feierten, hatten aber insgeheim Angst, dass sich die schreckliche erste Geburtserfahrung wiederholen würde.

Joel sagte mir: „Die Erfahrung von Lylas Geburt hat etwas in mir zerstört, was ich niemals zurückbekommen werde. Es wird niemals wieder das Gleiche sein, auch wenn ich weiß, dass jedes Baby und jede Geburt anders ist. Ich bekomme es niemals zurück und darüber bin ich wütend. Wir haben sogar überlegt, rechtliche Schritte gegen die Klinik einzuleiten. Aber wir wollten keinen Prozess ins Laufen bringen, nachdem wir gerade ein Kind bekommen hatten. Trotzdem, ich steckte voller Gefühle – ich war traurig und wütend. Hauptsächlich war es Ärger und Frustration, weil ich nicht wusste, was ich hätte anders machen können."

Wir klopften seinen Ärger, seine Trauer und seine Hilflosigkeit. Es dauerte lange, bis er den Schock loslassen konnte. Nachdem sich die Emotionen etwas gelegt hatten, konnten wir die Erinnerung in der Matrix betreten und begaben uns unverzüglich an den Anfang der Wehen, als Lee Anns Fruchtblase zum Platzen gebracht und die Geburt eingeleitet wurde. Joel konnte erkennen, dass er damals ungeduldig war und sich fragte, was eigentlich vor sich ging. Diese Ungeduld hatte sich bei ihm als Spannung im Nacken festgesetzt, daher klopften wir sein ECHO, um die Spannung zu lösen. Außerdem versicherten wir ihm, dass es seiner Tochter gut gehen würde.

Joel begann zu lachen, als er sich selbst dabei beobachtete, wie er versuchte, Lee Ann zum Lachen zu bringen, um sie zu entspannen. Er sagte: „Manchmal lacht sie und manchmal möchte sie mich schlagen. Aber sie ist eine starke Frau und hält durch."

Dann bewegten wir uns zu einem Zeitpunkt, an dem die Wehen schon 18 Stunden angedauert hatten. Joel sah, dass er sehr ungeduldig, wütend und besorgt war. Man hatte ihm gesagt, dass das Kind nach der Sprengung der Fruchtblase innerhalb von 24 Stunden auf die Welt kommen müsste. Danach gäbe es das Risiko einer Entzündung. Es war ihm bewusst, dass es nicht so schnell voranging, wie es sollte. Die Uhr tickte. Er litt unter der Ungewissheit des Ganzen. Er wusste ja nicht, wie der Prozess überhaupt vonstattengehen sollte. Er sagte: „Natürlich bist du nicht wütend auf das Baby, du wartest und wartest und bist müde, körperlich müde und geistig erschöpft. Aber ich fühlte mich auch hilflos, weil ich das alles nicht kontrollieren konnte – Lee Ann und ich wollten keinen Kaiserschnitt." Als wir Joels ECHO klopften und ich wissen wollte, was es brauchte, sagte Joel: „Ich möchte dem Joel von damals sagen, dass er geduldig und stark bleiben soll – vor allem seelisch..."

Er fügte hinzu, dass er für die zweite Geburt eigentlich zuversichtlicher war. Lee Ann und er hatten sich über natürliche Geburten informiert und eine Doula und einen wirklich guten Geburtshelfer mit einer hohen Erfolgsquote bei Vaginalgeburten nach Kaiserschnitt engagiert. Ich forderte ihn auf, all das Wissen, das er bereits angesammelt hatte, mit seinem jüngeren Selbst zu teilen und es wissen zu lassen, dass ein gesundes, schönes kleines Mädchen zur Welt kommen würde.

Dann gingen wir weiter zu dem Kaiserschnitt. Ich fragte Joel, ob es etwas gäbe, das er seinem jüngeren Selbst sagen wollte, um seinen Schock etwas abzumildern. Joel meinte: „Ja, wenn ich jetzt direkt dorthin gehen könnte, wird mir das wirklich helfen, mich mental vorzubereiten. Ich weiß, es wird eine heftige Berg- und Talfahrt, aber es wird okay sein." Er wollte auch Lee Ann beruhigen und sagte zu ihr: „Es wird Turbulenzen geben und der Flug wird schwierig, aber wir werden sicher landen." Nachdem er dies getan hatte, sah er, dass sie sich entspannte.

Dann war es Zeit, sich mit dem Baby Lyla zu beschäftigen und nachzusehen, wie es ihr ging. Er spürte, dass Lyla Angst hatte. Wir beklopften sie und er sagte ihr: „Daddy wird dich gleich sehen. Wir werden viel Spaß miteinander haben und ich kann es gar nicht abwarten, dich zu sehen. Halt noch ein bisschen durch, bald bringen wir dich nach Hause." Sie begann zu treten und sich zu bewegen. Sie war bereit, auf die Welt zu kommen. Wir prägten dieses Bild. Es war ungeheuer kraftvoll und voller Freude. Joels ECHO war immer noch ungeduldig, aber er merkte, dass es sich nicht mehr so viele Sorgen machte, sondern eher aufgeregt war.

Dann machten wir mit dem Augenblick weiter, als die Ärzte hereinkamen und ihnen zu einem Kaiserschnitt rieten. Er fühlte sich völlig überrumpelt. Ich fragte ihn, ob er rückblickend glaube, dass es richtig war, dem Kaiserschnitt zuzustimmen.

„Nur zur Hälfte. Es war insofern richtig, als dass, egal, wie es abgelaufen ist, Lyla gesund ist. Sie ist auf der Welt, sie läuft herum, sie ist glücklich, sie kreischt, sie schreit, sie ist einfach toll. Und es war falsch, weil ich heute weiß, dass wir durchaus noch länger hätten warten können. Heute weiß ich, dass der Arzt einfach nur fertig werden wollte – Sie wissen schon, raus, nach Hause, er wollte zu einem Konzert. Wir hätten länger warten können, aber ich kann mit der Entscheidung leben, weil meine Tochter gesund ist."

„Aber damals haben Sie das Beste getan, was Sie konnten? Mit all dem Wissen, das Sie zu der Zeit hatten, wenn Sie vergessen, was Sie jetzt wissen?"

Joel antwortete: „Damals ja. Ich wusste ja nicht, was ich heute weiß. Damals machte ich mir Sorgen um das Baby und Lee Ann." Ich fragte noch einmal: „Haben Sie mit dem Kaiserschnitt die richtige Entscheidung getroffen?" Er sagte ja und vergab sich selbst, da er nach bestem Wissen und Gewissen gehandelt hatte.

Wir gingen weiter zu dem Zeitpunkt, an dem die Ärzte Lee Ann für den Kaiserschnitt vorbereiteten und Joel gebeten wurde, den Raum zu verlassen. Joel meinte: „Ich kann sehen, dass ich traurig war, während ich warten musste, weil es nicht so ablief, wie wir es uns gewünscht hatten. Aber ich war auch glücklich, weil ich gleich Lyla sehen würde."

Nur zur Erinnerung: Lee Ann hatte eine Epiduralanästhesie erhalten, die eigentlich die untere Körperhälfte hätte betäuben sollen. Sie wirkte aber nicht und Lee Ann konnte alles spüren, was die Ärzte mit ihrem Körper anstellten, um Lyla herauszubekommen.

Wir arbeiteten kurz mit Joels ECHO, um seine Traurigkeit und Enttäuschung aufzulösen. Und dann mit Joel selbst, um ihn auf den nächsten Teil vorzubereiten – den Zeitpunkt, als sein ECHO in den OP zurückkehrte – so dass er in sich selbst ruhte. Als er die Erinnerung betrat, konnte er sehen, dass sein ECHO völlig aufgewühlt war. Lee Ann kreischte und schrie und sein damaliges Selbst sah auf das Blutdruckmessgerät. Ihr Blutdruck war so hoch, dass er dachte, sie würden sie umbringen. „Ich hielt ihre Hand, ließ den Kopf hängen und begann zu weinen. Die Krankenschwester rieb meinen Rücken und sagte, dass alles gut werden würde. Ich konnte nichts sagen – ich stand unter Schock. Anfangs hatte ich mit Lee Ann gesprochen, aber sie hatte so starke Schmerzen, dass keiner von uns sich konzentrieren konnte und ich wusste auch nicht, was ich sagen sollte. Ich hatte noch niemals einen Menschen, vor allem keinen Menschen, den ich liebe, solchen Schmerz erleiden sehen."

Wir arbeiteten mit Joel, Lee Ann, Lyla und sogar dem Krankenhauspersonal und lösten den Schock auf, den sie erlitten hatten. Joel entschied sich dafür, orangefarbene Energie mit einzubringen, um alle zu stärken. Orange ist eine Farbe, die Trauma heilt. Es ist ebenso die Farbe der Stärkung.

Joel fuhr fort: „Lee Ann hatte eine Wahl getroffen. Sie wollte nicht aufgeben und betäubt werden, bevor sie Lyla schreien hörte und sicher war, dass es ihr gut ging. Ich bewunderte und achtete Lee Ann für ihre Stärke und ihren Mut. In diesem Augenblick wurde mir klar, was für eine gute Mutter sie werden würde. Sie ist umwerfend und jetzt habe ich jede Menge positiver Gefühle – es war fürchterlich und gleichzeitig eine tolle Erfahrung, weil sie uns viel stärker gemacht hat. Und ich glaube nicht, dass ich es bis jetzt jemals so hätte sehen können. Jetzt habe ich das Gefühl, dass es das alles wert war. Durch das alles können wir unsere Tochter wirklich schätzen. Und ich schätze Lee Ann noch viel mehr als zuvor, als Frau, als Ehepartnerin, als Mutter und als Mensch. Verstehen Sie? Wie viel kann ein Mensch ertragen?

Wenn man die Wahl hat und sich aus Liebe für den allerhärtesten Weg entscheidet... Wenn Sie dabei gewesen wären und gesehen hätten, was ich gesehen habe, gehört, was ich gehört habe, dieses Kreischen und Schreien. Auf Lee Anns CTG sah ich ihren Herzschlag. Der war so unglaublich schnell, dass ich dachte, etwas Schreckliches würde gleich geschehen. Aber sie hat das alles durchgestanden – und sie hat es gut gemacht, großartig. Sie ist gesund aus dieser Sache herausgekommen, ebenso wie Lyla. Ich fühle mich jetzt wirklich sehr viel besser.

Ich habe mich schuldig gefühlt, weil ich vielleicht nicht alles richtig gemacht habe. Es war ja hauptsächlich ihre Entscheidung, die ich mittrug. Ich habe zwar Vorschläge gemacht und war mit dabei, aber letztendlich war es ihr Körper und das musste ich vor allem anderen respektieren. Auch wenn ich Lylas Vater bin – es war Lee Anns Körper und es war mehr ihre Entscheidung als meine. Wir hätten eine natürliche Geburt abwarten können und haben es nicht getan. Sie hätte eine Narkose bekommen können, aber das wollte sie nicht. Und seit zweieinhalb Jahren habe ich das Gefühl, dass es mein Fehler war, weil ich mich nicht stark gemacht habe. Aber heute weiß ich, dass wir die Wahl hatten. Ich habe es noch nie so gesehen, dass wir eine Wahl gehabt hätten, ich sah es immer so, als ob wir in diese Situation gestoßen worden wären, in der ich der Kapitän hätte sein sollen. Jetzt empfinde ich das anders. Jetzt fühlt sich alles gut an, jetzt, wo ich mich damit arrangiert habe, dass es nicht mein Fehler war. Jetzt bin ich bereit – nicht, alles hinter mir zu lassen und niemals wieder diesen Ort zu betreten – sondern ich bin bereit, den Ort mit einer anderen Einstellung zu betreten, in dem Wissen, dass es nicht mein Fehler war.“

Die Sitzung mit Joel zeigt, wie die Ängste, denen Männer bei der Entbindung begegnen, ebenfalls bearbeitet und verändert werden können. Es ist wichtig, dass Männer mit einbezogen und nicht übersehen werden, wenn wir uns mit den Problemen befassen, die mit Geburtstraumata zusammenhängen. Nach der Sitzung meinte Joel, dass er viel mehr Vertrauen in den Prozess gehabt hätte und weniger traumatisiert worden wäre, wenn er Matrix Reimprinting vorher gemacht hätte und seine eigenen Lebenserfahrungen hätte integrieren können.

Fazit

Das neue Modell der ganzheitlichen Geburt schließt deren emotionalen Anteil mit ein. Damit verlassen wir das westliche Geburtenmodell, das Gebären als einen mechanischen Prozess ansieht. Wir erkennen stattdessen an, dass Babys emotionale und fühlende Wesen sind.

Bislang wurde genau das bei vielen der westlichen medizinischen Interventionen ignoriert. In den letzten Jahrzehnten hat sich das Verständnis für unsere emotionale Intelligenz weiterentwickelt und beeinflusst – leider viel zu langsam – auch unsere medizinischen Vorgehensweisen. Barbarische und traumatische Praktiken sind bei Entbindungen immer noch üblich, weil das Bewusstsein für ihre Auswirkungen fehlt. Sie können die Kinder bis ins Erwachsenenalter hinein schwer beeinträchtigen. Unsere Geburt ist unsere erste Begegnung mit der Welt. Wenn sie traumatisch verläuft, kann unser Glaubenssystem so geprägt werden, dass wir sie von da an voller Gefahren sehen statt voller Liebe. Mit diesen Wahrnehmungsfiltern leben wir dann. Aber wir können sie verändern.

In den letzten Jahrzehnten sind eine ganze Reihe von neuen Methoden entwickelt worden, die uns dabei helfen können, unsere emotionale Intelligenz zu steigern. Dazu gehört auch die Klopfakupressur. Sie unterstützt uns dabei, energetische Belastungen rund um ein traumatisches Ereignis aufzulösen. Mit der Klopfakupressur können Sie Traumata aus der Vergangenheit auflösen, so dass Sie mehr Frieden in der Gegenwart empfinden.

Aus der Klopfakupressur wurde Matrix Reimprinting entwickelt. Wir haben uns angesehen, dass diese Technik emotionale Traumata nicht nur auflösen, sondern sogar positiv überschreiben kann. Sie hilft uns dabei, die Bilder zu verändern, die bei einem traumatischen Ereignis in unserem Unterbewusstsein gespeichert werden. Das ist der effektivste Weg, unser Leben zu verändern.

In diesem Buch habe ich eine weitere Technik vorgestellt: Ich habe Geburts-Matrix-Reimprinting entwickelt, als mir klar wurde, dass der größte Filter, den wir bei der Wahrnehmung unserer Wirklichkeit haben, häufig unsere allererste Lebenserfahrung ist. Wenn wir die Auswirkung eines Geburtstraumas auf unser Leben anerkennen, die energetische Belastung des Traumas auflösen und dann unsere Geburtsgeschichte neu schreiben, kann sich die Art, wie wir im Leben stehen, drastisch verändern. Dabei ist es unwesentlich, ob es um ein schweres Trauma oder eine Reihe kleinerer Traumata geht.

Es kann sein, dass Sie dazu die Hilfe eines Therapeuten oder einer Person, die sich mit diesen Techniken auskennt, benötigen. Aber Sie können die Geschichte Ihrer Geburt neu schreiben. Und damit wird sich Ihre ganze Wirklichkeit höchstwahrscheinlich verändern. Ich würde mich darüber freuen, von Ihren neu geprägten Geburtserfahrungen zu hören.

Ratschläge des jüngeren Selbst

Ich habe einige Freunde und Kollegen um inspirierende Ratschläge gebeten, die sie ihrem jüngeren Selbst oder ECHO während der Schwangerschaft und Geburt geben würden. Hier sind ihre Antworten:

Eine Sache hätte ich gerne gewusst, bevor ich Mutter wurde: Selbstfürsorge und die Erfüllung meiner Bedürfnisse stehen an erster Stelle. Und ich muss mich dafür nicht schuldig fühlen oder schämen. Aufopferung führt zu Erschöpfung und gesundheitlichen Problemen. Und wenn das „Mutterschiff" untergeht, reißt es alle anderen Familienmitglieder mit sich. Es ist kein Zeichen von Schwäche, um Hilfe zu bitten!!
Andie

Genieße diese Zeit, sie ist so kostbar. Schaffe magische Momente während der Schwangerschaft, auf die du als wundervolle Erinnerung zurückblicken kannst. Hab Vertrauen und vertraue deinem Bauchgefühl.
Rob Moon, Vater dreier wundervoller Mädchen

Hab mehr Vertrauen, bleib offen, höre auf dein inneres Selbst und achte auf deine innere Verbindung. Sorge für dich, hör nicht auf jeden, der dir Ratschläge erteilen will, mach langsam und genieße jeden Augenblick ... selbst die, in denen du müde bist.
Paula Rosario

Höre auf deine eigenen Elterninstinkte und nicht auf medizinisches Fachpersonal und Familienmitglieder. Sie sind schlechte Ratgeber, weil sie nicht die gleichen Werte haben wie du. Lerne Menschen kennen, die so ticken wie du. Das macht den GANZEN Unterschied. Nimm dir wirklich die Zeit, dich wäh-

rend der Schwangerschaft mit dem Baby zu verbinden und sei weniger gestresst.
Tansy Rock

Nimm dir Zeit, deine Kinder zu genießen.
Tony Stewart

Die Geburt stärkt die Beziehung zu deiner Frau. Vertrau deinem eigenen Urteilsvermögen und bleib du selbst.
Steve

Alles ist vollkommen: Dein größter Lehrer ist eingetroffen – jetzt sei präsent bei dem was ist!
John Sleeman

Hab einfach Vertrauen, sei glücklich und strampel weiter.
Nadine Atkinson

ENTSPANN DICH, lass dir Zeit bei der Entbindung und traue deinem Körper mehr als den Hebammen.
Cara Wilde

Lass dich treiben, dein Körper weiß, was zu tun ist ... und atme. Glaub an dich selbst.
Janet Stephan

Es ist wichtig, dir deiner Gefühle bewusst zu sein! Du bist die perfekte Kombination für euch beide. Deine Kinder werden deine größten Lehrer sein!
Sue Frend

Es wird körperlich weh tun. Es wird seelisch weh tun. Aber auch wenn es weh tut: Du bist körperlich und seelisch stark genug, es auszuhalten.
Sharon Branagh

Halte sie in deinen Armen und liebe sie noch mehr. Alles andere ist unwichtig!
Lesley Foley

Der wichtigste Ratschlag ist: Sei während des ganzen Prozesses gut zu dir selbst und vertraue deinem Körper.
Mango Tango

Lies Bücher über Babys und was sie wollen, informiere dich über bewusste Elternschaft, sprich mit deinem Baby und gib ihm noch mehr das Gefühl, willkommen zu sein, als du es jetzt schon tust. Wähle eine Geburtsmethode, die für das Baby sanft und einladend ist. Umgib dich mit Freundinnen, die dir bei der Geburt und im Umgang mit dem Baby helfen können.
Darshana Ji

Lass Ängste los – Angst führt zu körperlichen Schmerzen – viele Bücher unterstützen diese These. Freue dich an deinem wachsenden Baby und deinem magischen Körper, der einem menschlichen Wesen auf die Welt hilft.
Alina Frank

Die wichtigste Nachricht, die dir dein jüngeres Selbst geben kann, ist, vor allem auf dich selbst zu hören.
Natalia Iwanyckyj

Schlaf, ruh dich aus und genieße die Freuden zum Ausgleich des Leids. Wenn du das Gefühl hast, etwas falsch gemacht zu haben, wisse, dass du jederzeit dein Bestes gegeben hast, mit den Ressourcen, die dir zur Verfügung standen. Sharon und ihr Team stehen dir jederzeit zur Verfügung, um es noch einmal von Anfang an in der Matrix zu versuchen.
Helen Gurnhill

Erinnere dich daran: Es ist nie zu spät für die Geburt deiner Träume.
Sharon King

Quellenangaben

Vorwort Einführung

[1] Chait, Jennifer, „Newborn eye medication drops (http://www.pregnancyandbaby.com/baby/articles/932745/newborn-eye-medication-drops)", *Pregnancy & Baby*, 13. April 2009

Dekker, Rebecca, PhD, RN, APRN, „Erythromycin Eye Ointment Always Necessary for Newborns? (http://www.evidencebasedbirth.com/is-erythromycin-eye-ointment-always-necessary-for-newborns/)", *Evidence Based Birth*, 11. Nov 2012

Teil 1

[2] Oxford University, „Babies feel pain „like adults" (http://www.ox.ac.uk/news/2015-04-21-babies-feel-pain-adults)"

[3] Emerson, William R, PhD, „The Vulnerable Prenate" – ebenso veröffentlicht im *Pre- and Perinatal Psychology Journal*, 10(3), Frühling 1996, S.2

[4] Emoto, Masaru, MD, www.masaru-emoto.net

[5] Walsh, Becky, *You Do Know: Learning to Act on Intuition Instantly*, Hay House, London UK 2013, S.3

[6] Chamberlain, David, aus *The Mind of Your Newborn Baby* von David Chamberlain, North Atlantic Books, USA, copyright © 1998 by David Chamberlain. Abdruck mit Genehmigung des Verlags, S. 146-7

[7] New Kids-Center, „Pressure Points to Induce Labor (http://www.newkidscenter.com/Pressure Points-to-Induce-Labor.html)"

[8] Staroversky, Ivan, „Three Minds: Consciousness, Subconscious, and Unconscious", Mai 2013

[9] Flook, Richard, *Why Am I Sick? How to Find out What's Really Wrong Using Advanced Clearing Energetics*, Hay House, London UK, 2013, p.55

[10] Lipton, Bruce, „Are You Programmed at Birth? (http://www.healyourlife.com/are-you-programmed-at-birth)"

[11] Dawson, Karl, und Marillat, Kate, *Transform Your Beliefs, Transform Your Life, EFT Tapping using Matrix Reimprinting*, Hay House, London, UK, 2014, S.18-19

Teil 2

[12] Lake, Ricki and Epstein, Abby, *The Business of Being Born* DVD, www.thebusinessofbeingborn.com

[13] Dekker, Rebecca, „The Evidence For Doulas (http://www.evidencebasedbirth.com/the-evidence-for-doulas/)", *Evidence Based Birth*, März 2013

[14] Davis, Elizabeth, und Pascali-Bonaro, Debra, *Orgasmic Birth: Your Guide to a Safe, Satisfying and Pleasurable Birth Experience*, Rodale Inc, USA, 2010, S.9

[15] Crews, Claudine, CPM, LM, „Clamping of the Umbilical Cord – Immediate or Delayed – Is this really an issue?
(http://www.midwiferyservices.org/umbilical_cord_clamping.htm)“
[16] National Vital Statistics System, „Birth Data
(http://www.cdc.gov/nchs/births.htm)“
[17] National Institutes of Health & Texas Higher Education Coordinating Board, „Fetal Lungs Protein Release Triggers Labor to Begin
(http://www.drmomma.org/2008/01/fetal-lungs-protein-release-triggers.html)“, 3. Januar 2008
[18] Wikipedia, „Spatial visualization ability“
[19] Chilton Pearce, Joseph, „The Awakening of Intelligence“, aus der Videoserie *Reaching Beyond – Magical Child*, 1994, S. 9-10, www.ttfuture.org
[20] Today Parents, „Fetuses can learn nursery rhymes from mom’s voice, study finds (http://www.today.com/parents/fetuses-can-learn-nursery-rhymes-moms-voice-study-finds-1D79962083)’, 23. Juli 2014
[21] Austin, Diana, „Neighbours theme learned in the womb (http://www.independent.co.uk/news/uk/neighbours-theme-learned-in-the-womb-1407223.html)“, *The Independent*, Januar 1994
[22] Bumiller, Elisabeth, „Was a Tyrant Prefigured by Baby Saddam? (http://www.nytimes.com/2004/05/15/books/was-a-tyrant-prefigured-by-baby-saddam.html)“ *The New York Times*, Mai 2004
[23] Bumiller, Elisabeth, „Was a Tyrant Prefigured by Baby Saddam? (http://www.nytimes.com/2004/05/15/books/was-a-tyrant-prefigured-by-baby-saddam.html)“ *The New York Times*, Mai 2004
[24] Sonne, John, „On Tyrants as Abortion Survivors“, *Journal of Prenatal & Perinatal Psychology & Health* 19.2 (Winter 2004): 149-167 S.7
[25] Sonne, John, „On Tyrants as Abortion Survivors“, *Journal of Prenatal & Perinatal Psychology & Health* 19.2 (Winter 2004): 149-167 S.2
[26] Sonne, John, „On Tyrants as Abortion Survivors“, *Journal of Prenatal & Perinatal Psychology & Health* 19.2 (Winter 2004): 149-167 S.3
[27] *Touch The Future* Newsletter, „How Culture Shapes the Developing Brain and the Future of Humanity,“ Frühjahr 2002, S.2
[28] Mendizza, Michael, „Sensory Deprivation and the Developing Brain“, S.4, www.ttfuture.org
[29] Chilton Pearce, Joseph, „The Awakening of Intelligence“, aus der Videoserie *Reaching Beyond – Magical Child*, 1994, www.ttfuture.org
[30] Prescott, James, PhD, und Mendizza, Michael, „The Origins of Love and Violence“, *Sensory Development and the Developing Brain, Research and Prevention* DVD, www.ttfuture.org
[31] „Rock A Bye Baby (http://www.violence.de/tv/rockabye.html)“, *Time Life* Dokumentarfilm (1970)
[32] RMTi „The Importance of Integrating Primal Reflexes (http://www.rhythmicmovement.com)“

[33] Institute of HeartMath, „Science of The Heart: Exploring the Role of the Heart in Human Performance (http://www.heartmath.org/research/science-of-the-heart/head-heart-interactions.html)“, S. 2
[34] Institute of HeartMath, „Science of The Heart: Exploring the Role of the Heart in Human Performance (http://www.heartmath.org/research/science-of-the-heart/head-heart-interactions.html)“, S. 1
[35] McCraty, Rollin PhD, Atkinson, Mike, und Bradley, Raymond Trevor, Institute of HeartMath, „Electrophysiological Evidence of Intuition: Part 1 The Surprising Role of the Heart (http://www.heartmath.org/research/research-publications/electrophysiological-evidence-of-intuition-part-1-the-surprising-role-of-the-heart.html)“, S. 1
[36] McCraty, Rollin PhD, Atkinson, Mike, und Bradley, Raymond Trevor, Institute of HeartMath, „Electrophysiological Evidence of Intuition: Part 2 A System-Wide Process? (https://www.heartmath.org/research/research-library/intuition/electrophysiological-evidence-of-intuition-part-2/)“ S. 1
[37] Chilton Pearce, Joseph, „Pregnancy, Birth & Bonding“, aus der Videoserie *Reaching Beyond – Magical Child*, 1984, S.2, www.ttfuture.org
[38] Chilton Pearce, Joseph, „The Awakening of Intelligence“, aus der Videoserie *Reaching Beyond – Magical Child*, 1984, S.3, www.ttfuture.org
[39] Chilton Pearce, Joseph, „The Conflict of Interest Between Biological and Cultural Imperatives“, APPPAH Conference 3. Oktober 2003, S.8, www.ttfuture.org
[40] Chilton Pearce, Joseph, „The Conflict of Interest Between Biological and Cultural Imperatives“, APPPAH Conference 3. Oktober 2003, S.8, www.ttfuture.org
[41] Chilton Pearce, Joseph, „The Conflict of Interest Between Biological and Cultural Imperatives“, APPPAH Conference 3. Oktober 2003, S.8, www.ttfuture.org
[42] Institute of HeartMath, „Science of The Heart: Exploring the Role of the Heart in Human Performance (http://www.heartmath.org/research/science-of-the-heart/head heart-interactions.html)“, S. 2
[43] Richardson, Holly, „Kangaroo Care: Why Does It Work? (http://www.midwifery-today.com/articles/kangaroocare.asp)“, *Midwifery Today* Ausgabe 44, Winter 1997
[44] Mail Foreign Service, „Miracle mum brings premature baby son back to life with two hours of loving cuddles after doctors pronounce him dead (http://www.dailymail.co.uk/health/article-1306283/Miracle-premature-baby-declared-dead-doctors-revived-mothers-touch.html)“, *Mail* Online, 27. August 2010
[45] McAteer, Ollie, „Mother's heart starts beating again after baby boy brings her back to life (http://www.metro.co.uk/2015/05/28/mothers-heart-starts-beating-again-after-baby-boy-brings-her-back-to-life-5218405/)“, *Metro* News, Donnerstag, 28. Mai 2015
[46] Institute of HeartMath „The Quick Coherence Technique for Adults (http://www.heartmath.org/free-services/tools-for-well-being/quick-coherence-adult.html)“
[47] Institute of HeartMath „The Science Behind the emWave® and Inner Balance™ Technologies (http://www.heartmath.com/science-behind-emwave/)“
[48] Institute of HeartMath, „Pets: Making a Connection That's Healthy for Humans (https://www.heartmath.org/articles-of-the-heart/social-connections/pets-making-a-connection-thats-healthy-for-humans/)“, 11. November S. 2

[49] Hamilton, David R, PhD, *Why Kindness is Good for You*, Hay House, London, UK, 2010, S. 61-62
[50] NICB, „The Role of Prostaglandins in Labor and Delivery (http://www.ncbi.nlm.nih.gov/pubmed/8665768)", 1995
[51] Davis, Elizabeth, and Pascali-Bonaro, Debra, *Orgasmic Birth: Your Guide to a Safe, Satisfying and Pleasurable Birth Experience*, Rodale Inc, USA, 2010, S. 8-9
[52] Klaus, Marshall H, MD, Kennell, John H, MD, und Klaus, Phyllis H, CSW, M.F.C.C. *Bonding: Building The Foundations of Secure Attachment and Independence*, Perseus Books, USA, 1995, S.55
[53] Mizuno, K et al, „Mother-infant skin-to-skin contact after delivery results in early recognition of own mother's milk odor (http://www.ncbi.nlm.nih.gov/pubmed/15841774)", Acta Paediatr 2004; 93:1640-5

Teil 3

[54] Canadian Children's Rights Council, „Circumcision of Males/Females"
[55] Goldman, Ronald, PhD, „Circumcision Permanently Alters the Brain (http://www.circumcision.org/brain.htm)", Circumcision Resource Center
[56] Goldman, Ronald, PhD, „Circumcision Permanently Alters the Brain (http://www.circumcision.org/brain.htm)", Circumcision Resource Center
[57] Goldman, Ronald, PhD, Circumcision Resource Center Boston Opening Statement (http://www.beschneidungsforum.de/index.php?page=Attachment&attachmentID=948&h=0130ede9dadf078e1bb45312dc6f070307de57ce) 28. Januar 2014
[58] Goldman, Ronald, PhD, *Circumcision – The Hidden Trauma: How an American Cultural Practice Affects Infants and Ultimately Us All*, Vanguard Publications Boston, USA, 1997, S.120
[59] hbciba's Channel, Beitrag auf Youtube (http://www.youtube.com/watch?v=F7DgceWbsSY&feature=youtu.be)
[60] Thirteenth European Symposium on Clinical Pharmacological Evaluation in Drug Control, Drugs in Pregnancy and Delivery (http://www.aims.org.uk/effectDrugsOnBabies.htm), Schlangenbad, ICP/DSE 105m01, Dezember 1984
[61] Lawrence Beech, Beverley, „Does medication administered to a woman in labour affect the unborn child? (http://www.aims.org.uk/effectDrugsOnBabies.htm)", Second International Conference of Midwives in Budapest, Ungarn, 27. Oktober 2004
[62] Yerby M, (1996), „Managing pain in labour – Part 3: pharmacological methods of pain relief", *Modern Midwife*, Mai, S. 22-25
[63] Rajan L (1994), „The impact of obstetric procedures and analgesia/anaesthesia during labour and delivery on breastfeeding", *Midwifery*, Vol 10, No 2, S. 87-100
[64] Weiner PC, Hogg MIJ und Rosen M (1977), „Effects of naloxone on pethidine-induced neonatal depression, Part II Intramuscular naloxone (http://www.ncbi.nlm.nih.gov/pmc/articles/PMC1631362/)", *British Medical Journal*
[65] Dr Righard & Midwife Alade veröffentlicht in *The Lancet*, 1990 Volume 336:1105-07 von Lennart Righard, MD & Margaret Alade, RN, BSC, MS

[66] Emerson, William R, PhD, „Birth Trauma: The Psychological Effects of Obstetrical Interventions“, *Journal of Prenatal & Perinatal Psychology & Health* 13.1 (Herbst 1998): 11-44 S.6
[67] Vinscon DC, Thomas R, Kiser T, „Association between epidural analgesia during labor and fever (http://www.ncbi.nlm.nih.gov/pubmed/8505604)“, Juni 1993, 36(6):617-22
[68] Buckley, Sarah, „Epidurals: real risks for and mother and baby (https://birthinternational.com/article/birth/epidurals-real-risks-for-mother-and-baby/)“, *Birth International*, Nov 1998
[69] Fernance, Robyn, *Being Born*, Inner Connections, Australia, 2006, S.69
[70] Emerson, William R, PhD, „Birth Trauma: The Psychological Effects of Obstetrical Interventions“, *Journal of Prenatal & Perinatal Psychology & Health* 13.1 (Herbst 1998): 11-44 S.8
[71] Lawrence Beech, Beverley, „Does medication administered to a woman in labour affect the unborn child? (http://www.aims.org.uk/effectDrugsOnBabies.htm)“, Second International Conference of Midwives in Budapest, Ungarn, 27. Oktober 2004
[72] Kagan, Annie, *The Afterlife of Billy Fingers: How my Bad-boy Brother Proved to Me There's Life After Death*, Hampton Roads Publishing Company Inc, Charlottesville, USA, 2013, S.48
[73] Emerson, William R, PhD, „Birth Trauma: The Psychological Effects of Obstetrical Interventions“, *Journal of Prenatal & Perinatal Psychology & Health* 13.1 (Herbst 1998): 11-44 S.6
[74] Emerson, William R, PhD, „Birth Trauma: The Psychological Effects of Obstetrical Interventions“, *Journal of Prenatal & Perinatal Psychology & Health* 13.1 (Herbst 1998): 11-44 S.6
[75] Emerson, William R, PhD, „Birth Trauma: The Psychological Effects of Obstetrical Interventions“, *Journal of Prenatal & Perinatal Psychology & Health* 13.1 (Herbst 1998): 11-44 S.6
[76] Fernance, Robyn, *Being Born*, Inner Connections, Australia, 2006, S.107
[77] Fernance, Robyn, *Being Born*, Inner Connections, Australia, 2006, S.34
[78] Emerson, William R, PhD, „Birth Trauma: The Psychological Effects of Obstetrical Interventions“, *Journal of Prenatal & Perinatal Psychology & Health* 13.1 (Herbst 1998): 11-44 S.14
[79] Emerson, William R, PhD, „Birth Trauma: The Psychological Effects of Obstetrical Interventions“, *Journal of Prenatal & Perinatal Psychology & Health* 13.1 (Herbst 1998): 11-44 S.14
[80] Emerson, William R, PhD, „Birth Trauma: The Psychological Effects of Obstetrical Interventions“, *Journal of Prenatal & Perinatal Psychology & Health* 13.1 (Herbst 1998): 11-44 S.12
[81] Emerson, William R, PhD, „Birth Trauma: The Psychological Effects of Obstetrical Interventions“, *Journal of Prenatal & Perinatal Psychology & Health* 13.1 (Herbst 1998): 11-44 S.12
[82] Fernance, Robyn, *Being Born*, Inner Connections, Australia, 2006, S.92
[83] Fernance, Robyn, *Being Born*, Inner Connections, Australia, 2006, S.92

[84] Spencer, Kara Maia, Craniosacral Therapy in the Midwifery Model of Care (http://www.midwiferytoday.com/articles/cranialsacral.asp), *Midwifery Today* Issue 87, Herbst 2008

Teil 4

[85] Grout, Pam, *E^2 – Nine Do-it-Yourself Energy Experiments that Prove Your Thoughts Create Your Reality*, Hay House, London, UK, 2013, S. 105-108
[86] Block, Lawrence, *Write For Your Life*, HarperCollins e-books, USA, 2006, S. 77-80
[87] Simkin, Penny, and Klaus, Phyllis, CSW, MFT, When Survivors Give Birth: Understanding and Healing the Effects of Early Sexual Abuse on Childbearing Women, *Classic Day Publishing, Washington*, USA, März 2004, Vorwort, S. 1
[88] Vanishing Twin Syndrome (http://www.whattoexpect.com/pregnancy/pregnancy-health/complications/vanishing-twin-syndrome.aspx), What to Expect
[89] Smith Squire, Alison, „Twin saved her sister's life in the womb after mother was told losing both babies was „inevitable" (http://www.dailymail.co.uk/health/article-2026031/Twin-saved-sisters-life-womb-mother-told-losing-babies-inevitable.html)", *Mail* Online 15. August 2011
[90] Braden, Gregg, „Twin Sisters Born Prematurely (https://www.youtube.com/watch?v=jVBWdC1zeFM)", 5. Oktober 2010
[91] Arms, Suzanne, *Immaculate Deception II, Myth, Magic & Birth*, Celestial Arts, California, USA, 1994, S. 1
[92] Fernance, Robyn, *Being Born*, Inner Connections, Australia, 2006, S.76
[93] Midwife Thinking, „Nuchal Cords: the perfect scapegoat (https://midwifethinking.com/2015/05/13/nuchal-cords/)", Juli 2010
[94] Winder, Kelly, „9 surprising facts about The Cord Around A Baby's Neck (http://www.bellybelly.com.au/birth/surprising-facts-about-the-cord-around-a-babys-neck#.VNOZoUviMvE)"
[95] „Nuchal Cords: the perfect scapegoat (https://midwifethinking.com/2015/05/13/nuchal-cords/)", Juli 2010
[96] Fernance, Robyn, *Being Born*, Inner Connections, Australia, 2006, S. 60
[97] Epilepsy Society, „Vagus Nerve Stimulation (http://www.epilepsysociety.org.uk/vagus-nerve-stimulation#.VGTKYUviMvE)"
[98] Houser, Patrick M, „The Science of Father Love (http://www.fatherstobe.org)", 2009

Bildnachweise

Teil und Kapitelseiten: alerrandre www.fiverr.com
Klopfpunkte, Kapitel 3: Robert L. Lopez KISIO Design http://kisiodesign.wix.com/kisio-design
Akupressurpunkte, Kapitel 3: Sayu Gonzalez www.fiverr.com/sayugnz
Herzmagnetfeld, Kapitel 7: Mit freundlicher Genehmigung des Heart Math Institute – https://www.heartmath.org/
Herzrhythmuskurven, Kapitel 7: Mit freundlicher Genehmigung des Heart Math Institute – https://www.heartmath.org/
Portraitfoto, Die Autorin: Louise Jolley Photography

Literaturverzeichnis

Arms, Suzanne, *Immaculate Deception II, Myth, Magic & Birth*, Celestial Arts, California, USA, 1994

Axness, Marcy, *Parenting for Peace: Raising The Next Generation of Peacemakers*, First Sentient Publications, Colorado, USA, 2012

Block, Lawrence, *Write For Your Life*, HarperCollins e-books, USA, -80

Chamberlain, David, *Babies Remember Birth: And Other Extraordinary Scientific Discoveries About the Mind and Personality of Your Newborn*, St Martins, USA, 1988 (Deutsche Ausgabe: *Woran Babys sich erinnern: Über die Anfänge unseres Bewusstseins im Mutterleib*, Kösel 2010)

Chamberlain, David, *The Mind of Your Newborn Baby*, North Atlantic Books, California, USA, 1998

Chamberlain, David, *Windows to the Womb: Revealing the Conscious Baby from Conception to Birth*, North Atlantic Books, California, USA, 2013

Chamberlain, David, *Womb Wisdom: Awakening the Creative and Forgotten Powers of the Feminine*, Destiny Books, Vermont, USA, 2011

Childre, Doc, and Martin, Howard, *The Heartmath Solution*, HarperCollins Publishers, New York, USA, 1999 (Deutsche Ausgabe: *Die HerzIntelligenz(R)-Methode*, VAK 2016)

Chilton Pearce, Joseph, *Magical Child*, Bantam Books/E P Dutton, New York, USA 1977(Deutsche Ausgabe: *Die magische Welt des Kindes*, Diederichs 1978)

Chilton Pearce, Joseph, *The Biology of Transcendence: A Blueprint of the Human Spirit*, Park Street Press, Vermont, USA, 2002 (Deutsche Ausgabe: *Biologie der Transzendenz*, Arbor 2004)

Chilton Pearce, Joseph, *The Crack in The Cosmic Egg: New Constructs of Mind and Reality*, Park Street Press, Vermont, USA 2002

Davis, Elizabeth, und Pascali-Bonaro, Debra, *Orgasmic Birth Your Guide to a Safe, Satisfying and Pleasurable Birth Experience*, Rodale Inc, USA, 2010

Dawson, Karl and Allenby, Sasha, *Matrix Reprinting Using EFT: Rewrite Your Past, Transform Your Future*, Hay House, London, UK, 2010 (Deutsche Ausgabe: *Das innere Kind erlösen: Mit Matrix Reimprinting alte Muster transformieren und Traumata heilen*, Trinity, 2018)

Dawson, Karl, und Marillat, Kate, *Transform Your Beliefs, Transform Your Life, EFT Tapping using Matrix Reimprinting*, Hay House, London, UK, 2014

Dick-Read, Grantly, *Childbirth Without Fear*, Pinter & Martin Ltd, London, UK, 2013 (Deutsche Ausgabe: Mutterwerden ohne Schmerz. Die natürliche Geburt, Hoffmann und Campe 1989)

Fernance, Robin, *Being Born*, Inner Connection, Blackalls Park, Australien, 2006

Flook, Richard, *Why Am I Sick: How to Find Out What's Really Wrong Using Advanced Clearing Energetics*, Hay House, London, UK, 2013

Gaskin, Ina May, *Ina May's Guide to Childbirth*, Vermillion, USA, 2008 (Deutsche Ausgabe: *Die selbstbestimmte Geburt*, Kösel 2004)
Gaskin, Ina May, *Spiritual Midwifery*, Book Publishing Company, Kanada, 1975 (Deutsche Ausgabe: *Spirituelle Hebammen*)
Gerhardt, Sue, *Why Love Matters: How Affection Shapes a Baby's Brain*, Routledge, East Sussex, UK, 2004 (Deutsche Ausgabe: Die Kraft der Elternliebe: Wie Zuwendung das kindliche Gehirn prägt, Patmos 2006)
Goldman, Ronald, PhD, *Circumcision The Hidden Trauma: How an American Cultural Practice Affects Infants and Ultimately Us All*, Vanguard Publications Boston, USA, 1997
Grout, Pam, *E² Nine Do-it-Yourself Energy Experiments that Prove Your Thoughts Create Your Reality*, Hay House, London, UK, 2013 (Deutsche Ausgabe: *E²: Wie Ihre Gedanken die Welt verändern*, Allegria 2015)
Hamilton, David R, PhD, *Why Kindness is Good for You*, Hay House, London, UK, 2010
Holden, Robert PhD, *Loveability: Knowing How to Love and Be Loved*, Hay House, London, UK, 2013
Houser, Patrick, *Fathers-To-Be Handbook: A Road Map for the Transition to Fatherhood*, Creative Life Systems, USA, 2009
Kagan, Annie, *The Afterlife of Billy Fingers: How my Bad-boy Brother Proved to Me There's Life After Death*, Hampton Roads Publishing Company Inc, Charlottesville, USA, 2013 (Deutsche Ausgabe: Das zweite Leben des Billy Fingers: Bericht aus dem Jenseits: Wie mein Bruder mir bewies, dass es nach dem Tod weitergeht, Heyne 2015)
Klaus, Marshall H, MD, Kennell, John H, MD, und Klaus, Phyllis H, CSW, MFCC *Bonding: Building The Foundations of Secure Attachment and Independence*, Perseus Books, USA, 1995 (Deutsche Ausgabe: *Der erste Bund fürs Leben*, Rowohlt 1997)
Lipton, Bruce H, *The Biology of Belief: Unleashing the Power of Consciousness, Matter and Miracles*, Cygnus Books, Santa Rosa, USA, 2005 (Deutsche Ausgabe: *Intelligente Zellen - Wie Erfahrungen unsere Gene steuern*, Koho 2016)
Mate, Gabor, MD, *In the Realm of Hungry Ghosts: Close Encounters with Addiction*, Random House, Kanada, 2013
Moberg, Kerstin Uvnas, *The Oxytocin Factor: Tapping the Hormone of Calm, Love and Healing*, Da Capo Press, USA, 2003 (Deutsche Ausgabe: Oxytocin, das Hormon der Nähe: Gesundheit – Wohlbefinden - Beziehung, Springer Spektrum 2016)
Murphy Paul, Annie, *Origins: How the Nine Months Before Birth Shape the Rest of Our Lives*, Hay House, London UK, 2010
Newbigging, Sandy C, *Mind Calm: The Modern-Day Meditation Technique that Gives You 'Peace With Mind'*, Hay House, London, UK, 2014 (Deutsche Ausgabe: *Die Mind-Calm-Methode: In 10 Tagen zur Ruhe im Kopf*, Rowohlt 2015)
Ortner, Nick, *The Tapping Solution: A Revolutionary System for Stress-Free Living*, Hay House, London UK, 2013 (Deutsche Ausgabe: *Tapping: Leben ohne Stress*, Scorpio 2014)
Scaer, Robert, *The Body Bears The Burden: Trauma, Dissociation and Disease*, The Haworth Medical Press, USA, 2007

Shanley, Laura Kaplan, *Unassisted Child Birth*, Praeger, Kalifornien, USA 2012
Simkin, Penny, and Klaus, Phyllis, CSW, MFT, *When Survivors Give Birth: Understanding and Healing the Effects of Early Sexual Abuse on Childbearing Women*, Classic Day Publishing, Washington, USA, März 2004 (Deutsche Ausgabe: *Wenn missbrauchte Frauen Mutter werden: Die Folgen früher sexueller Gewalt und therapeutische Hilfen*, Klett-Cotta 2015)
Thompson, Rebecca, *Consciously Parenting: What it Really Takes to Raise Emotionally Healthy Families*, The Consciously Parenting Project, USA, 2012
Thorpe, Sam, *Meta Messages from your Body: Discover the Cause of Disease and Why Your Body Doesn't Make Mistakes*, Meaningful Goals Ltd, UK
Verny, Thomas, MD, and Dr Kelly, John, *The Secret Life of the Unborn Child: A remarkable and controversial look at life before birth*, Time Warner Books, London, UK, 1981 (Deutsche Ausgabe: *Das Seelenleben des Ungeborenen. Wie Mütter und Väter schon vor der Geburt Persönlichkeit und Glück ihres Kindes fördern können*, Rogner & Bernhard 1981)

Ressourcen

Geburts-Matrix-Reimprinting
Sharon King, www.magicalnewbeginnings.com
Seminare in Deutschland mit Sharon King und Eva Gerigk:
www.matrixreimprinting.de
Therapeuten in Deutschland:
www.magicalnewbeginnings.com/practitioners

Matrix Reimprinting
Matrix Reimprinting, www.matrixreimprinting.com

Klopfakupressur
The Association for Meridian & Energy Therapies (The AMT),
www.theamt.com
Association for the Advancement of Meridian Energy Techniques (AA-MET), www.aamet.org
Gary Craig, www.emofree.com
Tapping Solution, www.thetappingsolution.com
EFT Universe, www.eftuniverse.com

Websites und Organisationen zu Geburten
APPPAH: The Association For Prenatal and Perinatal Psychology and Health, www.birthpsychology.com
Touch The Future, www.ttfuture.org
Consciously Parenting Project – Rebecca Thompson,
www.consciouslyparenting.com
Suzanne Arms, www.birthingthefuture.org
Dr Marcy Axness, www.marcyaxness.com
Mary Jackson, Ray Castellino, BeBa clinic, www.beba.org
Dr Gabor Maté, www.drgabormate.com

Weitere hilfreiche Adressen
Access Consciousness, www.accessconsciousness.com
Colour Mirrors, www.colourmirrors.com
HeartMath Institute, www.heartmath.com
Mind Calm Meditation, www.mindcalm.com
Rhythmic Movement Training (RMT), www.rythmicmovement.com
The Masgutova Method, www.masgutovamethod.com

DVDs
The Origins of Love and Violence, Sensory Development and the Developing Brain, Research and Prevention, Prescott, James PhD, Mendizza, Michael, www.ttfuture.org
Cut: Slicing Through the Myths of Circumcision, Ungar-Sargon, Eliyahu, http://www.cutthefilm.com
The Living Matrix – The New Science of Healing, Becker, Greg and Massey, Harry, www.thelivingmatrixmovie.com
What Babies Want, Takikawa, Debbie, www.whatbabieswant.com & www.magicalnewbeginnings.com
Giving Birth – Unveiling Birth: The Wisdom, Science and Heart, Arms, Suzanne, www.birthingthefuture.org
The Business of Being Born, Lake, Ricki and Epstein, Abby, www.thebusinessofbeingborn.com
Undisturbed Birth: The Science and the Wisdom, Buckley, Sarah J, MD, www.sarahbuckley.com
Nature, Nurture and the Power of Love the Biology of Conscious Parenting, Lipton, Bruce, PhD, www.brucelipton.com
Organic Birth: The Best-Kept Secret, Pascali-Bonaro, Debra and Liem, Kris, www.organicbirthmovie.com
The Hope-Filled Parent: Meditations for Foster and Adoptive Parents of Children who Have Been Harmed, Trout, Michael, Available at Amazon
Real Birth Stories: By Parents for Parents, www.realbirthstories.com
Happy Healthy Child: A Holistic Approach, www.happyhealthychild.com
The Time is Now: Birth and the Primal Period, Arms, Suzanne, www.birthingthefuture.org

Amazing Talents of the Newborn: A Guide for Healthcare Professionals and Parents, Klaus, Marshall MD and Klaus, Phyllis MFT, LMSW, www.bondingandbirth.org

The Healing of Birth: Invitation to Intimacy, Postle, Elmer, www.fatherstobe.org

Dunstan Baby Language: Discover the 5 Cries Every Newborn Uses to Communicate Their Everyday Needs, Dunstan, Priscilla, www.dunstanbaby.com

BabyBabyOhBaby, Bonding with Your Brilliant & Beautiful Baby Through Infant Massage und *BabyBabyOhBaby, Nurturing Your Gorgeous & Growing Baby By Breastfeeding*, www.babybabyohbaby.com

Die Autorin

Sharon King hat ein bahnbrechendes Verfahren entwickelt, mit dem wir unsere Geburtserfahrung neu schreiben können: Geburts-Matrix-Reimprinting. Viele Experten weltweit sind sich darüber einig, dass unsere emotionale und physische Gesundheit auf vielen Ebenen von der Art und Weise, wie wir zur Welt kommen, beeinflusst wird.

Sharon hat bereits mit Tausenden von Menschen in der ganzen Welt daran gearbeitet, ihre Geburtsgeschichten neu zu schreiben, häufig mit äußerst bemerkenswerten Auswirkungen auf ihr gegenwärtiges Leben. Außerdem bildet sie Therapeuten in Geburts-Matrix-Reimprinting aus.

Sie unterstützt schwangere Frauen bei einer selbstermächtigten, natürlichen Entbindung und arbeitet mit Eltern, deren Kinder ein Geburtstrauma erlitten haben.

Wenn Sie mehr über Geburts-Matrix-Reimprinting erfahren, eine persönliche Sitzung buchen oder an einem Seminar oder Online-Kurs teilnehmen möchten, besuchen Sie ihre Webseite:

www.MagicalNewBeginnings.com

Heal Your Birth, Heal Your Life Online Mitgliedschaft

Als Mitglied von Heal Your Birth, Heal Your Life erhalten Sie weitere Informationen über die Techniken und Strategien, die in diesem Buch vorgestellt werden – kostenlos.

Melden Sie sich an unter:

www.MagicalNewBeginnings.com/HYBmembership

Als Mitglied haben Sie Zugriff auf:

- Trainingsvideos zur Anwendung der Klopfakupressur
- Eine geführte Visualisierung: Wie Sie Ihre Geburtserfahrung verändern
- Bonusmaterial und Artikel, die in diesem Buch erwähnt werden
- Interviews mit Sharon King und führenden Geburtsfachkräften wie Dr. Marcy Axness, Patrick Houser und Rebecca Thompson.
- Besondere Angebote und Ermäßigungen für Seminare!

Der Inhalt ist urheberrechtlich geschützt und nur für Ihre persönliche Entwicklung bestimmt.

Beginnen Sie noch heute mit Ihrer revolutionären Heilung!

Lotus-Press empfiehlt

Karl Dawson & Sasha Allenby

Das innere Kind erlösen

Mit Matrix Reimprinting alte Muster transformieren und Traumata heilen

Abhängigkeiten und Depressionen, Phobien und Traumata, Allergien und Asthma – die Matrix-Reimprinting-Technik erzielt bei einer Fülle psychischer wie körperlicher Beschwerden beeindruckende Erfolge. Basierend auf der Energetischen Psychologie nutzt sie die neuesten Erkennntisse aus der Quantenphysik, der Traumaforschung und dem NLP. Karl Dawson, der Begründer von Matrix Reimprinting, und Sasha Allenby zeigen, wie wir wieder Zugang zu unseren schmerzvollen Erinnerungen bekommen und sie transformieren können. Schritt für Schritt erläutern sie die Techniken, mit deren Hilfe es uns gelingt, die Vergangenheit für das „innere Kind“ kreativ umzuschreiben – und damit erstaunlich schnell unser Wohlbefinden zu verbessern.

Andreas Seebeck

Klopfakupressur - Ängste und Blockaden auflösen

Entlasten Sie Ihr Stress-Konto mit Ihrem täglichen Klopfprogramm.

Wie geht es mir jetzt in diesem Moment? Gibt es etwas, das sich weniger als wundervoll anfühlt? Akuter Stress, alte Verletzungen, seelische Belastungen, die sich im Laufe der Zeit angesammelt haben - all das bildet Blockaden in unserem Energiesystem, die sich schnell und effektiv mit der Klopfakupressur auflösen lassen. Entlasten Sie Tag für Tag Ihr inneres Stress-Konto, kommen Sie Schritt für Schritt Ihrem persönlichen Frieden näher.

CD/MP3 mit geführter Meditation

Joachim Stuhlmacher

Die Medizin des Dao, Band 3: Die Hausapotheke der Chinesischen Medizin

In der Klassischen Chinesischen Medizin wird großer Wert auf Selbsthilfemethoden gelegt, die der Patient eigenverantwortlich ausführen kann. Die Massagetechniken, Atemmethoden, Meditationen und Qigongübungen, die Sie in diesem Buch finden, entstammen den Traditionen berühmter Heiler und Dao-Meister und sind das Ergebnis aus Naturbeobachtung und Lebenserfahrung – weitergegeben über Generationen hinweg. Ein Register der Gesundheitsprobleme und Beschwerden hilft Ihnen dabei, schnell die richtige Übung zur Verbesserung Ihrer Gesundheit zu finden. Nutzen Sie das alte Wissen der Chinesen!

Auf der DVD werden alle Übungen des Buches anschaulich vom Autor erklärt und demonstriert.

Thomas Seebeck

Die osteopathische Selbstbehandlung - Gesundheit finden

Osteopathie ist in aller Munde. Osteopathen wenden beim Aufspüren der Probleme ihrer Patienten ein umfangreiches Können und Wissen über die Strukturen und Funktionsweisen des menschlichen Körpers an. Wenig bekannt ist jedoch, dass sich die osteopathischen Techniken und Prinzipien wunderbar für die Selbstbehandlung eignen, da nur der Patient selbst unmittelbar in sich hineinspüren kann.

Im ersten Teil des Buches werden die Prinzipien der osteopathischen Behandlung erklärt.

Den Hauptteil bildet dann die 'osteopathische Hausapotheke', in dem Thomas Seebeck die häufigsten Beschwerden von Kopfschmerzen bis Fußverstauchungen beschreibt und zeigt, wie der interessierte Laie sie selbst auf osteopathischem Wege lindern oder sogar beseitigen kann.

Auf der DVD mit einer Gesamtlaufzeit von über 240 Minuten werden die Übungen des Buches zum Mitmachen angeleitet.